女性，戰爭與回憶

「她的現代史」書系

女性，戰爭與回憶

三十五位重慶婦女的抗戰講述

• 第二版 •

李丹柯　著/譯

香港中文大學出版社

■「她的現代史」書系

《女性，戰爭與回憶：三十五位重慶婦女的抗戰講述》（第二版）
李丹柯　著
李丹柯　譯

國際統一書號 (ISBN)：978-988-237-340-2

本書根據University of Illinois Press 2010年出版之
Echoes of Chongqing: Women in Wartime China
翻譯而成，獲授權出版。

2013年第一版
2024年第二版

出版：香港中文大學出版社
　　　香港 新界 沙田・香港中文大學
　　　傳真：+852 2603 7355
　　　電郵：cup@cuhk.edu.hk
　　　網址：cup.cuhk.edu.hk

■ HERSTORY SERIES

Echoes of Chongqing: Women in Wartime China (second edition, in Chinese)
　　By Li Danke
　　Translated by Li Danke

ISBN: 978-988-237-340-2

First edition 2013
Second edition 2024

Published by　The Chinese University of Hong Kong Press
　　　　　　　The Chinese University of Hong Kong
　　　　　　　Sha Tin, N.T., Hong Kong
　　　　　　　Fax: +852 2603 7355
　　　　　　　Email: cup@cuhk.edu.hk
　　　　　　　Website: cup.cuhk.edu.hk

Printed in Hong Kong

目　錄

新版序

　　十分欣慰香港中文大學出版社決定重版《女性，戰爭與回憶：三十五位重慶婦女的抗戰講述》一書。該書初版於2013年出版，並於2014年榮獲第七屆香港書獎。書裏記錄了35位抗戰時期生活在重慶的普通婦女們的抗戰回憶與講述，以女性為中心，展示中國的抗日戰爭是一個社會性別化的歷史。儘管全中國人民在抗日戰爭中都飽受磨難，但這種磨難帶有社會性別差異，婦女經歷了許多女性特有的苦難，如加倍的生育之苦、痛失子女之苦、無法考慮婚育之苦、經營家庭生存之苦、性侵害與性虐待之苦等等。然而女性特有的苦難並非重慶婦女抗戰的全貌：本書記載的抗戰時期生活在重慶地區的婦女有著極高的能動性，並有著多面的形象——她們是動員、宣傳、支持抗日戰爭和戰時生產的積極分子，還是生存策略策劃者和家庭社區事務管理者。尤為難得的是，這35位重慶婦女的抗戰講述向我們揭示了戰爭中的日常，戰時婦女們日復一日擔負著的那些不起眼的、普通的養家育孩的行為，實際上是強有力反抗侵略的民族生存行為。正是她們的頑強生存和拒絕死亡的決心及行為保全了戰時中國的國與家。她們的抗戰經歷告訴我們，中國的抗日戰爭不僅僅是主流男性視角下的高層鬥爭和戰場上的博弈，它也包括了婦女們以日常生活的方式反抗侵略的鬥爭和精神。在戰爭頻發的今天，這些故事讓我們看到戰爭中與每個普通人更貼近的日常面向。但即使沒有戰爭，

書裏揭示出的種種女性特有的困境、苦難、貢獻、能動性等，都仍然與當下的女性息息相關。

過去十年中，我很感謝來自不同地區和國家，以及有著不同身分的讀者與我一路相形伴隨，給我鼓勵和支持。在美國歷史學會年會上，我遇到過一位做中國史研究的年輕學者，她看見我的胸牌後激動地拉著我的手，告訴我她在博士論文中引用過我這本書。我也曾接受過一位旅歐華人作家的線上採訪，她說這本書激發了她的靈感，啟發了她決定要寫一本以婦女抗戰為題材的小說。更有幾位重慶本土作家對書中受訪者感興趣，想用她們的抗戰經歷為藍本編寫影視故事。我很感激《女性，戰爭與回憶》一書不僅得到研究中國抗日戰爭及婦女研究的學者們的認可，也得到了非學術界讀者的厚愛。作為作者，我深感幸運，更是感動。

過去十年，中國抗日戰爭史研究在中西方學術界蓬勃發展，取得了可喜的成就。用社會性別和女性視角研究抗日戰爭的學術項目及論文也不斷問世；但總體而言，現存的抗戰學術作品仍是以男性為中心的重大歷史事件及宏觀課題為主流，用女性及社會性別，特別是從日常生活的微觀視角研究抗戰的學術作品仍屬少數。有關抗戰時期重慶婦女親身經歷及講述的學術研究更是少數之中的少數。回顧幾千年的人類歷史，女性人物能被載入史冊的通常只有帝王將相以及達官貴人的家眷，鮮有普通女性民眾的日常經歷能榮登歷史聖殿的大雅之堂。而《女性，戰爭與回憶》正是一部為數不多的紀錄，留存了抗戰時期生活在重慶地區的普通女性民眾親身經歷。過去十年中，我採訪過的這35位婦女大部分已經仙逝，隨著這群婦女的離去，她們的親身經歷以及講述已成為我們研究抗戰及婦女抗戰獨特的、不可複製的、永恆的重要史料及資源。2024年為紀念三八婦女節，香港中文大學出版社把《女性，戰爭與回憶》一書的部分章節在網絡公開，吸引了過萬人閱讀。民眾的熱烈反應也證實了抗戰女性口述史的魅力及重要性。希望本書的再版可以引發更多的以女性

及社會性別為視角的抗戰學術研究及對話，也希望重慶婦女的抗戰經歷及講述能得到更多大眾的關注。

據我所知，35位我曾採訪過的重慶婦女，目前仍有兩位健在，一位96歲，一位98歲。幾天前幾經周折，我電話聯繫上了那位98歲的阿姨。這位阿姨，除聽力減弱之外，頭腦清晰，無其他老年人通常患有的疾病。在她女兒的說明下，通過手機擴音器，我請她再同我談談抗戰經歷對她人生的影響。她思索良久之後告訴我：「抗戰歲月和經歷是我們這一代人的寶貴財富，因為它我們才知道今天的幸福來之不易，才能好好珍惜和滿足當下生活」。我聽後如醍醐灌頂。可不是嗎，35位重慶婦女的抗戰經歷與講述不僅是她們那一代人的寶貴財富，更是中華民族抗戰史以及婦女抗戰史研究的寶貴財富，也是中國婦女文化精神傳承的寶貴財富。過去十年中，越來越多的中西方學者們已用全球視野研究抗日戰爭歷史，並將中國抗日戰爭史納入二戰史研究範疇，我相信《女性，戰爭與回憶》一書所記載的35位中國婦女的抗戰經歷與講述，也會是研究全球女性與戰爭，特別是二戰女性與戰爭史的寶貴財富。

李丹柯

2024年5月於紐約

中文版致謝

本書中文版的完成，有賴眾多個人和機構的幫助和支持。十分感謝過去十幾年來在重慶接受我訪問的那些女性。感謝她們接受我上門採訪，對我敞開心扉，並同意我將她們的故事寫進書中。因為她們的慷慨無私，這段珍貴的歷史才得以保存。本書的英文版於2010年初由美國伊利諾伊大學出版社出版。美國圖書館協會的《選擇》雜誌給予該書很好的評價並極力推薦。美國歷史學會刊物《歷史學評論》及幾家權威性的中國研究刊物都登載了書評，給予該書高度好評。本書是在英文版的基礎上重新寫作的：英文版只收錄了20名抗日戰爭時期生活在重慶的婦女的故事，而中文版則收錄了35名。我為中文版的出版又查詢了新的資料，重新整理和核對了採訪錄音，並對一些重要的問題進行了補充和解釋。

中文版的寫作與出版要感謝國內外的朋友和許多不相識的讀者、聽眾。英文版出版後，紐約的華美協會、哥倫比亞大學的東亞研究中心、耶魯大學的雅禮協會等學校和單位曾先後請我去做新書講演。講演之後，都有多位聽眾問我何時出版中文版。在華美協會講演之後，一位女聽眾含著眼淚告訴我，她的父輩曾是難童，抗日戰爭時期生活在重慶的戰時兒童保育院。她希望我能將書盡早以中文出版，好讓她還健在的父輩們能讀上本書。

　　我原以為英文版出版後，我只需要將書翻譯為中文，還天真地以為翻譯會很輕鬆容易。2009年，拿到英文版的校樣之後就開始準備中文版。誰知當我著手做時才知道，首先，翻譯並不容易；第二，中文版不能只是英文版的譯本，因為中英文讀者完全不一樣，英文原版不一定適合中文讀者。於是我開始重新準備資料，編寫本書，一寫就是一年多。

　　在準備中文文本時，我重新整理了未被收錄於英文版中的15名婦女的採訪資料。在過去十年間，我曾採訪過五十多位抗日戰爭時期生活在重慶的婦女，但並不是所有採訪資料都有用，有些受訪者的記憶已經非常模糊，因而無法收入書中。2010年1月，我回重慶重新訪問了一些以前的受訪者，核實採訪資料。本書記錄的35名婦女，有好些已經仙逝，倖存者中健談的已是寥寥無幾。這都使我感到這本口述史的珍貴與重要，也希望我曾採訪過的婦女中尚還健在的幾位，能有機會看到中文版的出版。

　　我需要感謝的人有很多。首先我要感謝亞洲學術協會（ASIA-Network）和自由人基金會（Freeman Foundation）於2005年慷慨地給我的師生學術研究經費。三名美國費爾菲爾德大學（Fairfield University）女學生和我一起來到重慶，一起對十幾名婦女進行了採訪和錄像，謝謝她們為本書作出的貢獻。美國費爾菲爾德大學於2008年給予我一筆暑期研究經費。在此，我也要感謝美國費爾菲爾德大學對我的支持。

　　第一個鼓勵我做這個題目的人，是我在密歇根大學的博士論文指導教授楊承恩（Ernest P. Young），感謝他多年來對我的幫助和培養。我的朋友兼同事、歷史學家余仁秋，也在百忙之中抽出時間，毫不吝嗇地向我提供他的知識和幫助。美國一位研究亞洲戰爭和回憶的專家Philip West，也曾慷慨地同我分享他的想法，支持我完成本書。我要特別感謝重慶市圖書館抗日戰爭文獻中心的李林昉老師。李老師是一位非常敬業熱心的圖書館界專業人員。她不僅專業知識豐富，也非常樂於幫助人，視讀者為親人。多年來我在重慶市圖書館查詢資料，都受到李老師的幫助和支

持。重慶永川市的龍安中先生也是我要感謝之人。龍先生於1950年代初任松溉鎮鎮長。2007年我去永川松溉採訪時，龍先生已退休，住在永川市區。當他聽說我要採訪曾在抗戰時松溉紡織廠工作過的女工時，毫不猶豫地和我一起去了松溉，全程陪同。從永川市區去松溉的道路是豆腐渣工程，路面全是坑坑窪窪，車子一路十分顛簸。龍先生毫無怨言，反而一路道歉說路況不好，委屈了我。如果沒有龍先生早年在松溉的人脈，我不可能找到當年在實驗區紡織廠工作過的女工。

我也要感謝香港中文大學出版社的兩位盲審讀者，他／她們提出的建設性評語及修改意見使我的書能以現在的形式與更多的讀者見面。書中若有任何錯誤和遺漏之處，皆是我個人的責任。

我妹妹丹心和我女兒惠琳是本書的幕後英雄。丹心運用她在重慶的關係網，安排並陪伴我進行了多次採訪。惠琳則是我忠實的第一讀者，她的批評、支持和幫助使我最終完成了這個項目。李江一也為本書的編寫做了很多貢獻，我非常感謝她的支持。我也十分感謝我的家人給予我的無條件的關愛和耐心，這些都成為了我源源不斷的力量之泉。很遺憾我的父親沒有能夠看到本書的完成就過早地離開了我們。本書正是為了他、為了我母親及所有抗日戰爭時期生活在重慶的婦女們而作！

歷史，女性和中國的抗日戰爭

第二次世界大戰結束以來，在美國、歐洲以及亞洲其他地區，口述歷史在二戰史研究中扮演著很重要的角色。但中國與二戰史的研究中，尤其是中國抗日戰爭時期婦女史的研究，口述歷史並不多見。現存關於抗日戰爭的學術著作大都傾向於關注重大歷史事件和從事政治活動的男性歷史人物，研究的框架也多以男性經歷為中心，強調以男性經歷為基礎的戰爭衝突理論。相對而言，有關個人回憶的口述歷史，特別是普通婦女的經歷，以及這些經歷提供的歷史啟迪，很少能夠引起學術界的注意。

本書是一部抗日戰爭時期重慶婦女的口述史，目的不是為了將抗日戰爭女性化並進而將其人性化和正常化，而是展示抗日戰爭中，中國婦女，特別是重慶婦女的經歷。我認為戰爭本身並不能賦予婦女力量，使她們變得強大；而是反抗侵略使中國婦女經受了磨練，獲得了力量，變得強大。

本書有三個主要目標。**第一，它旨在將口述歷史和個人回憶引入婦女和中國抗日戰爭史研究之中。**它關注的是1938年到1945年期間，生活在國民黨控制下的戰時陪都重慶的婦女的生活，以及她們各種各樣的戰時經歷。本書記錄了35位中國婦女的口述歷史，她們都是抗日戰爭的倖存者，她們的故事都是作者通過採訪收集而來的。將這些戰爭記憶注入

抗日戰爭研究中，其目的與美國歷史學家 David Thelen 在關於「記憶與美國歷史」的研究中提出的觀點是一致的：

> 研究歷史記憶能提供令人振奮的新機遇，使我們能夠對傳統的史料和研究課題提出新問題，作出新的綜合分析。因為對歷史記憶的研究能將專業化及特殊化的題目聯繫起來。有關歷史記憶的問題，通常自然地來源於人們的日常生活經歷，它可以連接史學界和認為專業歷史同現實生活距離太過遙遠而無法觸及的廣大受眾。[1]

著名英國歷史學家 E. P. Thompson 在關於英國工業化和工人階級研究的開山之作中也告誡我們，要通過吸收和認可普通群眾的個人經歷來擴充我們對過去知識的認識。[2] 在中國抗日戰爭歷史中，普通婦女作為一支社會力量，一直以來不僅沒有話語權，而且常常被中國抗日戰爭史研究忽視。

口述史對還原歷史記憶非常重要，因為它特別能揭示抗日戰爭時期生活在中國社會底層的受壓迫人民的經歷。例如，研究中國抗日戰爭的學者們都知道，抗日戰爭時期重慶地區物資嚴重匱乏，對當地居民的生活及生存造成了極大影響。重慶檔案館和歷史圖書館所藏大量文獻資料可以證明抗日戰爭時期重慶的物資短缺，但是文獻數據無法告訴我們，物資短缺對普通老百姓的生活到底有什麼樣的影響，口述史則可以彌補這一缺陷。到目前為止，有關普通中國人抗日戰爭經歷的文獻很少，抗日戰爭時期普通人的歷史數十年來都未受到學者的重視。故而，口述歷史對於普通中國人，特別是婦女的戰時經歷的重塑是十分重要的。口述史不僅可以幫助我們了解抗日戰爭時期社會性別的差異化和戰時社會的政治生活，還可以幫助我們深入了解抗日戰爭時期，重慶地區其他方面的社會結構不平等的問題。

1　David Thelen, "Memory and American History," *Journal of American History* 75.4 (1989): 1117–1129.

2　Edward P. Thompson, *The Making of the English Working Class*. New York: Vintage, 1966.

美國傑出的女性問題專家 Joan W. Scott 指出，如果仔細研究婦女在戰爭中的經歷，尤其是那些以口述歷史為根據的部分，我們很快會發現戰爭造成的巨大傷亡和對普通人權力的剝奪。在口述史中，婦女的經歷與官方為動員全國支持戰爭而強調的英雄主義和英勇無畏的宣傳形成鮮明的對比。[3] 同樣，中國人民的抗日戰爭史中也存在個人經歷與官方宣傳之間的差異。本書記錄的口述歷史告訴我們，中國的抗日戰爭存在至少兩個版本的故事；在抗日戰爭中，國民情緒也同樣存在兩面性。一方面是官方版本公開宣揚的、全國人民以高昂情緒投身於抗日戰爭的故事；另一方面則是鮮為人知的個人經歷，以及被死亡和痛苦籠罩著的民族悲哀。我們往往認為官方樹立的英勇抗日戰爭形象是理所當然的，因此全盤接納，卻忽視了承載戰爭和這種官方形象的個人所遭受的苦難。

我需要在此申明，本書口述史揭示婦女在抗日戰爭中遭受苦難的目的，並不是要將中國婦女塑造成被動的、可憐的受害者角色。一般來講，在世界戰爭史和暴力衝突中，婦女經常被描述成悲痛無助的母親和妻子。但是近年來一些關於南亞武裝衝突及美國二戰時期的婦女研究，都顯示了婦女在戰爭中有著多種多樣的形象，扮演過各種不同的角色。本書的口述歷史也顯示了這樣一個事實：抗日戰爭時期，在國民黨統治下的重慶，婦女有著多面的形象——她們是動員、宣傳、支持抗日戰爭和戰時生產的積極分子，也是抗日戰爭期間性暴力和經濟困難的受害者，還是生存策略策劃者和家庭社區事務管理者。以往在對軍事暴力衝突的學術研究中，婦女在戰爭中的各種個人經歷往往因為得不到認同而被忽視。本書的目的就是試圖將這些被忽視的個人故事，引入學者的研究視線，讓普通婦女也有屬於自己的公開話語權，並且「使她們的經歷

3　Joan W. Scott, "Rewriting History," in *Behind the Lines: Gender and the Two World Wars*, ed., Margaret R. Higonnet, Jane Jenson, Sonya Michel, and Margaret Collins Weitz. New Haven and London: Yale University Press, 1989, p. 28.

滲入公共領域」，寫進歷史，而不再僅僅是與歷史無關的個人故事。正如印度學者Rita Manchanda對南亞武裝衝突中婦女的描寫，我們應當把本書中的婦女的經歷，看作中國抗日戰爭史研究中一個極其重要的學術資源和空間。[4]

本書希望這35位重慶婦女的個人故事可以使我們進一步了解普通婦女如何應對抗日戰爭，度過日復一日的戰時生活。一般的抗日戰爭史很少涉及人文維度的討論。美國歷史學家Parks M. Coble指出，在現存的學術研究中，抗日戰爭的人文維度往往被忽視了。[5]認識抗日戰爭的人文維度，可以幫助我們對抗日戰爭史有更全面的了解。戰爭的人文維度的主要觀點是：戰爭是由人造成的，對戰爭影響最大的是人，受戰爭傷害最大的也是人，特別是普通人。抗日戰爭時期重慶婦女的經歷，可以啟發我們重新思考人文維度在戰爭中的重要性，並幫助我們認識人與戰爭的關係。只有當人們深刻意識到人與戰爭的關係時，人類才有可能減少或消滅戰爭。

總的來說，接受採訪的重慶婦女們有不同的社會、經濟和教育背景。不同的政治因素使她們以不同的方式經歷了抗日戰爭，並留下了不同的記憶。然而共同經歷了抗日戰爭的她們，又或多或少地擁有某些共同記憶。這些記憶不僅使這些倖存者的故事有生動的細節，也向我們展示了她們對抗日戰爭的情感和看法，從而了解到這場戰爭對於她們每個人分別都意味著什麼。第一手的回憶資料，正如美國學者Philip West、Steven I. Levine和Jackie Hiltz所指，「對表達戰爭的意義和形式都是無價的」。[6]這35名重慶婦女的個人回憶提供了有關抗戰期間大後方私人領域

---

4   Rita Manchanda, ed., *Women, War, and Peace in South Asia: Beyond Victimhood to Agency.* New Delhi: Sage, 2001, p. xiv.

5   Parks M. Coble, "New Remembering of the Anti-Japanese War of Resistance, 1937–1945," *China Quarterly* 190 (2007): 394–410.

6   Philip West, Steven I. Levine, and Jackie Hiltz, ed., *America's Wars in Asia: A Cultural Approach to History and Memory.* New York: M. E. Sharpe, 1998, p. 12.

的許多具體信息，這在中國抗日戰爭研究中尚屬一個相對空白。我認為只有當公共的故事和私人的故事都講出來，文字記載的歷史和口述的歷史都寫下來，我們才能對抗日戰爭時期中國經歷的史實有更深入完整的理解。

中外學術界對於歷史和記憶在戰爭研究中扮演的關鍵性角色已經做了大量研究。然而，一般而言，現存有關二戰歷史與記憶的研究大都集中在幾個重大的問題上，如納粹對猶太人的大屠殺，廣島、長崎遭受的原子彈襲擊和南京大屠殺等。上述研究無疑是非常重要的，本書也不是要否認其重要性，而是想指出史學界也應當關注那些普通的、沒有那麼富有戲劇性的戰爭題目。之前西方出版的有關中國抗日戰爭的著作大都集中於研究以男性為中心的軍事歷史，如戰時中國的政治和經濟、文壇精英創作的文學作品，以及抗戰時期國共兩黨分別在國統區及紅色根據地從事的現代國家建設。由於現存有關中國抗日戰爭的歷史著作大多都未包含普通人民的聲音，這35位重慶婦女的口述史，以及她們帶給我們的戰爭記憶，就如南非社會學家 Belinda Bozzoli 在她的研究中提出的一樣，是用一種非完美的方式重現了歷史，並為學者們提供了一條了解什麼才是抗日戰爭「真實」面目的途徑。[7]

在現代婦女研究中，西方學者們早就提出了「個人的就是政治的」觀念。女性私人生活中發生的事情往往反映出政治和社會中複雜的權力關係。不同身分的中國婦女在抗日戰爭中的個人故事重新展現出當時的物質條件、社會、經濟、文化和政治生活，以及抗日戰爭時期重慶的精神狀態，使我們能以非正式的、感性的和生動的方式了解抗日戰爭時期中國陪都的各種政治權力關係。例如，我們知道在國民政府統治下的大後方，抗日戰爭時期通貨膨脹和經濟困難的情況十分嚴峻。雖然現有的學

7　Belinda Bozzoli, and Mmantho Nkotsoe, *Women of Phokeng: Consciousness, Life Strategy, and Migrancy in South Africa, 1900–1983*. London: Heinemann, 1991, p. 6.

術著作都以醒目的統計數據記錄了抗日戰爭時期重慶的通貨膨脹，但我們往往無法從生硬的數據中知道這對當時的普通人到底意味著什麼，對他們的生活到底有什麼樣的影響。本書口述史中普通婦女們對抗日戰爭時期重慶通貨膨漲的個人敘述，則提供了具體而生動的情節，幫助我們了解抗日戰爭時期通貨膨脹和經濟困難帶給普通人民的巨大痛苦。而抗日戰爭時期普通民眾經歷的經濟及生活困難，以及他們應付這些困難的方式和態度，也在一定程度上向我們揭示了普通民眾與國統區政府的關係。

1980年代以來，歷史記憶一直是學術界的熱門話題。在西方的中國史研究中，集體記憶及公共領域也是流行的研究題目。很多學術著作和學術會議都在致力研究，用西方學者Richard Madsen的話來說就是，「使一個小團體融入一個社區的集體記憶」，[8] 或如David Thelen所指出的，「探索個體如何與大歷史進程聯繫起來的新的可能性」。儘管Madsen指出，大多數關於公共領域的研究都聚焦在非政府的民間社會，但我認為這些研究主要還是試圖把個體融入整體，並強調整體的重要性和體現團體的特徵。這種研究往往忽視了個體如何將歷史進程個人化，個人經歷和民族歷史是相互影響並呈交叉狀的。抗日戰爭倖存者的口述史資料可以幫助我們從多個層面了解到抗日戰爭中個人歷史和民族歷史的交叉性，而不僅僅局限於個體與個人記憶是怎樣被融合進整體和公共歷史中。

實際上，這35位中國婦女的個人記憶向我們揭示出陪都大後方形形色色的面目，既包括了英勇的全民抗日戰爭，也顯示了戰時社會的混亂，以及不同人群對抗日戰爭意義的理解和衝突。與歐洲和美國在二戰時期發生的情況類似，在中國，抗日戰爭時期婦女的共同記憶和個人記憶之間也同樣存在差異。雖然抗日戰爭時期的檔案資料和婦女刊物記載

8　Richard Madsen, "The Public Sphere, Civil Society and Moral Community: A Research Agenda for Contemporary China Studies," *Modern China* 19.2 (1993): 183–198.

和發表了許多有關婦女的資料，但這些文字記錄多半代表集體記憶。雖然它們也反映了婦女在抗日戰爭中經受的磨難和面對的挑戰，但基本腔調仍屬於激昂的官調，目的是為了尋求全民對抗日戰爭的支持，故而強調英雄主義和英勇無畏的民族形象。譬如，1937年應澳大利亞某刊物要求，蔣介石夫人宋美齡寫了一篇名為〈戰爭與婦女〉的文章。在該文中，她對全世界説：自抗日戰爭爆發以來，中國各界婦女都積極奮發地為支持抗日戰爭貢獻著自己的力量。受過良好教育的女性領袖，建立起各種組織機構，為抗日戰爭提供協調和協助，與此同時，女服務員和舞女則紛紛到醫院和慈善機構當志願者，普通家庭婦女也都自覺自願地照顧流浪兒童。在宋美齡看來，正是這場戰爭將中國婦女不會誇誇其談、只會努力做事的優秀品質表現了出來。[9]在她的公開演説中，中國婦女在抗日戰爭時遭受的苦難被褒揚成民族英雄主義和中國人民頑強生命力的體現。

西方學者James M. Mayo指出，任何社會在戰爭時期都需要將其集體的戰爭記憶神聖化，以此證明人民血和犧牲都是有價值的。這種流血犧牲被用作「社會之精神支柱」以掩蓋發動無人道戰爭的國家形象。[10]與此相反，本書的目的則是避免把戰爭記憶神聖化。本書中的口述材料，即那些個人的抗日戰爭記憶，不僅僅揭示了中國人民的英勇抗戰，同時也記錄了戰爭造成的家庭成員死亡和人民的苦難，也就是戰爭的無人道性。戰爭會造成流血犧牲，就算是正義的、反抗侵略的抗日戰爭，受傷害最多最大的也是普通中國老百姓。正如Joan W. Scott所指出的那樣：「這種私人與公共空間、家庭與國家、母親們的需要與國家的需要、個人的犧牲與國家的存亡之間的差異，對於民族主義和愛國主義思想意識的

9　宋美齡，〈戰爭與中國婦女〉，《蔣夫人言論匯編》，蔣夫人言論匯編編輯委員會編。台北：中正書局，1956，第77–85頁。

10　James Mayo, "War Memorials as Political Memory," *Geographical Review* 78.1 (1988): 75.

形成是至關重要的。」[11]想要對婦女的戰時經歷和中國抗日戰爭的歷史有更深入詳細的理解，關注集體記憶和私人回憶之間的差異尤其重要。這種差異會幫助我們了解社會性別在抗戰時期的表現和抗戰期間各種政治思想運動的複雜性。

本書的目的之二是展示中國的抗日戰爭史實際上是一個社會性別化的課題。現存關於中國抗日戰爭的西方著作幾乎都沒有涉及抗戰時期重慶婦女的經歷，因此，知識構建過程中包含的女性視角和見解也就遠遠不夠完善。將抗日戰爭中重慶婦女的故事納入歷史敘述，不僅給予她們話語權，更補充與挑戰了有關抗日戰爭的知識的構建政治。印度學者 Rita Manchanda 在關於南亞戰爭中的婦女的研究中指出，一旦婦女們遭到暴力衝突，就會創造出特殊的經濟、社會、文化、民族及國家等方面的現實條件，並逐漸演變成一門新知識的基礎和源泉。[12]只有當女性為中心的故事獲得一定的空間和地位，婦女才能成為知識構建過程中的一員，從而使我們能有更充實的知識基礎，了解更完整的抗日戰爭歷史。本書從近現代史上在暴力衝突中主張男女平等的學術成就中，借鑒了一些觀點及見解，並利用男女平等理論及其社會性別分析方法作論證，幫助我們更好地理解抗日戰爭時期社會性別關係在重慶地區的演變，也能提供關於中國抗戰史研究中，以女性為中心的另一種視角和版本。

本項研究還試圖探討抗日戰爭中「社會性別」與集體及個人記憶之間的關係和區別，展示並講述戰爭期間「社會性別」的形成和中國抗日戰爭歷史本身的複雜性。本書記載的重慶婦女在烽火歲月裏的故事，告訴我們在探尋社會性別標誌的過程中，如同歐洲和美國婦女在二戰中一樣，中國婦女也必須得在公共和私人需求之間、國家與家庭之間、國家需要和個人需要之間、國家存亡和個人生死抗爭之間，以及社會劃分給男性的陽剛英雄主義與給婦女的陰柔韌性之間不斷博弈。

11　Scott, "Rewriting History," p. 28.

12　Manchanda, ed., *Women, War, and Peace in South Asia,* p. 20.

　　本書的口述記憶揭示出，儘管全中國人民在抗日戰爭中都飽受磨難，但這種磨難帶有社會性別差異。抗日戰爭時期重慶地區的婦女經歷了許多女性特有的苦難。比方說，戰爭期間極端艱辛的生存條件，使很多母親在戰爭中失去自己年幼的孩子；許多婦女在戰爭中承受了加倍的生育之苦；有些婦女則由於生活艱難、社會動亂，根本無法考慮生育兒女。再如，儘管抗日戰爭前後，中國都存在著對女性的性侵害及性虐待，但戰爭造成的混亂卻使許多婦女更易成為兩者的目標。在西方，婦女在軍事衝突中遭受的性暴力，尤其是近三十年來在世界各地軍事衝突中飽受的蹂躪，已經受到學者關注。近年來以婦女在戰爭中遭受的性侵犯為主題的學術研究已成為熱門話題。然而相比之下，以中國婦女在抗日戰爭中經受性迫害為主題的學術研究卻寥寥無幾。現存關於抗戰時期中國婦女遭受性暴力的中英文著作，大都將焦點集中在參戰士兵對中國平民婦女的性暴力上，尤其是在南京大屠殺中遭受日軍強暴的婦女和在日軍中飽受性虐待的慰安婦身上，而對於婦女在抗日戰爭中非軍事區域裏遭受的其他形式的性侵犯和性虐待卻極少有人關注。本書收集的口述史中至少有三位女性（劉群英、趙知難和任再一）提到了親身經歷和目睹過的男性對女性的性侵犯，希望本書的出版能夠吸引學者注意並從事該類課題的研究。

　　我們也應當注意抗日戰爭時期中國普通婦女日常生活的重要性，及其對抗日戰爭和國家的貢獻。美國學者 Deborah Halstead Lennon 在她關於婦女研究重要性的思考中指出，婦女對社會（在這裏指戰爭）的貢獻通常都錯綜複雜地交織在日常生活中，並被日常生活所掩蓋，以至於現存的學術研究對這些貢獻都視而不見。婦女們的日常生活對學者們來說太過熟悉，也太過普通了。[13] 現存有關抗戰時期重慶婦女的工作和貢獻的公開

13　Deborah Halstead Lennon, "Why Women's Studies?" in *Women: Images and Realities*, ed., Amy Kesselman, Lily D. McNair, and Nancy Schniedewind. California: Mayfield, 1995, pp. 31–32.

歷史記錄，大多局限於她們在公共領域內的工作，特別是在工廠和機關所做的事務和貢獻；而她們私下在家庭裏的工作和貢獻卻常常沒有被認為是有價值的材料。我認為，普通婦女的個人經歷是中國抗日戰爭歷史的重要組成部分，也是研究抗日戰爭的寶貴材料。雖然重慶地區的有些婦女在抗日戰爭時期確實從事著公共領域內的工作——她們在工廠裏勞作、在機關裏上班、在學校教書和讀書，我採訪的婦女中有許多都是家庭婦女。她們每天的工作是煮飯、洗衣、帶孩子、像家僕一樣勞作，並且在照顧家人之餘，在街上售賣自製的家庭手工品。她們沒有薪金，也無法計算自己勞動的價值。然而正是這些未被記錄下來的工作與生活技術和生存藝術，幫助無數中國家庭度過了艱苦卓絕的八年抗戰，並使全國人民的心智凝聚起來。這些表面看來只是家庭瑣事的普通行為，實際上是強有力的民族生存行為。古人曰：「齊家、治國、平天下」，婦女們理家的日常生活，是中國抗日戰爭時期國家組織的重要組成部分和賴以生存的重要條件，也是一種非正式形式的抗日民族主義，應該被包括在抗日戰爭歷史研究之中，並予以高度重視。

西方學者 Paula Schwartz 在她關於法國二戰時期婦女運動的研究中指出，由於大部分法國婦女都是以日常生活中不顯眼的家庭主婦、學校教師等自然身分參與反抗法西斯的地下鬥爭，所以戰後關於反抗法西斯鬥爭的學術研究沒有對戰時法國婦女的經歷給予令人滿意的地位和認可。然而，她堅持認為有必要重新定義反抗法西斯鬥爭，並將法國婦女參與的有組織的地下活動和日常職責都納入到反抗法西斯歷史的研究中來。[14]我認為，我們也有必要重新思考「反抗侵略」在中國抗日戰爭史中的釋義。

14　Paula Schwartz, "Redefining Resistance: Women's Activism in Wartime France," in *Behind the Lines: Gender and the Two World Wars*, ed., Margaret R. Higonnet, Jane Jenson, Sonya Michel, and Margaret Collins Weitz. New Haven and London: Yale University Press, 1987, pp. 141–153.

　　在現有的學術研究中，有關婦女，特別是在國統區大後方的婦女，並沒有被納入抗日戰爭史的「反抗侵略」的研究。而且由於絕大多數大後方的普通婦女所從事的，都是被人們認為是女人理所當然的普通工作，比如照顧家庭和帶孩子，她們的努力和貢獻並未被學術界看作是反抗日本侵略的重要工作。大眾通常把「反抗侵略」社會性別化，認為是男性的行為，而且只有男性才有能力反抗。因此，在中國有關「反抗侵略」的研究主要集中在男性社會及其成員上，如男性士兵、政黨領袖和知識分子等等，而不包括普通婦女。因此，將重慶婦女在抗日戰爭時大後方的日常經歷加入學術研究，可以揭示婦女維持個人與家庭的生存同樣是反抗侵略的重要組成部分。借用英國學者 Angela Woollacott 在其關於第一次世界大戰歐洲婦女的研究中的一句話，在中國抗日戰爭時期國統區重慶地區，「婦女才是國家存亡和人民生命的支柱」。[15] 在本書中，我們可以讀到許多生動的例子，了解重慶婦女如何頑強生存和拒絕死亡，如何表現反抗侵略的鬥爭和精神。中國抗日戰爭史研究一定要把普通中國婦女的經歷，以及她們以日常生活的方式參與反侵略戰爭的行為寫進歷史，並將其作為研究中國反抗日本侵略史中的不可缺少的重要組成。只有這樣，我們才能對抗日戰爭有比較全面的理解。

　　本項研究也為我們提供機會，重新評估在抗日戰爭中，誰具有男女平等思想和社會性別意識，誰又在按照兩者積極行動、參與抗日戰爭活動。以往的學術著作通常認為，只有中產階級和受過良好教育的精英階層婦女，才會有意識地追求社會性別的代表和男女平等的權力。普通婦女往往被剝奪了尋求社會性別個性的意識，因為一般來講，有記錄的歷史只屬於社會的精英階層，而且知識的構建過程也從來不包括普通人民的聲音，尤其是普通婦女的聲音。如果我們承認，婦女對日常生活及生

15　Angela Woollacott, *On Her Their Lives Depend: Munitions Workers in the Great War*. Berkeley: University of California Press, 1994.

存方式的管理和創新是中國抗日戰爭時期反抗侵略的一部分，那麼，普通中國婦女也完全有能力擁有社會性別意識和追求男女平等的權力。因為戰爭是非正義的最高暴力形式，如果普通的中國婦女能有意識地用日常生活反抗侵略，那麼她們也可以有意識地爭取自身的平等權力和解放。

西方學者 Margaret R. Higonnet 和 Patrice L. Higonnet 在研究第二次世界大戰中的歐洲婦女的文章中指出：「即使是對新的日常經歷的簡要揭示，也可能在理論上使我們對一些範例的接受程度產生革命性的影響」。[16] 雖然在抗日戰爭中，絕大多數普通中國婦女中都不知道或不明白理論概念上的社會性別關係，但她們卻清楚其在具體實踐上的意義。戰時經歷使她們更清楚地意識到，生產力關係中的社會性別分工，以及過去從未被質疑過的婦女在傳統概念上的主內的角色到底意味著什麼。例如，在我的採訪過程中，這些重慶婦女都強調，在抗日戰爭中作為一名女性生存有多麼艱難，以及她們在抗日戰爭中照顧家庭並確保家人生存的責任有多麼沉重。抗日戰爭期間，就像那些在南亞衝突中生活的婦女一樣，戰爭也造成了與婦女生活水平極度相關的物資稀缺，而社會分配給她們養育小孩和照顧老人的種種職責，履行起來都更加困難。這些經歷都加深了她們對自己扮演的社會性別角色的具體的和實踐性的理解。

現有有關二戰時期美國和歐洲婦女的研究中，備受關注的問題之一就是「改變」：最熱門的話題是戰爭以何種程度、通過哪些途徑改變了歐洲和美國婦女的生活及地位，以及這些改變能否在戰後持續。我認為這種問題的方式本身就存在問題。這種方式將婦女置於無能和被動的位置，因為它事先已經假設，歐洲和美國婦女的生活一定被戰爭改變。而本書研究的不僅僅是中國婦女的生活如何被抗日戰爭改變，同時也將婦

16　Margaret R. Higonnet, and Patrice L. Higonnet, "Double Helix," in *Behind the Lines: Gender and the Two World Wars*, ed., Margaret R. Higonnet, Jane Jenson, Sonya Michel, and Margaret Collins Weitz. New Haven and London: Yale University Press, 1989, p. 31.

女放在主動位置上，研究婦女參與全民抗日戰爭對戰爭和戰時社會、政治及經濟體系起了多大的影響。這樣中國婦女也可以成為抗戰歷史的主動創造者，而不僅僅是被動的受益者或者受害者。

總體而言，婦女作為一個社會群體在抗日戰爭中是不可缺少的；如果沒有她們的犧牲和貢獻，中國根本無法堅持八年艱苦的抗日戰爭。為了保留婦女對抗日戰爭的支持，重慶的國民黨政府和延安的共產黨政權都不得不承認，婦女在抗日戰爭中極其重要的貢獻，並對婦女要求的權力和自由作出一些讓步。

儘管一些針對婦女的特殊權力和自由而制定的戰時政策，譬如對軍屬婦女的經濟援助以及培訓婦女掌握戰時生產技能等措施，在抗日戰爭結束之後，由於緊接著的內戰而被取消，但婦女作為一個整體及社會群體，在中國戰時及戰後的政治舞台上仍成為一支越來越強大的政治力量。例如，1938年國民政府批准國民參政會的成立，就是為了團結各界人民支持抗日戰爭而作出的讓步。國民參政會自1938年持續到1948年，共歷四屆，舉行大會13次，其中11次都在重慶舉行。由於國民參政會的成立，中國民國史上首次出現了少數幾位婦女領袖被任命為參政會參議員的局面。儘管女性參議員只佔國民參政會總人數的10%，婦女積極分子還是把握時機，切切實實地加入到了抗日戰爭政治實踐活動中來。從現存有關國民參政會的資料中可以看到，雖然女性參議員來自不同的政治黨派，如宋美齡代表國民黨，鄧穎超代表共產黨，史良、劉王立明等代表第三黨派，所有的女性參議員都積極參與了有關婦女的提案的制定。[17]以史良為首的女參議員，還成功地迫使在重慶的國民政府對女性就業問題作出讓步，於1942年宣佈，政府機構不得拒絕僱用女性或無故開除已婚婦女。[18]女性參議員加入國民參政會，不僅塑造了抗日戰爭時期中

17　孟廣涵編，《國民參政會紀實》，第1卷。重慶：重慶出版社，1985，第288–405頁。
18　丁衞平，《中國婦女抗戰史研究，1937–1945》。長春：吉林人民出版社，2000，第121頁。

國政治的新形象，更標誌著中國官方開始接納女性政治家進入正式的國家政治組織機構。由此，中國的主要的政黨——國民黨、中國共產黨和第三黨派——都不得不承認並培養這支女性政治力量。一個很好的例子是在抗日戰爭戰時和戰後，共產黨和國民黨都認識到中國的戰時動員和戰後國家重建，必須要把婦女力量團結進來，這種意識促成兩黨都把團結和動員婦女的重要性寫進他們的黨章之中。因此，在學術研究中，對於抗日戰爭中婦女權力得失的權衡，應該超越戰爭在多大程度上影響了婦女的生活這一問題，應將抗日戰爭中婦女的經濟、社會和政治參與，在多大程度上影響了戰時與戰後中國的社會和政治，以及這種影響是否持久這一問題納入到思考範圍之中。

本書的目的之三是使20世紀中國通史的研究，尤其是抗日戰爭歷史研究，超越目前流行的國民黨與中國共產黨的紛爭史，並給予重慶及其人民在戰爭中的表現應有的認可。作為抗日戰爭時期的陪都，重慶為抗日戰爭作出了重大的犧牲和貢獻。自從國民政府於1938年1月正式將其辦公系統搬到重慶，這座城市就變成了中華民族反抗侵略的象徵和全國政治、經濟、軍事、文化、教育及外交中心。最重要的是，重慶在整個中國抗日戰時動員中都扮演著領導者的角色，代表著中國人民和整個民族。抗日戰爭時期，重慶及其市民不僅在精神和道德方面扮演了主要角色，更作出了重大的人道犧牲，遭受了無法忍受的痛苦，並且為抗日戰爭作出了具有重要意義的人道和物質貢獻。可以毫不誇張的說，是重慶人民在八年抗日戰爭中的犧牲和貢獻增強了中國承受八年艱苦磨難的能力。

譬如，在抗日戰爭年間，重慶地區成為中國最大的武器、彈藥及其他軍備的製造工廠。它提供了國統區消耗糧食量的三分之一，並擔負起全國三分之一的財政負擔。此外，國民政府軍隊中的20%的兵源，共計三百萬人，都徵自四川。在川軍中，646,283名士兵被送到抗日前線。在這些士兵中，死亡人數高達263,991人，受傷人員356,267人，還有

24,025人被認定為失蹤。[19]該地區如此大規模的群眾參與，是通過各種各樣的政府機構和民間組織精心發起的動員活動完成的。婦女組織在重慶發起的國民動員中扮演著十分主要的角色。

然而，在1980年代，中國政治氛圍相對寬鬆以前，國民黨政府於1949年被共產黨打敗，重慶則因為曾經是國民政府的戰時陪都，所以在抗日戰爭中的地位和貢獻一直都無法得到完全認可。其實，一些資深的西方中國問題學者，如任職於美國聖地亞哥大學的Joseph Esherick，早就竭力主張中外學者應該研究國民政府在抗日戰爭中所扮演的角色。[20]但在西方的現代中國史研究中，抗日戰爭史還是一個薄弱環節，特別是有關國統區人民參加的抗日戰爭歷史。有關抗日戰爭時期國統區的婦女史更是少見。儘管在改革開放之後，中國大陸的抗日戰爭學術著作已經逐漸開始承認國民黨在抗日戰爭中所作出的貢獻，但還是一如既往地將研究重點集中在以男性為主導的政府、政治以及軍事戰場等課題上。更重要的是，現在雖然大陸學術界已經開始注意國民黨和國統區在抗日戰爭中的貢獻，但抗日戰爭時期重慶普通老百姓，特別是婦女的貢獻仍然未得到應有的重視，成為學術空白。我希望本項研究能為學術界提供有關重慶婦女抗日戰爭時期生活經歷的新史料，也希望中外學術界能超越勝利者的歷史，更好地理解重慶在抗日戰爭中的地位，並將注意力引向抗日戰爭時期大後方歷史的研究，以弄清國統區人民對抗日戰爭勝利的貢獻，而不僅僅是研究根據地人民在抗日戰爭中的經歷和貢獻。這樣的研究會幫助我們更好的了解20世紀中國通史和中國抗日戰爭史。因此，在講述重慶婦女在抗日戰爭時期的口述歷史之前，有必要先了解一下重慶在抗日戰爭之前的簡要歷史。

19　重慶抗戰叢書編輯委員會，《重慶人民對抗戰的貢獻》。重慶：重慶出版社，1995，第85頁。

20　Joseph Esherick, "Ten Theses on the Chinese Revolution," *Modern China* 21.1 (1995): 45–76.

重慶簡史

重慶位於中國西南部，位處長江與其主要支流嘉陵江的匯合處，並與四川大多數地區及雲南部分地區都有水陸路連接。雖然重慶與四川及鄰近省份的主要地區也有陸路相連通，但在1920、30年代現代公路建成以前，長江是長江上游與外界聯繫的主要通道。在19世紀末，重慶的特殊地理位置使它成為了水運系統的樞紐和長江上游及西南地區最重要的貿易中心。儘管如此，重慶在1890年代以前卻沒有任何現代工業，商業經濟的主要內容是西南地區商品的內部再分配。1891年，清政府「開放」重慶為通商口岸，再加上後來清政府的改革，都加速了該地區現代商業企業的發展，引入了現代工業，將該地區的商業經濟與世界經濟聯繫了起來。[21] 自19世紀末期以來，重慶一直都是中國西南地區的商業中心。在1937年抗日戰爭爆發以前，商業也一直都是該地區最重要的經濟行業。

重慶於1929年建市，1930年代時佔地面積為93平方公里。1938年，重慶成為戰時陪都後，面積擴大到300平方公里——抗日戰爭對重慶城市擴展的影響可見一斑。與較發達的上海及其他沿海地區相比，重慶的現代工業發展相對落後。在1891年至1911年間，重慶才建起第一批現代工廠，主要是生產火柴、棉織、豬鬃加工之類的輕工業。[22] 儘管在1935年國民黨中央政府入駐四川之前，重慶連年遭受軍閥戰亂，在1911年至1937年期間，該地區的現代工業、基礎設施及城市管理系統仍有緩慢的發展；尤其是1926年，四川軍閥劉湘掌握了該地區的控制權以後，重慶地區的局勢出現了相對穩固的狀況，經濟建設也有了發展。重慶地區的現代化發展建設，主要歸因於這裏獨特的政治勢力結構。清政府被推翻以後，四川便成為眾多軍閥爭奪的焦點。1935年之前，國民黨中央政府對該地區的政治影響力不大；甚至1935年之後，國民黨政府的控制

21　周勇，《重慶通史》。重慶：重慶出版社，2002，第340頁。
22　隗瀛濤，《近代重慶城市史》。成都：四川大學出版社，1991，第189–198頁。

力也相對薄弱。四川的地方勢力，如青幫、紅幫和軍閥，仍然是控制當地社會的重要勢力。重慶作為中國西南地區的工商業中心，對軍閥和其他地方勢力的財政收入來源至關重要。因此，中央政府相對薄弱的勢力及其極力想打入四川的願望，加之各地方勢力對重慶的經濟依賴，都為該地區的現代化發展提供了一定的空間。

1920年代到1930年代初，重慶地區的基礎設施現代化建設比以前得到較大發展。1927年至1937年間，重慶市區鋪建完成現代化的公路，市區的公交系統也隨之發展起來。至1937年，已經有88輛為當地人民服務的公共汽車，私家車數量達到151輛，成千上萬輛人力車則代替轎子成為該地區普通百姓最常用的交通工具。[23] 從1932年到1937年初，重慶與四川其他地區，以及與貴州、湖南、雲南相連的公路也陸續建成。重慶成為戰時陪都以後，戰前建成的省際公路，即連接雲南和緬甸的滇黔公路，就成為中國抗戰時期主要陸路幹道的建設基礎。日本控制了中國沿海地區以後，滇黔公路成為抗日戰爭時期中國與外界聯繫、外界救援物資通過陸路運進國內的生命幹線。[24]

這個時期重慶的船運業也得到了較大發展。長江上游的民族船運業開始於19世紀末、20世紀初。第一次世界大戰時期，由於歐洲列強忙於戰事，中國民族船運業在長江上游地區發展速度加快。然而，第一次世界大戰結束後，歐洲帝國主義勢力回到了中國，並加入長江上游船運業的控制權爭奪戰中。中國人自己的船運公司卻不斷受到各路軍閥勢力的欺壓，往往被迫向用武力爭奪川東控制權的軍閥提供免費服務。為了躲避軍閥壓榨，一些中國船運企業紛紛與外國競爭者合併，以保護自身利益，這導致該地區的中國船運業發展受到嚴重破壞。

23　周勇，《重慶通史》，第857–862頁；隗瀛濤，《中國近代不同類型城市綜合研究》。成都：四川大學出版社，1998，第366頁。

24　李佔才、張勁，《超載：抗戰與交通》。廣西：廣西師範大學出版社，1995，第150頁。

　　1926年，劉湘鞏固了在川東的地位後，重慶實業家盧作孚創辦了民生船運公司，將長江及其支線的船運業務收復回來。盧先生是位進步而務實的商人，他創辦民生船運公司的宗旨就是服務社會、為大眾提供便利、發展工業和富強國家。[25]盧先生利用他與劉湘的良好關係，採用以充分發揮員工長處和促進勞資與勞力和諧為中心的獨特管理模式，在公司成立僅一個月之後，就開通了重慶通往長江上游合川鎮的線路。1937年，抗日戰爭前夕，盧作孚的民生船運公司已擁有47艘船舶、3家分公司、6間辦事處及4家代辦處。公司業務覆蓋整個長江地區，並開闢了重慶至上海沿線的3條長途路線和長江上游的5條短途路線。[26]

　　鐵路方面，儘管1936年國民政府特准劉湘成立了「川黔鐵路局特需股份有限公司」，並授予他修建連接重慶與成都、內江及自貢鹽場鐵路的權力，1937年抗日戰爭的爆發卻使該項目被迫中斷，致使抗日戰爭前重慶僅有的鐵路是為江北區一個煤礦修建的、長約10公里的輕便鐵道。

　　抗日戰爭爆發之前，中國僅有的航空服務由兩家大型航空公司提供，一家是中美合資的中國航空股份有限公司（CNAC，以下簡稱「中航」），另一家是中德合資的歐亞航空公司。1931年，中航開通了從湖北漢口通往重慶的航線，並於1933年增加了成渝航線。1935年國民政府進入四川後，中航又增加了重慶至雲南昆明的航線。1936年，為適應重慶新增航空服務的需要，中航陸續在重慶建成三個機場。重慶變成陪都後，這些發展都成為中國抗日戰爭時期航空系統的建設基礎。1938年以後，日軍的侵佔使中國航空業被迫逐漸遷出中國北方、中部和南方地區。最後，中航和歐亞航空公司分別將其總部搬到了重慶和昆明。抗日戰爭期間，重慶和昆明就成了中國的航空中心；1941年後，兩地更成為美國根據租借法案為中國提供戰時急需物資的空運生命線。

25　楊繼仁、唐文光，《中國船王》。北京：文化藝術出版社，1991，第78頁。

26　周勇，《重慶通史》，第854–856頁。

　　雖然重慶地區在1880年代末期就已經有電報服務，但該地區的無線電通訊系統直到1928年才建成。1936年，重慶才有了同成都及貴州相通的長途電話服務。儘管重慶戰前的交通和通訊系統僅為該地相對較小的區域和人群提供服務，1938年1月，重慶正式成為戰時陪都後，這些系統也為戰時的通訊發展打下了重要的基礎。抗日戰爭期間，重慶的電話系統擴展較大，不僅包括市內的三千部電話，還覆蓋了周邊地區，最終將包括雲南、貴州和四川在內的整個西南地區都囊括其中。1941年後，國際長途業務也開展起來，將重慶與香港、美國及世界上其他地方都聯繫起來。[27]

　　1937年7月盧溝橋事變爆發，日本向中國發動全面戰爭。在這場戰爭的頭幾個月裏，日軍對中國北部和中部的迅猛攻勢，迫使許多在上海和沿海的中國工廠、企業相繼撤退到了湖北。1938年，武漢淪陷，超過三十萬噸的工業設備和物資，以及一萬名技師和工人都困在了宜昌地區，等待轉移到四川安全區域。就在這個關鍵時刻，重慶的交通系統，尤其是民生船運公司，在幫助國民政府和中國工業，特別是軍事工業，從宜昌撤退到重慶發揮了重要作用。盧作孚調動民生公司的力量，四十天之內，就用船將被困在宜昌的所有工業人員及三分之二的工業裝備和物資運到了四川，創造了中國歷史上最大規模的工業遷移，被譽為「中國工業的敦刻爾克」。[28]盧作孚及其民生船運公司挽救回來的工業設備和人員，幫助中國在四川重新建立起抗日戰爭時期急需的軍事及其他工業，使重慶從此成為中國軍事工業的重要生產基地之一。盧作孚和他的民生船運公司在重慶成為戰時陪都以後的抗日戰爭歲月裏，還在從四川及西南其他地區向前線運輸士兵和物資等方面，起到了關鍵作用。

27　周勇，《重慶通史》，第1153–1154頁；吳濟生，《新都見聞錄》。上海：光明書局，1940，第105–106頁。

28　盧國強，《我的父親盧作孚》。重慶：重慶出版社，1984，第198頁。

重慶的現代工業出現於19世紀末期，是經過戰前35年的歷程逐漸發展起來的。重慶戰前的工業主要以輕工業為主，尤其是紡織品生產業、蠶絲業和出口商品製造業。重慶的重工業不發達，在1920年代末及1930年代初，只有鋼鐵、電力和水泥等很小一部分重工業。以盧作孚為例，他開辦民生船運公司以後，還創建了民生機械公司、三峽染織公司以及合川水電公司。[29]雖然在抗日戰爭爆發之前，重慶的城市基礎設施和工業發展都遠遠落後於工業化程度最高的上海，但重慶卻是長江上游地區的工商業中心。1936年，四川全省僅擁有583間工廠和手工工場，重慶於1933年就已經有415間工廠和手工工場。四川大學的近代史專家隗瀛濤教授指出，如果將1933年的重慶數據和1936年的四川數據相比較，重慶佔據了四川工廠和手工工場總數的71%、工業勞動人數的三分之二。[30]現存的西方學術研究，如美國學者Lee McIsaac的重慶研究，都將抗日戰爭前的重慶描繪成一個十分落後破舊的城市，認為戰時陪都的地位護佑重慶實現了現代化。[31]雖說重慶的戰時地位，以及中國人口與政治、教育、工業及文化機構向重慶遷移，確實加快了重慶現代化發展的進程，但當地的現代基礎設施建設和工業發展，早在抗日戰爭爆發以前就已經生根發芽了。套用研究日本史的著名美國學者John Dower的觀點，正如日本在二戰時和美國佔領日本以前就已經有了和平與民主的思想一樣，抗日戰爭時期重慶地區的現代化發展也「並不是由外來的思想或強加的想法誘導的，而是由自己鮮活的經歷和對機會的把握而實現的」。[32]若是當時該地區沒有存在基礎設施和工業基礎，或是當地和外地遷徙來

29　周勇，《重慶通史》，第856頁。

30　隗瀛濤，《近代重慶城市史》，第26頁。

31　Lee McIsaac, "City as Nation: Creating a Wartime Capital in Chongqing," in *Remaking the Chinese City: Modernity and National Identity, 1900–1950*, ed., Joseph Esherick.Honolulu: University of Hawaii Press, 2000, pp. 174–191.

32　John Dower, *Embracing Defeat: Japan in the Wake of World War II*. New York: W.W. Norton, 1999, p. 23.

的人民沒有意願想加入抗日戰爭時期的社會並參與經濟發展，外地遷移來的工業根本無法在1938年後如此迅速高效地在重慶落地重建並投入生產。

　　Lee McIsaac還提出，「國民政府於1937年秋宣佈：『重慶將成為中國抗日戰爭時期的陪都之一』，使這座城市幾乎一夜之間就從中國政治的邊緣變成了中心」。[33]我認為McIsaac的論述又一次削弱了重慶在現代中國政治史上的重要性。從地理位置上看，如果我們堅持中國的中東部才是中心，重慶也許確實只能算是一個周邊城市。然而在政治上，自19世紀末和20世紀頭十年以來，重慶都是中國反抗帝國主義鬥爭和民族主義運動的領跑者之一。在1911年辛亥革命的「保路運動」及「護法運動」中，所謂的周邊城市重慶實際上就是革命運動的中心。眾所周知，正是在四川率先掀起的「保路運動」為接下來的辛亥革命拉開了序幕，才使中國由帝制走向共和。不僅如此，重慶在「五四運動」和中國共產黨的早期運動中，也同樣扮演著重要角色。[34]1927年至1937年的南京國民政府十年統治期內，重慶在經濟和社會發展方面所作出的努力與南京政府統治下的區域也是旗鼓相當的。到1937年，重慶作為西南都市中心，與上海、漢口等通商口岸城市相比，雖然硬件設施如通訊和交通系統、現代工廠和街道的數量等的發展相對落後，卻並不缺乏注重革新和進步的現代人文精神。更重要的是，自1911年辛亥革命以來，一個本質上反帝國主義的民族主義社會文化環境，已經在該地區發展起來，幫助重慶在抗日戰爭中很快由一個地方性中心轉變為民族中心。[35]儘管抗日戰爭，尤其是重慶的戰時陪都地位，確實為重慶帶來了巨大的機遇，使它從地方性中心轉

33　McIsaac, "City as Nation,"p. 174.

34　Danke Li, "Culture, Political Movement and the Rise of Chinese Communist Movement in the Chongqing Region, 1896–1927." Ph.D. diss., University of Michigan, 1999.

35　Danke Li, "Popular Culture in the Making of Anti-Imperialist and Nationalist Sentiment in Sichuan," *Modern China* 30.4 (2004): 470–505.

變為了國際知名的戰時首都，但重慶在抗日戰爭前的發展，以及重慶人民的主觀努力和對抗日戰爭歷史的貢獻，不應被忽略。

美國知名社會學家William G. Skinner很早就提出，近代史上中國的發展是不平衡的，而這種社會和經濟發展的不平衡，主要表現在區域性和地方主義上。[36]國民政府1928年在南京成立以後，對中國的控制權僅限於中東部地區的一部分，其他地區則由不同的地方勢力控制，所以南京政府說不上是什麼政治中心。其實，國民政府的真正政治核心地位是在遷都重慶之後才更清晰地顯現出來。重慶成為陪都後的八年抗日戰爭，使國民政府有機會扮演中華民族領導者的角色，也是這一角色確立了國民政府在中國的政治核心領導地位。學術界有必要重新思考中國近代史上有關中心與邊緣的問題。

我們也應當了解，選擇重慶作為戰時陪都並非出於偶然。重慶地處內陸中心，憑藉其山地優勢，基本上消除了日本軍隊從陸上襲擊的可能性，所以相對安全。加上重慶與長江流域及四川其他地區水陸相連，使得抗日戰爭時期國民政府能夠發掘該地區的富饒資源，並借此建立起維繫戰時國家民族生存的政治經濟系統。中國能夠經受住八年艱苦的抗日戰爭，很大程度上因為從中國其他地方遷移過來的政治、工業系統，與重慶地區富饒的人文、物質資源和已有的工業基礎及強烈的民族主義思潮有機地結合在一起。正是這種結合，使得重慶在抗日戰爭期間，能建立起當時中國唯一的工業綜合體──其範圍東至長壽、西至江津、北至合川、南至綦江。這個工業綜合體在1938年建立之初，有200家從外地遷移來的工廠和企業(佔總數的三分之一)，到1940年為止，包括159家軍工廠、17家熔煉工廠、23家能源工業企業、120家化工廠、62家紡織廠和48家其他工業企業，總數達到429家。至1944年，在中國註冊

36　William Skinner, *The City in Late Imperial China*. California: Stanford University Press, 1977.

的4,346家工廠中，重慶就有1,228家，成為抗日戰爭時期中國工業的命脈。[37]

在八年抗日戰爭期間，重慶還成為了中國全國性的教育、出版、新聞媒體、圖書、音樂及藝術中心。繼國民政府遷都後，中國國家圖書館、國家博物館、中央廣播電台、國際廣播電台以及包括中華書局、商務印書館和三聯出版社在內的所有主要出版公司，都紛紛將其總部遷移到了重慶。中國反映各種政見的主流報紙也在抗日戰爭中遷移到了重慶，其中包括：國民黨的官方報紙《中央日報》、中共的官方報紙《新華日報》，以及代表中間階層政見的《大公報》。大多數中國高等教育機構也都紛紛遷移到西南地區。在抗日戰爭年代，中國的108所高等教育機構中，有57所遷移到了西南地區，其中40%搬到了重慶；另外有17所停業，還有25所分別遷到上海租界或香港。[38]

重慶還在抗日戰爭年代安置了大量的流亡難民。1937年底，中國中東部地區淪陷於日軍手中，數百萬計的百姓被迫離開家園，開始長途跋涉、向西南地區安全地帶轉移。其中很多人都來到了四川，特別是重慶。根據1937年重慶的市政統計數字，該市人口數為475,968人次；到1945年，這個數字就超過100萬人次。1946年，重慶人口又新增加了25萬人，這使該市成為當時中國人口最密集的都市之一。[39]大量外地人口湧入四川，重要的政府、工業、文化、教育和傳媒機構向重慶遷移，這都為該地區乃至全中國在社會、經濟、政治和文化等方面帶來了深遠的變革。

大量外來人口湧入四川，為該地區帶來了新的社會文化活力。譬如，「重慶人」定義的改變就是外來人口遷移所帶來的結果。除了下江人

37　周勇，《重慶通史》，第874頁。
38　同上註，第872–873頁。
39　隗瀛濤，《近代重慶城市史》，第399頁。

和重慶本土人之間存在的競爭及地域環境造成的文化觀念差異，抗日戰爭期間本地人和下江人在重慶地區同生死共存亡的八年經歷，使所有生活在這裏的人都成為了「重慶人」。本書涉及的重慶婦女的定義既包括本地的婦女，也包括外來的婦女。被重慶本地人稱為下江人的流亡難民，不論男女，都為該地區帶來了特有的技能、地方文化以及不同的生活方式。八年抗日戰爭中，當下江人與重慶本地的文化風格發生碰撞時，當所謂的「中心」和「邊緣」交換了地點時，焦慮、恐懼、競爭及前所未有的戰時文化融合，成為了重慶地區抗日戰時期生活與文化的重要組成分。

在西方，抗日戰爭時期非傳統定義的、非主流的文化，特別是社會性別化的中國抗戰時期的難民與流亡文化，只得到相對很少的學術關注。在現存為數不多的有關抗日戰爭和難民大遷移歷史的學術著作中，學者也往往將焦點集中在正式的、穩定的、代表男性國家結構的、以及精英階層所創作的文學和藝術作品上，很少涉及婦女日常生活中對抗日戰爭文化作出的貢獻。本書把婦女對抗日戰爭難民及流亡文化形成的作用，以及該文化對重慶地區乃至全國社會及政治的影響，納入現有的學術研究之中。抗日戰爭時期重慶地區的生活文化是很有研究價值的。大量難民從中國的四面八方流入重慶地區，將全國各地的文化與傳統都帶到了戰時陪都，並與重慶的本土文化相融合。這種融合，在很大程度上改變了戰時及戰後重慶地區的文化和生活。希望本書的出版能帶動更多的學者從事有關抗日戰爭文化方面的研究。

抗日戰爭期間，重慶也是各種黨派政治鬥爭的戰場。在西方，關於中國抗日戰爭時期政治的學術研究，長期以來都被「勝利者的歷史」模式的簡單思維方式牽制著。1990年代以前，一批像美國Lloyd Eastman和Maria Hsia Chang這樣對國民黨持批評態度的學者，使西方讀者們相信，國民黨在抗日戰爭時期的政治體系是保守而腐敗的，是建立在蔣介石個人獨裁統治之上的。由於蔣面對的對手是具有嚴格組織紀律、並且民眾

化的中國共產黨，蔣的獨裁統治最終於1949年垮台。[40] 即便Eastman和Chang是對的，抗日戰爭期間國民黨政府是保守和腐朽的，蔣介石在國民黨內建立了個人獨裁，抗日戰爭時期的重慶政治也遠非僅被蔣介石的個人獨裁和國民黨的壟斷所統治的。

1937年盧溝橋事變以後，日本侵略軍對中國中北部地區的迅猛攻勢使蔣介石和國民黨都意識到，要存續自己的勢力基礎 —— 國家政權，必須有全國人民和政治力量的支持。為了贏得這種支持，國民黨政府不得不於1937年9月與中國共產黨達成協議，建立起新的抗日民族統一戰線 —— 第二次國共合作。由此，中國共產黨和第三黨派便於1938年提出建立國民參政會、力倡憲政運動的要求，以此作為公眾對憲政運動發表公開意見的論壇。雖然第二次國共統一戰線建立以後，中國共產黨和國民黨之間的爭紛仍然不斷，國民參政會帶來的新政治氛圍，卻使中國共產黨和第三黨派走上抗日戰爭時期中國政治的正式舞台，並使得參與戰時政治成為了現實。

根據國民黨和中國共產黨達成的第二次統一戰線協議，中共的軍隊被收編成為國民政府麾下的八路軍，並得到許可，在陪都重慶設立由周恩來及其妻子鄧穎超領導的八路軍辦事處。中共南方局也在八路軍辦事處的掩護下秘密地運作起來。共產黨的官方報紙《新華日報》及期刊《群眾》等，也被允許在重慶出版發行。此外，共產黨還能在他們的印刷店內出售馬克思、列寧、毛澤東及其他中國共產黨領導人，譬如艾思奇等人的著作。第三黨派也紛紛在重慶出版刊物，並積極運用他們的出版物進行抗日戰爭的宣傳和動員工作，擴張自己的政治影響力。[41]

40　Lloyd Eastman, *Seeds of Destruction: Nationalist China in War and Revolution, 1937–1949*. California: Stanford University Press, 1984; Maria Hsia Chang, *The Chinese Blue Shirt Society: Fascism and National Development*. Berkeley: University of California Press, 1985.

41　張友漁，〈三進新華日報〉，《新華日報50年》。重慶：重慶出版社，1996，第7–11頁。

雖然國民黨仍然試圖制約中共和第三黨派的各項活動，但在抗日戰爭時期的重慶，中共和其他政治團體都享有相當程度的自由，並能將這種自由轉移到政治活動之中。除了致力於抗日戰爭動員，中共和其他黨派還利用這些自由和與抗日戰爭相關的活動，為自己在中國戰時政界的話語權贏得了進一步的認可和發展機會。他們的話語權也反過來對國民黨政府造成相應的壓力，迫使國民黨讓所有的政治力量都能參與抗日戰爭時期的國家政治，而不僅僅是國民黨的一黨專制。由此，以1938年和1941年分別成立的國民參議會和民主政團同盟為代表的大規模的戰時憲政運動，也紛紛粉墨登場，使重慶在抗日戰爭期間變成了中國政治民主化的戰場。[42]

1990年代初期，T'ien-wei Wu和其他幾名美國學者在關於抗日戰爭時期中國政治和第三黨團政治的研究中指出，儘管西方早期有關抗日戰爭的研究總把戰時中國政治描述成蔣介石的個人獨裁統治，當時的政治現實卻是多個黨派對權力的爭奪角逐。[43]香港學者洪長泰在他1994年的研究中也指出，抗日戰爭期間，中國學者積極投身於抗日戰爭宣傳並極力主張社會變革，他們的努力為「新政治文化」的出現提供了機遇。[44]香港大學學者Louise Edwards在她2007年出版的有關中國婦女運動的研究中也揭示，婦女作為社會團體，在抗日戰爭時期也成為了正規政治活動的活躍參與者。[45]事實上，抗日戰爭時期重慶的中國政治遠比國共兩黨之間

42　劉煉，〈抗日戰爭時期國統區的民主憲政運動〉，《重慶抗戰紀事》，第2卷，中國人民政治協商會議四川省重慶市委員會問世資料研究委員會編。重慶：重慶出版社，1987，第249–282頁。

43　T'ien-wei Wu, "Contending Political Forces during the War of Resistance," in *China's Bitter Victory*, ed., James C. Hsiung, and Steven I. Levine. New York: M. E. Sharpe, 1992, pp. 51–78.

44　Chang-tai Hung, *War and Popular Culture: Resistance in Modern China, 1937–1945.* Berkeley: University of California Press, 1994, p. 270.

45　Louise Edwards, *Gender, Politics, and Democracy: Women's Suffrage in China.* California: Stanford University Press, 2007.

的簡單對立鬥爭關係複雜得多。抗日戰爭時期相對激進的、多黨參與的憲政運動的興起，並不是因為國民黨改變了其反共的立場，而恰恰是因為中國非國民黨的其他政治力量變得相對強大。

　　台灣和大陸的學者就抗日戰爭時期到底有多少全國性婦女組織存在分歧。[46]但他們都承認，中國共產黨、國民黨和其他政治團體在抗日戰爭時期都分別成立了婦女組織及分支機構。僅在重慶，1941年在市政府登記的婦女組織就至少有40家。[47]抗日戰爭期間有至少三家全國性的婦女組織，吸納並認可來自所有政治黨派的婦女。這三家組織是：中國婦女慰勞自衛抗日戰爭將士總會、中國戰時兒童保育會(以下簡稱「保育會」)和新生活運動促進總會婦女指導委員會[48](以下簡稱「新運婦指會」)。更重要的是，這三家婦女組織都在動員中國婦女支援抗日戰爭及提高國統區婦女生活水平的運動中，扮演了領導角色。

　　這三個組織的總部，都在重慶成為戰時陪都以後紛紛遷移至此，它們的負責人同時還兼任其他抗日戰爭時期婦女組織的領導職務。這些婦女領導人包括：國民黨領袖蔣介石的夫人宋美齡、中國共產黨領導人周恩來的夫人鄧穎超、著名女律師及第三黨派領導人史良，以及馮玉祥將軍的妻子、教育家、基督教全國婦女總會領導之一李德全等。這些來自各個政治力量的婦女們，儘管持有不同政見，對發動和組織婦女抗戰的方法及目的都有不同的看法，但在整個抗日戰爭過程中，她們都能並肩

46　如台灣學者呂芳上認為，抗戰期間重慶至少有七個全國性的婦女組織，其中包括三青團的婦女組織。見呂芳上，〈抗戰時期中國的婦女工作〉，《中國婦女史論文集》，李又寧、張玉法編。台北：商務書局，1988，第378–412頁。但大陸學者則認為，三青團婦女組織不應算為全國性婦女組織，因為該組織沒有包括非國民黨成員。

47　重慶檔案館，《重慶市各婦女團體一覽表》，檔案號0051–2–564。1941，第1–7頁。

48　新生活運動促進總會婦女指導委員會在宋美齡領導下，於1937年8月在南京成立，旨在團結全國各界婦女投身抗日救亡動員工作。當時，各黨派婦女領袖均參與了宋美齡主持的成立會議及之後的工作。

戰鬥。她們共同奮鬥的目標是將日本侵略者趕出中國，提高中國婦女的生活水平。她們能夠、並願意彼此聯繫、共同分享抗日民族主義和男女平等主義的信仰。這種信仰使她們超越了歷來的黨派界線，可以在不同黨派組織之間求大同存小異，並創造出一支精悍的婦女聯合力量。她們的努力使這些聯合的婦女組織登上了抗日戰爭時期中國政治的大舞台，成為一支重要的政治力量。

這些組織起來的婦女團體，紛紛積極投身於中國抗日戰爭動員活動之中。她們的活動包括：慰勞前方將士；募款及物資籌集；為受傷、退役和新入伍軍人提供服務；為軍屬、戰時兒童的福利和教育提供幫助；培訓並組織「鄉村服務團」；動員農村婦女並組織她們進行戰時生產。抗日戰爭時期，婦女為軍人及其家屬所提供的服務，對鼓舞抗日戰爭士氣十分重要，同時也為這個飽經戰亂的民族和國家帶來了心理上和感情上的慰藉。婦女團體在國內外籌款和募集物資方面作出了極大的努力，並取得了重大的成就。這些成就不僅直接為支持抗日戰爭的多項活動提供了資金支持，更增強了婦女團體本身的力量。

在中國歷史上，戰爭動員協調工作歷來是男人的天下。抗日戰爭時期，婦女團體在全民抗日戰爭動員工作中所作的努力和取得的成就，使她們在那些歷來將婦女排斥在外的戰爭動員協調活動中成為了積極分子，並將她們對抗日戰爭的貢獻從傳統上的幕後支援角色轉到了幕前主演，使她們從無名英雄變成了有名英雄。在重慶地區，有組織的婦女抗日戰爭動員工作並不局限於城市精英婦女的動員工作以及赴前線慰勞軍人的活動。抗日戰爭時期的婦女團體還組織了婦女鄉村服務隊，將婦女輸送到四川農村的56個鄉鎮，開展抗日戰爭動員工作。這些鄉村服務隊在農民中進行廣泛的抗日戰爭宣傳，在農村進行大量工作。她們的工作包括：教農婦們簡單的漢字和實用技術、組織農婦參加各種婦女協會，以及培訓農婦成為地方婦女幹部。抗日戰爭期間，重慶地區婦女團體的鄉村服務隊，培訓了超過20萬名以上農婦，參與支援抗戰生產和地方政

治。大陸學者劉寧元說過，就這些組織的數量和規模、影響及範圍、活動密度而言，都超過了中國之前所有的婦女運動。[49]

雖然五四運動中的婦女解放運動為後續運動打下了基礎，抗日戰爭期間的婦女運動與之前的相比，還是存在不同。五四期間的婦女運動大多由城市裏受過良好教育的知識婦女們組織並參加，其影響力僅限在中國中上層婦女之中。而抗日戰爭時期的重慶婦女運動，則將抗日戰爭動員和提倡男女平等的運動相結合，生活在國民黨統治下的重慶地區的城市與周邊鄉村的大量婦女人口，規模空前地參與到抗日戰爭動員和婦女運動中來。抗日戰爭時期的重慶婦女運動已經打破了精英階層的局限，深入到重慶周邊的鄉村，影響了數十萬鄉村婦女的生活。抗日戰爭時期重慶地區的鄉村婦女運動是一個重要課題，有待學者們注意。以上闡述的就是與本書口述史有關的重慶地區的歷史背景和政治環境。

史學史

1937年至1945年的中國抗日戰爭在美國和中國的學術研究中並不是新課題，但相對而言有關抗日戰爭時期中國婦女的研究還是比較新穎。在這裏，我主要介紹西方有關中國抗日戰爭史的研究。

早在1930年代到1940年代間，就有大量美國記者，如A. T. Steele Jr.、Edgar Snow、Theodore H. White、Peggy Durdin和Agnes Smedley等人，開始撰寫關於中國抗日戰爭的文章。儘管這些記者，如Agnes Smedley，寫過關於中國婦女的文章，但報導的注意力主要還是放在男性身上。到1950年代，冷戰思維和麥卡錫主義使美國學術界暫時中斷了對這個課題的研究，因為任何有關中國共產黨對抗日戰爭的貢獻，或者對

49　劉寧元，《中國婦女史類編》。北京：北京師範大學出版社，1999。

國民黨的腐朽政治進行批評的學術研究都會被反共陣營貼上「共產黨同謀」的標籤。

接下來的十幾年裏，中國現代史的研究中，不僅出現了新一輪的中國抗日戰爭研究熱潮，在美國還出現了對該課題的新研究方法。1970年以來，在美國，學者們對中國抗日戰爭的研究大體上可以分為五個流派。

第一個流派是「革命學派」，他們認為抗日戰爭是中國共產黨在中國取得政治統治權力的不可缺少的重要條件，認為中國共產黨利用抗日戰爭擴充了自己的實力。因此，儘管該學派的學者們對於這場戰爭到底在哪些方面對中共的勝利作出了貢獻、做了多大的貢獻這些問題上持不同見解，但他們都把抗日戰爭史當作中國共產黨史和中國革命史的一個組成部分進行研究。

第二個流派是「國際關係學派」，其研究主要集中在參戰國家間對外政策的制定和國際關係問題上。該學派的學術著作多是分析和批判美國和其他西方勢力對中國的戰時政策，而非研究真正意義上的中國抗日戰爭史。該學派的多部著作都提出，正是美國政府對中國的誤解及其基於誤解制定的政策，導致美國令中國走上共產主義道路的「損失」。

第三個學派主要研究抗日戰爭時期的國民黨、戰時國民政府、第二次國共合作及統一戰線的問題，解釋為什麼國民黨於1949年輸給了中國共產黨。

第四個學派主要關注被日本佔領地區的中國。其學術著作不僅研究中國被日本控制地區的政治、經濟、文化和學術活動，還涉及到一些中國政治團體和日本佔領勢力之間存在的反抗和勾結。

最後一個學派是用歷史和記憶的相互作用來研究抗日戰爭史，以此解釋過去六十年中人們對於抗日戰爭的記憶是什麼樣的，而這些記憶又是如何反映並塑造了中國自1945年以後的歷史。

儘管上述學派，尤其是「革命學派」和被佔領地區學派的一些出版物，觸及到了共產黨控制下的根據地和日佔區的婦女問題，但有關中國

戰時陪都重慶的婦女生活經歷的英文著作卻很匱乏。1992年，美國一個學術小組一起研究並出版了《中國艱辛的勝利：1937至1945年的對日戰爭》。編者們在書的前言中指出，「這本書最根本的目的是要用全面分析的方法使我們對抗日戰爭史有最好的理解」。[50]不過，雖然這本書的作者們對抗日戰爭的許多重要問題都作出了清楚而精彩的解釋，中國婦女在抗日戰爭中的參與和貢獻卻仍然被作者們忽視了。這和歐美史學界對婦女與戰爭的研究現狀有差距。

歐美婦女在二戰中的參與及貢獻受到學術界的高度重視。1994年，香港學者洪長泰在美國出版了《戰爭與大眾文化：1937至1945年現代中國的反抗》。該書中有一小部分涉及抗戰時期大眾文化中的女性反抗形象。洪長泰的這本書談論的中心是中國抗日戰爭時期的大眾文化，而不是婦女，所以他對婦女問題的討論主要集中在戰時媒體如何描述婦女，而並沒有、也沒打算談論婦女到底在抗日戰爭時期做了什麼、有何貢獻。[51]

1990年代中期，為慶祝抗日戰爭勝利50週年，大陸和台灣舉行了許多東西方學者們參加的學術會議。然而，這些會議卻絲毫沒有提及婦女在戰爭中扮演的角色。2000年，由Wen-hsin Yeh主編的《造就中華文化：通向和超越現代之路》一書在美國出版。該書包含兩篇關於抗日戰爭時期中國婦女的文章：一篇是Prasenjit Duara關於滿洲國中產階級婦女講師們組織的道德學會的研究，另一篇是Paul Pickowicz關於戰後影視作品中的戰時婦女的研究。這兩篇文章都提出，雖然抗戰時期「新民族主義討論的出現，使婦女們的行動空間有所擴大，並超越了傳統觀念上的女主內、男主外的限制」，婦女仍然得服從以父權國家為代表的新的民族主義

50　James C. Hsiung, and Steven I. Levine, ed., *China's Bitter Victory: The War with Japan, 1937–1945*. New York: M. E. Sharpe, 1992, p. xxii.

51　劉煉，〈抗日戰爭時期國統區的民主憲政運動〉，第249–282頁。

權威體系。[52]美國學者Joshua Howard於2004年出版的《戰時工人：1937至1953年中國軍工廠裏的工人階級》，為理解重慶抗戰時期的軍事工業及軍工系統工人階級的歷史作出了重要貢獻。但是，該書並未談及婦女問題。[53]香港大學學者Louise Edwards 2007年出版的研究成果——《社會性別、政治和民主：中國婦女的選舉權》，是西方出版的第一本關於1890年代末到1940年代末中國婦女爭取選舉權運動的綜合概況的書籍。這本書包含一些關於抗日戰爭時期重慶婦女的簡要論述，但由於它並非致力於研究抗日戰爭中的婦女，僅僅闡述了一些參與戰時政治的知名的精英婦女組織，並未打算提供重慶地區普通婦女抗戰時期經歷的信息。[54]

2007年和2008年，美國學術界分別出版了兩本關於中國抗日戰爭的書。第一本是2007年出版、名為《戰爭中的中國：1937至1945年中國的地區》的編著。[55]該書的三個編者Stephen R. MacKinnon、Diana Lary和Ezra F. Vogel都是當今中國研究的知名美國學者。但該書沒有一個章節涉及到中國的戰時陪都重慶，也沒有關於抗日戰爭中婦女經歷的相關內容。第二本是Stephen R. MacKinnon 2008年出版的《武漢1938：戰爭、難民和中國的現代化》。[56]該書描述了1937年12月，國民政府首都南京淪陷給日本人，武漢自1938年1月到10月成為中國抗日戰爭之都，並在動員組建中國抗日力量的活動中扮演了重要角色。該書簡要討論了婦女在武漢地區參與抗戰的歷史，並強調了武漢在南京和重慶之間這個關鍵時期

52　Wen-hsin Yeh, ed., *Becoming Chinese: Passages to Modernity and Beyond.* Berkeley: University of California Press, 2000.

53　Joshua H. Howard, *Workers at War: Labor in China's Arsenals, 1937–1953.* California: Stanford University Press, 2004.

54　T'ien-wei Wu, "Contending Political Forces during the War of Resistance," pp. 51–78.

55　Stephen R. MacKinnon, Diana Lary, and Ezra F. Vogel, ed., *China at War: Regions of China, 1937–1945.* California: Stanford University Press, 2007.

56　Stephen R. MacKinnon, *Wuhan, 1938: War, Refugees, and the Making of Modern China.* Berkeley: University of California Press, 2008.

扮演的重要角色。武漢抗日戰爭是重慶抗日戰爭陪都史的前奏，為我們更深入的了解和分析在重慶發生的抗日戰爭史提供了平台。

　　過去25年裏，中國的改革開放使得大陸的學術界也相對開放。很多以前查不到的資料和檔案，現在都已解凍，可以陸續查閱到。資料檔案的開放以外，相對寬鬆的政治和學術環境也使中國大陸的學者能夠根據史料記錄做研究，並得出自己的學術結論、闡述自己的學術觀點，而不僅僅是再附和政黨的聲音、跟從政黨的路線。在中國大陸，從1980年代起，抗日戰爭史已經漸漸變成了熱門的學術領域。1991年，一本新的學術期刊《中國抗日戰爭史研究》，開始出版發行，直到現在還是研究抗日戰爭史的重要期刊。1990年代以來，儘管在中國有關抗日戰爭的眾多文章、書籍以及系列叢書相繼出版，關於抗日戰爭中中國婦女的研究依然處於邊緣地帶。1990年重慶出版社出版了五卷《南方局黨史資料》，其中第五卷登載了三篇有關抗日戰爭時期重慶婦女的文章——黃靜汶和黃慧珠的〈回憶中蘇文化協會婦女委員會〉、陸慧年的〈中國婦女聯誼會〉及南方局黨史資料徵集小組青年組寫的〈南方局領導下的婦女運動〉。[57]但這三篇文章基本上是歌頌中國共產黨對抗日戰爭的領導，並把抗戰時重慶婦女們的工作與貢獻都記在共產黨的功勞簿上。1991年重慶出版社出版的《重慶抗日戰爭紀事續編》登載了錢之光、童小鵬、劉昂、牟愛牧合寫的〈懷念饒國模同志〉。[58]饒國模是一位富有的重慶女地主，她的子女均於抗日戰爭前後加入了共產黨。抗日期間她積極支持中共八路軍辦事處在重慶的工作，為該辦事處出錢出地。八路軍辦事處在重慶的辦公大樓就是由饒幫助建設的。此外，她也利用自己的身分掩護中共地下黨在

57　南方局黨史徵集小組編，《南方局黨史資料》，第5卷。重慶：重慶出版社，1990，第309–316頁，第385–400頁，第461–477頁。

58　中國人民政治協商會議四川省重慶市委員會文史資料研究委員會編，《重慶抗戰紀事續編》。重慶：重慶出版社，1991，第315–322頁。

重慶的活動。這篇文章主要是表彰饒對中共的貢獻，並非意在展示重慶婦女在抗日戰爭中的活動。

在這裏，我有必要介紹一下重慶學者在過去30年來對抗日戰爭研究所做的貢獻。改革開放以來，重慶地區的學者在抗日戰爭研究方面做了大量的工作，成果沛然。1979年至1990年之間，重慶出版了一批以史纂和史考為中心的抗日戰爭研究的學術著作，如《重慶抗日戰爭紀事》、《抗日戰爭後方冶金工業史料》、《國民參政會紀實》、《回憶南方局》、《大後方的青年運動》等。1990年至2006年間，重慶學者們對抗日戰爭研究的視野有所擴展，其研究成果包括《重慶國民政府》、《新華日報史》、《抗日戰爭時期國共合作紀實》、《重慶大轟炸》、《中國遠徵軍入緬抗日戰爭紀實》等書籍和一批學術論文。2007年以後，抗日戰爭研究在重慶有了更大的拓展。重慶市政府決定實施「重慶中國抗日戰爭大後方歷史文化研究與建設工程」，撥給大量經費。從2007年至2011年，重慶已出版了共八卷十本的抗日戰爭叢書，其中包括《抗日戰爭大後方歷史文獻聯合目錄》（上中下三卷）、《抗日戰爭歌謠匯編》、《英雄之城——大轟炸中的重慶》等。[59]但30年來，重慶出版的抗日戰爭學術書籍沒有一本是有關重慶婦女的。近年來，大陸陸續出版了一些有關抗日戰爭時期婦女的著作，如《抗日戰爭女性檔案》和《新四軍女兵》等書籍，[60]但至今未有關於抗戰時期重慶婦女的專門著作面市。

在台灣，抗日戰爭歷史早已成為一個熱門的學術研究課題。台灣學術界的口述史研究也非常活躍。台灣中央研究院的近代史研究所早在1957年便安排口述史研究計劃，並於1959年開始工作。該研究所於1984年成立口述史組，近20年來積極從事抗戰時期婦女口述史的收集、

---

59 三本著作皆由周勇編輯，2011年於重慶出版社出版。

60 張西，《抗戰女性檔案》。北京：中國青年出版社，2007；朱強娣，《新四軍女兵》。濟南：濟南出版社，2003。

整理和研究工作。2004年，該組出版了長達600頁的《烽火歲月下的中國婦女訪問紀錄》。該書記錄了十位中國婦女的抗日戰爭經歷。其中好幾位被採訪的婦女都曾經在重慶生活，她們的抗日戰爭經歷和本書中重慶婦女的經歷有許多相似之處，可以相互呼應。此外，台灣學者也出版了有關抗日戰爭時期慰安婦的口述史。[61]然而，和中國大陸一樣，台灣已經出版的關於中國婦女和抗日戰爭的文章及書籍，在內容、理論和研究方法論上都還需進一步提高。

在中國大陸，雖然婦女問題的研究和主張男女平等的討論可以追訴到20世紀初，但西方概念中的女性主義在毛澤東時代被劃為資產階級思想，取而代之的是「婦女能頂半邊天」的革命女性主義。西方女性主義和社會性別研究，是改革開放之後作為學術科目和學術領域被重新介紹到中國的，在中國大陸尚屬相對新穎的領域。1980年代以來，西方女性主義和女性研究被重新引入中國以後，得到了迅猛的發展，有關婦女的研究項目也蓬勃地發展起來。近年來，中國大陸不乏女性研究的學術著作，其中包括大陸著名女性研究學者李小江主持的有關婦女與戰爭的上下兩冊口述史。[62]但是，這部口述史關注的主要對象是中共革命根據地的婦女，沒有涉及到抗日戰爭時期國民黨控制下重慶的婦女。這就說明，在中國大陸，有關中國婦女和抗日戰爭史的研究還沒有完全走出中國革命歷史框架的影響。

為紀念抗日戰爭勝利50週年，中國大陸舉行過一系列的慶祝活動。這些活動促使許多有關婦女和抗日戰爭的學術論文的出版。雖然這些出版物，如《南方局黨史資料》，包括一些有關婦女的文章，有些作者也認識到婦女在抗戰中扮演的重要角色，但婦女對抗日戰爭作出的貢獻依然

61　吳姿萱，〈慰安婦：再現，平反／求償，與介入的政治〉，碩士論文，國立清華大學外國語文學系，2009。

62　李小江編，《讓女人自己說話：親歷戰爭》。北京：北京三聯書店，2003。

被歸於共產黨的正確領導，並被看作抗日民族主義運動的附屬產物。在「誰是中國抗日戰爭的主力軍」的研討中，革命主義和民族主義主題依然壓過了女性主義、女權主義以及婦女主題。2000年，丁衛平出版了《中國婦女抗日戰爭史研究》一書。該書被中國學者們譽為「填補了中國抗日戰爭研究空白」。[63] 該書不僅承認中共控制地區、日本佔領地區以及國民黨控制地區的中國婦女對抗日戰爭作出的貢獻，還指出在這三個不同體系下，存在著不同的婦女組織和抗日戰爭動員活動。不過，該書作者還是主要用革命和民族主義分析模式解析婦女在抗日戰爭中的角色與地位，並認為，在中國共產黨控制的根據地的婦女運動比在國民黨控制的重慶地區的婦女戰時活動具有更重要的歷史意義。

在西方，歷史學界自1970年代初期起就開始關注中國婦女的研究問題。如王政在1999年發表的《五四女性：口述和文本的歷史》中指出的，由於1970年代到1980年代初期做中國婦女研究的西方學者們無法得到原始資料，他們的學術研究主要依賴於在中國公開發表的、國家政策允許的和官方承認的著作，所以他們的研究是有局限的。[64] 在西方，學者有關婦女與抗日戰爭的研究，還是局限在中國革命史的框架內。雖然在美國近期有些學術研究質疑抗戰時期中共是否有清晰的「婦女政策」，總體而言，當涉及婦女時，大多數西方學術研究都將婦女當作被研究的對象，而不是積極的歷史參與者與創造者。西方學者們感興趣的主要是中國共產黨是否履行了對解放中國婦女作出的承諾，而他們得出的結論往往都是負面的。例如，在分析中共對根據地婦女的政策時，美國學者Patricia Stranaban、Judith Stacey和Kay Ann Johnson都提出，抗日的戰爭環境使中共制定了一套相當保守的婦女政策，既要求婦女在經濟上為抗日戰爭作

63　任貴祥，〈中國婦女抗戰史研究，1937–1945 簡評〉，《抗日戰爭研究》，第37卷，第3期，2000，第232頁。

64　Zheng Wang, *Women in the Chinese Enlightenment: Oral and Textual Histories*. Berkeley: University of California Press, 1999. 香港中文大學出版社計劃於2024年下旬出版中文版。

貢獻，還要求她們繼續履行在家庭和社會的傳統義務。這些作者提出，抗日戰爭時期的婦女為實現中國的民族主義付出了沉重的代價。[65]

絕大多數有關中國共產黨革命的西方學術成果，除香港大學學者Louise Edwards於2007年發表的研究作品以外，大體上將中國共產黨1949年的勝利歸功於毛澤東及中國共產黨對數百萬中國農民的革命動員。在西方，於1970年代出版的，有關1930年代到1940年代中國婦女及社會性別的主要著作，基本將焦點集中在中國共產黨控制的農村根據地地區，而對國民黨控制下的城市地區的婦女，尤其是她們的生活經歷，關注甚少。這種研究方法無疑否認了國民黨統治地區中國婦女在中國歷史中的代表性和作用。在西方，有關20世紀中國婦女歷史的研究領域還存在另外一個問題，即學術關注的焦點比較相對集中在五四時期和1949年以後，而1930到1940年代，特別是抗日戰爭時期卻很少有人關注。事實上，清末以來，中國婦女始終堅持不懈地為爭取自己的權力和民族的解放而鬥爭。本書的目的就是要將重慶地區抗日戰爭年間，普通婦女的所作所為寫進中國歷史，喚起人們對她們以及這段歷史的注意。

研究方法

我是一名生於重慶，長於重慶，並在中美都受過教育的歷史學者。對家鄉的感情使得重慶總是和我貼心貼坎，長期在我的學術研究計劃之中。我對抗日戰爭時期重慶婦女的口述歷史的研究興趣，可以追溯到1995年夏天。

---

65 Patricia Stranahan, *Yan'an Women and the Communist Party*. Berkeley: Institute of East Asian Studies, University of California, Center for Chinese Studies, 1983; Judith Stacey, *Patriarchy and Socialist Revolution in China*. Berkeley: University of California Press, 1983; Kay Ann Johnson, *Women, the Family, and Peasant Revolution*. Chicago: University of Chicago Press, 1983.

那年，我回國為博士論文收集有關重慶地區的文化、地方運動和中國共產主義早期運動的發展狀況的數據。我到重慶的時候，全市都在為慶祝中國抗日戰爭勝利50週年舉辦各種各樣的活動。我看見了由重慶出版社出版的、16本書組成的一套關於重慶與抗日戰爭的系列新書，還旁聽了幾場有學者和官員們參加的紀念重慶在抗戰中的作用的集會。在這些慶祝活動中，我發現，所有的書籍和會議論文中，沒有一個談論到婦女及她們在抗日戰爭中的作用和地位問題。我開始疑惑，為什麼根本沒有提及婦女問題？在重慶八年的艱苦抗日戰爭時期內，婦女扮演過重要的角色嗎？

我詢問我母親她的抗戰經歷。她於1923年出生，一生都在重慶度過。讓我吃驚的是，她告訴我，重慶地區的婦女在抗日戰爭中都非常積極。就她自己而言，儘管當時她還只是個中學生，卻參與了很多抗戰動員活動。她向我講述了許多豐富多彩的故事。雖然事隔半個世紀，她還記得抗日戰爭時期她生活過的地方、做過的事情、以及她怎樣應對各種困難和挑戰。她也清楚地記得，當時她作為一個青年學生所學唱的許多抗戰主題歌。我在重慶市檔案館和歷史圖書館查到的關於重慶抗日戰爭和婦女的資料，證實了我母親所講的那些故事，證明婦女在抗日戰爭中確實是積極分子。雖然重慶歷史圖書館藏有不少有關本地婦女與抗日戰爭的資料，但那些資料大都沒有像我母親的那些故事那麼親切動人。因為公開發表的文章多半比較抽象、高調，而且所述之事大都離老百姓的真實生活較遠。由此我意識到，寫一本有關抗日戰爭時期重慶婦女的口述歷史，會使我們對抗日戰爭時期重慶的人文維度以及普通婦女的抗戰生活有一個更加深入的理解。

1999年到2007年間的每個夏天，我都去採訪抗日戰爭時期生活在重慶地區的婦女。2005年，亞州學術組織和自由人基金會撥給了我一筆暑期師生學術研究經費，我帶著三名美國女學生回到重慶，繼續進一步的採訪工作。

　　採訪工作是很辛苦的。首先，許多抗日戰爭時期生活在重慶的婦女已經仙逝；其次，也不容易尋找到尚還健在的、抗日戰爭時期生活在重慶的婦女。我前後共採訪了五十多位婦女，但不是所有接受採訪的婦女都能講述她們的抗戰經歷。有些婦女的記憶已經非常模糊，結果採訪無法使用。我把其中35人的故事收入了本書。我和她們的聯繫主要來自兩個方面：一個是我母親的朋友、同事；另一個是我妹妹的關係網。我母親一生生活在重慶，她的朋友、同事，大都親身經歷過抗日戰爭。我妹妹是重慶的一名中學英文老師，我採訪的很多婦女都是通過她的學生家長介紹找到的。我母親的朋友中有些是保育會組織和第三黨派的成員，所以我有幸採訪到保育會的一些學生和老師。

　　在採訪之前，我都會告知採訪對象我的採訪目的：我告訴她們我正在寫一本關於中國抗日戰爭時期重慶地區婦女經歷的書，並在採訪之初就取得了她們的同意，讓我可以把她們的故事寫進我的書裏。本書中所用的人名，全是受訪者的真名實姓。大體上，受訪者在講述她們的故事時，沒有表現出不願意和勉強的情緒。儘管在採訪中她們有時會對時間、地點及一些特殊細節產生記憶偏差，甚至還會自相矛盾，但我們沒理由懷疑她們的回憶是不真實的和被誇大的。我對這35位婦女中的大多數人都進行了多次採訪，以澄清謬誤。採訪中的對話並不總是按照邏輯順序進行的，而且有些細節是根據多次談話內容整理出來的，因此，為了提高閱讀的流暢性，本書記錄的故事經過了編輯整理。

　　一般來講，我對所有受訪者都詢問了同樣的基本問題，然後根據個人背景經歷的不同，再分別增加了針對各人的問題。多數採訪我都錄了音。2005年，有了亞洲學術協會和自由人基金會的慷慨支持，我們添置了攝像機，將一些採訪過程拍攝了下來。自從我1999年開始做採訪以來，抗日戰爭時期在重慶生活過的婦女的人數每年都在減少，我採訪過的婦女中，有些已經不在人世。值得欣慰的是，她們的聲音和抗戰記憶，已經被記錄於本書之中，將永久地成為重慶抗日戰爭史研究的一部分。

　　本書也使用了許多抗日戰爭前和抗日戰爭中出版的婦女期刊和雜誌，其中包括《婦女生活》半月刊。該刊物最初於1935年在上海發行，主編是第三黨派成員、進步女性沈茲九。1937年抗日戰爭爆發後，該期刊遷址到武漢，之後在1938年又遷移至了重慶。《戰時婦女》雜誌每十天發行一次，1937年在武漢創刊，其女性主編王汝琪後來加入了中國共產黨；《新運婦女》月刊，則是1938年由新運婦指會在重慶創辦的，其女性主編鄭煥英是一名第三黨派的成員；《婦女新運通訊》半月刊，也是新運婦指會1938年在重慶創辦的，其女性主編夏英喆是位中共地下黨成員；《婦女新運》是國民黨官方報紙《中央日報》的副刊，《中央日報》於1938年底遷至重慶，隨後就創辦了這個副刊；《婦女之路》創刊於1940年，是國民黨統治下重慶發行的中共官方報紙《新華日報》的副刊，各界人士都曾擔任過其主編，其中包括鄭志東；《現代婦女》月刊創刊於1943年的重慶，主編是中共黨員曹孟君；《中國女青年》於1940年到1943年間在重慶發行，沒有查到主編的相關信息，只有出版商標明為「中國女青年社」。另外，我還就一些特殊問題查閱了新運婦指會的出版物，如有關鄉村服務隊和松溉實驗區的書籍，這些期刊和書籍都藏於重慶市歷史圖書館。由於重慶是中國的戰時首都，重慶圖書館收藏了最齊全的有關於中國抗日戰爭的原始資料。目前新建的重慶圖書館還有專門的抗日戰爭資料室，許多原始資料都已數碼化，可以上網查詢。此外，我還查閱了重慶市檔案館收藏的和市政檔案出版物《檔案與史料研究》中收錄的原始資料。

　　本書共有三個不同的主題章節，每個部分都有自己的序，突出中國歷史和社會性別研究中提出的主要問題。讀者們可能會意識到，書中大部分故事並沒有嚴格的界線劃分，實際上它們可以被放在三個部分中的任何一個之中。現在的劃分，只是為了使本書內容能得到更好的組織而進行的編排。

第一部分
抗日戰爭，女性與社會

序

　　1990年以來，西方學術界出版了不少關於中國抗日戰爭的作品，如一些美國學者對被日軍佔領的上海的研究、對被日本攻陷並佔領的南京的研究，以及對日本控制下的滿洲國的研究。這些學術研究成果，清楚地提供了一些中國人在抗日戰爭時期的親身經歷，尤其是這些地區的知識分子的生活狀況。[1] 近年來，國內也出版了不少有關抗日戰爭的書籍，如2010年出版的《蔣介石的陪都歲月，1937–1946》及《抗戰家書》。[2] 但是我們對抗戰時期國民黨統治下的陪都重慶的社會現實狀況，尤其是普通人民經歷抗日戰爭的情況，卻了解得很少。本書所錄的口述歷史，為我們帶來了有關抗戰時期重慶社會現實狀況的豐富信息，以及婦女們怎樣看待普通民眾如何在戰爭中生存下來的微觀視角。

1　如Poshek Fu, *Passivity, Resistance, and Collaboration: Intellectual Choices in Occupied Shanghai, 1937–1945*. Stanford, California: Stanford University Press, 1997; Joshua Fogel, *The Nanjing Massacre in History and Historiography*. Berkeley: University of California Press, 2000; Norman Smith, *Resisting Manchukuo: Chinese Women Writers and the Japanese Occupation*. Vancouver: University of British Columbia Press, 2007.

2　謝儒弟，《蔣介石的陪都歲月，1937–1946》。上海：文匯出版社，2010；張丁主編，《抗戰家書》。北京：中國畫報出版社，2007。

　　本章收錄了來自不同社會階層的婦女的故事。她們有些來自窮困家庭，有些來自中產階級家庭，也有個別來自富有家庭。這些故事為我們揭示出抗戰時期重慶各種社會階層劃分及生活的情況，也告訴我們重慶婦女的抗戰經歷與社會階級有很大的關係。來自富有家庭的陳國鈞的故事告訴我們，抗日戰爭對有財有勢的婦女的生活影響不大，主要影響了她們的麻將聚會和舞會。日軍對重慶地區的大轟炸只是給她們的富逸生活帶來了諸多不便。但對廣大普通重慶婦女而言，抗戰帶來的則是千辛萬苦的日常生活，是夫離子散和國破家亡。她們面臨各種各樣艱苦的挑戰，從日軍的日常性大轟炸到高通貨膨脹，還有醫療的匱乏以及糧食和其他生活必需品的嚴重短缺。她們每天都面臨著死神的威脅，都要想盡辦法以保家人的生存及生命。

　　雖然在抗日戰爭年月裏，國民黨政府和一些民間機構都相繼成立了許多救濟組織，如國民黨政府於1938年創立了針對難民的「振濟委員會」。據周俊元1943年編寫的《重慶指南》所載，抗戰期間重慶大大小小的救濟機構不下15處，[3] 但這些救濟機構對普通婦女的幫助卻極其有限。抗戰時期重慶無權無勢的普通婦女基本上無人顧及，因為很多普通婦女是文盲，不懂得怎麼向政府及民間救濟機構申請幫助。她們必須獨自應對抗日戰爭中遇到的各種難題。她們必須要有勇氣，有創造力，絞盡腦汁地為自己和家人的生存想盡一切辦法。為了生存，抗戰時期生活在重慶的婦女，創造了各種各樣的日常生存策略。她們想盡辦法增加收入、尋找食物，並利用婚姻、親屬、同鄉及同學關係作為生存關係網。從她們的回憶中，我們可以看到這種關係網是如何交織的，同時也可以了解其中的複雜性及內部關係。在正常社會秩序和政治力量結構遭到抗日戰爭嚴重破壞的國家危亡關頭，這些錯綜複雜的社會關係網便成為普通人民，特別是普通婦女們賴以生存的強大力量和武器。普通重慶婦女在抗

3　　周俊元，《重慶指南》。重慶：自力出版社，1943，第10–11頁。

戰中的生存故事提供了生動的細節，使我們能進一步了解到抗日戰爭時期國民黨統治下的重慶社會，如何通過組成該地區社會結構的人與人之間的關係網運作。而這樣的細節也只有口述史才能夠提供，它是研究抗日戰爭時期重慶社會的寶貴材料。

抗日戰爭期間重慶地區普通婦女的生存是異常艱難的。生存，有時意味著婦女，尤其是窮困的流亡婦女，不得不作出最壞的選擇。下江婦女劉群英同她母親和弟弟逃離武漢時年僅17歲。她當時是一位正值花樣年華的高中女生，有自己的理想，也對未來的生活充滿了希望。可是戰爭打碎了她的理想和希望。為了在混亂的流亡生活中生存下來，逃難途中她被迫同一個男人進行性交易，以此來養活並保護家人。她的身體就成了全家賴以生存的機器。

可是即使在最惡劣的環境下，這些婦女都頑強地尋找生存的辦法。她們不僅自己要活下去，還要忍辱負重地確保家人的生存。抗日戰爭中普通婦女和許多男人相比，見證並經受了更多的傷害與磨練。她們是無名英雄，卻從未得到接受和承認。很大程度上，正是因為這些無名婦女在戰爭中拒絕死亡的堅定意志、她們的足智多謀以及令人難以置信的生存和管理家庭的技巧，才使整個國家和民族也能夠存活下來。普通婦女是抗日戰爭時期中社會和國家的基石，是撐天的大樹；她們頑強的精神和艱苦的日常生活，形象地表現出抗戰時期中國人民反抗日本帝國主義侵略的民族主義精神和社會現實。

在西方學術界，不少學者認為抗日戰爭對中國的現代國家政權建設來說是一個重要時期。但學者對抗戰期間的現代國家政權建設是否成功卻持有不同意見。例如，有些美國學者認為，抗戰時期國民政府的國家建設是完全失敗的，但也有一些學者認為抗日戰爭中，國民政府已為國家建設做出了當時條件允許下最大的努力。[4] 然而，西方學者們的這場爭

4　持第一種觀點的學者有 Lloyd Eastman, "Nationalist China during the Sino-Japanese War, 1937–1945," in *The Cambridge History of China*, vol. 13, ed., John Fairbank, and

論並沒有告訴我們，現代國家政權的建構過程到底對普通人民的生活造成了怎樣的影響。本書中重慶婦女在抗日戰爭時期的故事則為我們提供了寶貴的信息，幫助我們了解抗戰時期重慶國民政府的國家政權建設到底對當地社會和人民有什麼樣的影響，對國家與社會的關係有何種改善。

　　舉個例子，1939年中央國民政府和重慶市政府都成立了空襲應急救濟局，以便應對日軍對重慶的大規模轟炸。同時，中央和市政府還提出了綜合空襲緊急救援計劃，幫助空襲中房屋遭到破壞的老百姓解決房屋居住問題。雖然這些措施對抗戰時期國家機構的建設與完善有所補益，然而本書婦女的證言表明，這些建設對普通民眾的戰時日常生活並無多大好處。1939年5月3日和4日，日軍對重慶大轟炸，大片民房被燒毀。政府繼而要求要用不易燃材料重建房舍。這種規定在書面上來看，對於完善制度是很合理的，但對廣大貧窮百姓而言，則是不合理和不可能的負擔，他們根本沒有經濟能力買不易燃的建築材料。普通民眾能從政府那裏得到的幫助少得可憐，所以很多在大轟炸中失去住房的窮人在之後的抗戰歲月裏無房可住。本書記錄的李素華和其他成千上萬個貧困家庭所面臨的巨大的住房問題，以及王淑芬經常遭到警察欺辱的事實，都顯示出窮困人民幾乎沒有從國家體制建設中受益。

　　雖然在西方和中國，學者們對抗戰時期中國現代國家政權的建構投入了大量的學術研究精力，但是我認為相應的精力也應該投放在抗戰時期現代國家建設與中國社會和普通百姓的關係的研究上。抗戰時期很多普通老百姓不僅沒有從現代國家建設過程中獲利，更反而遭受到了嚴重的傷害，並且被國民黨統治地區的戰時政權忽視。這種忽視在一定程度

Albert Feuerwerker. Cambridge: Cambridge University Press, 1986, pp. 116–167；Eastman, *Seeds of Destruction*. 持有第二種觀點的學者有 Robert Bedeski, "China's Wartime State," in *China's Bitter Victory: The War with Japan, 1937–1945*, ed., James C. Hsiung, and Steven I. Levine. New York: M. E. Sharpe, 1992, pp. 33–50.

上解釋了，為什麼在抗戰結束後共產黨與國民黨的最後決戰中，普通中國老百姓不支持國民黨政府。

抗日戰爭時期，國民黨中央政府對重慶社會到底有多大的控制權和影響力，也是一個值得研究和思考的問題。朱淑勤的故事告訴我們，抗戰時期國民黨中央政府對重慶社會的控制權和影響力都是很有限的。相反，像青幫和紅幫這樣的黑社會組織在當地社會卻有著重要的影響力。抗戰期間朱淑勤所在的學校經常有人行盜，而當地警察一直無法解決小偷的問題，但自從一個青幫老大的女兒入了該校之後，校園就安寧太平了。

抗日戰爭中普通重慶婦女對社會性別特徵的意識也是本書試圖研討的問題。本書中口述史的主人公們都來自不同的家庭及社會背景。對她們而言，社會性別特徵只是她們抗戰時期眾多特性和意識中的一部分。在抗日戰爭中的重慶地區，並不是所有女性都理解社會性別的意義，也不是所有女性都對社會性別的含義有共同的理解。從本書中收錄的重慶婦女抗戰經歷中可以看到，社會性別很明顯同社會階級及其他社會特性交織在一起 —— 包括家庭的經濟和教育背景、政治關係、個人意識以及認識社會和政治的主觀能力。這些多種多樣的特性和意識，都造成了重慶婦女在抗戰時期有著多種多樣的經歷，對社會性別有不同的意識和理解。

譬如，對當時身為中國西南地區染料大王的妻子陳國鈞而言，抗日戰爭僅僅擾亂了她的大學生活，並在她婚後還影響到她打麻將和參加宴會、舞會。但總體而言，之前作為一個有財有勢家庭的女兒，而後作為一個富有商人的妻子，抗戰並沒有對她相對舒適的物質生活帶來多大改變。抗日戰爭對她的個性和社會性別角色的塑造，遠遠小於她所在的社會階級和她與繼母之間權利鬥爭帶來的影響。在採訪中她常常告訴我，她的生母過世很早，父親娶了繼母後，她和繼母關係不好。在從小與繼母的鬥爭中，她意識到了自己遭受的社會性別歧視。她相信，就是因為

她是個女孩，而非男孩，她的繼母知道她父親不會像愛護兒子那樣關心她，所以才敢對她這麼不好。對陳國鈞而言，抗日戰爭並沒有對她個性的形成起到多大的影響，對她最有影響的是她的家庭情況。為了反抗父母對她的約束，陳国鈞最終接受了父母強加於她的包辦婚姻。但她是個天生的叛逆者，她的丈夫又是極有錢的人。最後陳国鈞利用婚姻獲得了自由，脫離了對父母金錢的依賴，並取得了對自己生活的掌控權。她丈夫的財產，加上她父親的社會政治關係和影響力，使她成為了抗戰時期重慶一位有政治影響力的社會知名女性。抗日戰爭中她不僅戰勝了繼母，並在國民黨統治的城市裏為抗戰出錢出力，也為中共地下黨提供幫助，堅持並展現了自己的個性和愛國精神。

與此相反，對於抗戰時期生活在重慶社會最底層的窮困婦女而言，決定各自抗戰經歷和命運的最主要因素，是與她們的社會階層息息相關的經濟困難。普通中國婦女在抗日戰爭年月裏遭受了最多、最大的磨難。雖然她們遭受的那些磨難多是由所在的社會階層決定的，然而抗戰加深了她們的苦難，也加深了她們對自己社會性別身分的認識。像李素華和王淑芬這樣的窮苦婦女，由於太窮，在抗戰爆發之前就一直經受著生活的煎熬。然而，抗日戰爭卻使她們的生活變得更加痛苦不堪。對這些婦女而言，社會性別和社會階級地位相互影響，使她們面臨一系列獨特的挑戰，這些挑戰成為了她們抗戰經歷的主要部分。就社會性別關係而言，本章中這些受訪者們的經歷向我們揭示出，抗日戰爭時期普通民眾所面臨的困難，使眾多窮苦男女意識到，為了生存他們必須相互依賴。例如，王淑芬就堅信，正是由於這場戰爭嚴重地限制了窮苦人民的生計，而大轟炸使他們的生命安全陷於極度危險之中，她的丈夫對待她才會比之前好很多，因為他們夫妻必須得一起艱苦努力工作、掙錢、互相鼓勵並互相依靠，才能存活下來。

抗戰時期重慶婦女的口述史要求我們重新思考傳統的「男主外、女主內」的社會分工以及對這種現象的理解。現存的西方學術研究通常把

中國婦女的行為鎖定於「家內」的範圍之中。事實上，為了養活家人，抗戰期間窮苦婦女的生存需要經常迫使她們走出家門，到城邊的田地裏和垃圾堆裏搜尋食物和廢舊物品。抗戰時期重慶地區的艱難生活實際上使「內部」和「外部」範圍的界線變得非常模糊；至少在研究中國抗戰婦女史時，學者們有必要重新思考和認識家內家外範疇的真正含義。抗戰時期，對大多數的貧窮婦女而言，根本不存在什麼內外之別。為了求生，她得為家內家外奔走，裏裏外外的活都得幹。

不可否認，抗日戰爭也給一些在重慶生活的婦女，譬如朱淑勤和羅福慧這樣中產階級家庭的女學生帶來了一些機遇，特別是能夠受到進步教育的機遇。抗戰期間由於參與抗日宣傳活動，像朱淑勤、羅福慧這樣的女學生能夠大膽走出家庭禁錮，並且在公共場所從事宣傳鼓動工作。她們之所以能夠這樣做，也是部分因為抗戰宣傳活動啟發了她們的社會性別意識和政治覺悟。在抗日戰爭年月裏，許多學校和高等教育機構都搬到了重慶，為那些能夠負擔得起學費的年輕女性提供了更多更好的教育機會，同時還提高了女性教育的質量。那些從沿海和發達地區，如上海、北京等，搬遷到重慶來的新學校，相對而言，在課程設置和教學方法上都比較先進，並且富有活力。由此，抗戰時期重慶的學生們才有幸跟隨著名學者和前大學教授等高水平的老師，以及一些有崇高理想、熱情進步的青年男女教師學習知識文化。像朱淑勤、羅福慧、莫國鈞、李素瑤這樣的年輕女孩們，抗戰期間都被她們的老師深深地吸引，受到很大的啟發，對她們自身思想意識的發展變化有巨大影響。一位曾於抗戰期間在四川居住過的美國女社會學者觀察到，在抗戰中，當地鄉村中學的女教師結婚後仍繼續從事教書工作。生完孩子後她們把新生嬰兒帶到學校裏，學生們都來幫忙照顧。[5] 這些女教師的行為讓鄉村青年們，特別

5　Irma Highbaugh, "Effects of the War on Rural Homes," in *Wartime China as Seen by Westerners*, ed., Frank W. Price. Chungking: China Publishing, 1942.

是女孩子看到，女人也可以擁有家庭和職業。鄉村中學的女生所渴望的就是一份能夠讓她們走出家門、為國效力的事業。在她們眼裏，女教師的人格獨立和經濟獨立、在學校裏的特殊角色和在社會上普遍得到承認的地位，以及和男同事之間的平等共事及相互影響的事實，都是非常吸引人的。女教師的事業與生活使這些年輕女學生大開眼界，讓她們第一次看見了一個新型的社會性別關係和勞動力的社會性別劃分。全民抗戰的動員與宣傳使她們有機會參與動員民眾的活動，這些活動也為她們提供機會塑建自己的社會性別個性，並激發她們有意識地為個人和國家的解放而鬥爭。她們在抗戰動員中所扮演的積極角色顯示出，婦女是重慶地區抗戰政治活動的重要部分。抗日戰爭增強了她們的社會性別意識感，並對她們的個人生活及個性發展產生了長期有益的影響。

抗戰時期重慶的物質文化也是一個值得研究的課題。如前所述，在抗日戰爭年月裏，成千上萬的中國老百姓從被日本佔領的華北、華中地區逃難到了重慶。本書中的所有受訪者都在很大程度上受到難民潮的影響。在採訪中，她們都談論到了關於抗戰難民潮帶給重慶的鮮為人知的文化影響。受訪者們對這些外地流亡難民所帶給重慶的史無前例的戰時文化衝擊和融合，都留有生動的記憶。下江婦女們把沿海地區和發達城市的新式旗袍、花裙子、口紅、燙捲的頭髮以及尼龍褲襪帶到了重慶，這些新潮的物質文明將本地婦女們吸引得神魂顛倒。對本地婦女而言，這些新興時髦的產品都是現代物質文明的象徵。

抗戰時期生活在四川的一位美國女學者也注意到戰時遷徙文化對四川本地文化的衝擊和影響。她發現大量下江人遷移到四川來時，大多穿著迥異，她們帶到鄉村地區的上海風格的穿著和捲髮，都很快被本地婦女或私下或公開地接受了，並被大膽的年輕主婦和學生模仿。在抗戰期間常常可以看到這樣的情景：在小鄉鎮上，受過教育的婦女梳著短髮，穿著沿海城市風格的著裝，將四川本地特有的竹籃子掛在手腕上就去集市購物了……這些從外地遷徙來的新家庭的飲食也發生了改變，他們開

始吃四川本地種植的、自己以前沒有吃到過的新型蔬菜。反過來，四川本地人的飲食文化也受到了影響。例如，新來的外地人帶來了烹製芋頭和紅薯的新方法。抗戰時期住在同一個院子裏的人們互相交換著烹製食物的方法：四川的家庭主婦告訴下江婦女如何用辣椒做菜；同樣地，北方的母親將新蒸好的饅頭拿給鄰家孩子分享，並向四川主婦解説製作方法。[6] 雖然大體上，在抗戰歲月裏「時髦的」下江人和「落後的」本土重慶人之間，確實存在著一些社會和文化差異，但是正是這些差異促成了文化融合。外來流亡人口對抗戰時期重慶地區的文化融合做出了很大的貢獻。這種文化融合改變了重慶地區人民的空間感，使文化上的地域界線變得模糊，把重慶地區和全國各地的文化聯繫在一起，使重慶變成了一個全國性的文化大社區。

以前發表的一些中外著作過分強調了下江人和重慶本地人之間的矛盾和差異。我們應當注意並非所有的流亡婦女都被本地人認為是「時髦」和「有財有勢」的下江人，也並不是所有的下江人都被重慶本土人看作是可恨的外來者。本書中三位下江婦女 —— 劉群英、趙知難和崔香玉 —— 的故事，證實了社會階級和社會性別，而非地理位置的淵源，決定了婦女們抗戰時期的經歷及其與重慶本地人的關係。窮苦婦女不分地域，抗日戰爭時期都經歷了極大的艱難困苦。

外來流亡難民給重慶帶來了深刻的社會變革，尤其是在人們對待社會性別關係的態度方面的變化。雖然本書中重慶婦女的口述史顯示，抗戰時期大部分普通婦女的生活仍然受傳統性別觀念的約束，比如包辦婚姻、生兒育女依然被認為是女人的必由之路。但是抗日戰爭，特別是外來流亡人群也給重慶帶來了新的社會性別觀念。於抗戰中生活在四川的美國女社會學家 Irma Highbaugh 曾在 1942 年評論道，來自中國其他地區的大批難民到達四川以後，年輕的男男女女就開始公開地一起上街了。

6　Ibid, pp. 144–145.

很多女孩在經歷了數週或數月的逃難過程後，根本無法遵守傳統的女規，抵達四川後，看見富有魅力的男青年走來時，當然不會再垂下眼簾或躲在屋子裏了。她們的父母也意識到女兒在逃難途中已經懂得該如何照顧自己，所以也不枉費心思地顧及傳統觀念了。她還注意到，當本地的四川青年和下江青年一起去學校上學時，四川青年會模仿下江同學的行為和思維方法。[7] 抗日戰爭甚至改變了一些年輕人對理想配偶的看法。抗戰中的男人希望找到的配偶能夠忍受戰爭帶來的艱難困苦，能像一名戰士一樣和他一起並肩作戰，在關鍵時刻能背著孩子一起長途跋涉，在每天日軍的大轟炸中東躲西藏。

抗日戰爭甚至改變了中國傳統家庭和母性的觀念及定義。盧溝橋事變之後，日軍對華北、華中地區的佔領和燒殺戮掠使得成千上萬的中國人家破人亡，妻離子散。本書記錄的抗戰時期重慶婦女的故事告訴我們，抗日戰爭不僅破壞了眾多的中國家庭，也在很大程度上破壞了中國傳統母性的基本含義 —— 母親能夠照顧和撫養新生兒女的能力。戰爭的磨難、頻繁的日軍大轟炸以及物資的嚴重匱乏，從跟崔香玉一樣的母親們手中奪走了維持她們基本健康的食物和水，使她們沒有奶水養育自己的寶寶。崔香玉、林玉青、李素華這樣的母親由於無法為生病的孩子找到醫生和醫療救助物資，不得不在日軍轟炸中眼睜睜地看著孩子死在自己懷裏。

她們的故事也告訴我們，抗日戰爭改變了傳統意義上中國母性的定位和形象。現存學術著作中的中國傳統母性常常被定格於家庭範疇之內，與男性佔主導的公共範疇相對立。傳統母性的基本定位就是在家裏生育和養育子女、照顧家庭。而抗日戰爭使重慶地區對母性的定義發生了很大的變化。許多母親不僅不能哺育自己的孩子，還幾乎天天都要帶著孩子出門跑防空洞、躲避空襲，也得常常出去搜尋殘羹冷炙及野菜野

7　Ibid, pp. 144–145.

果以補家庭餐食之需。這樣的抗戰經歷，大大地改變了傳統意義上的母親的含義，不但打破了「母主內」的傳統界限，並使家庭內部和外部公共空間的範圍界線變得模糊起來，甚至聯繫起來。抗日戰爭時期普通的重慶母親們，已經不是那種只呆在家裏相夫教子的傳統母親，她們中很多人都得走出家門，想方設法地勞作以養活家人。希望本書中母親們的口述史能鼓勵學者們重新思考抗日戰爭中母親和母性的涵義。

本章收錄了兩篇有關保育會的回憶錄。抗日戰爭導致許多中國家庭家破人亡，但保育會卻成為有超過三萬名無家可歸的流亡兒童和來自全國各地的成千上萬名教職人員的大家庭。保育會是於1938年3月10日，在來自各個政治陣營的男女支持者們的幫助下，由婦女積極分子自發在武漢創立起來的。1938年11月，日本佔領武漢以後，保育會的全國總部遷移到了重慶。它一共建成了53個中心，23個在四川，其中大部分都在重慶地區。其領導工作是由來自各個政治陣營的婦女積極分子擔任，其中有國民黨領袖蔣介石夫人宋美齡，有共產黨領導人周恩來夫人鄧穎超，有馮玉祥夫人教育家李德全，有著名律師及第三黨派領導人史良。收留在保育會中心的流亡兒童稱保育會婦女領導人和女性教職員工們為「媽媽」。抗日戰爭時期保育會創立了一種新型的中國家庭，其對難童的教育也為培養新型中國公民應該從兒童教起的觀念，做出了大膽的嘗試。保育會的成立和相對成功的運轉，也體現了抗戰期間全國各黨派間的共同努力與相互合作，其相對成功的經驗也說明中國各黨派之間的合作是可能的。

保育會四川分會的宣言，為該組織的宗旨做出了最好的總結：「自從九一八事變爆發以來，我國無數兒童都在無謂地遭受著死亡的折磨。尤其是盧溝橋事變以後，敵人開始要麼大肆殺害我們的孩子，要麼就把他們帶走。被殺害的孩子再也回不來了，被抓走的孩子被敵人強迫變成了奴隸。這些都是敵人的毒計，目的就是要斷送我們的國家命脈。敵人如此不擇手段地試圖摧毀我們的孩子們，我們就必須要加倍地珍愛他

們；要是敵人想要殺害他們，我們就要盡一切力量來保護他們；要是敵人想要把他們帶走，我們就必須要把他們營救出來。本著這樣的信念，我們在此正式創立戰時兒童保育會。」[8] 在八年烽火歲月裏，保育會被認為是由婦女發起的最成功的戰時組織，其建立的中心和難童之家不僅收留了無家可歸的流亡兒童，而且還培訓他們，向他們灌輸了民族主義思想、自立更生的思想和公民主義思想，為中國培養出了幾萬名有思想、有文化的青年公民。他們中間的許多人都為抗戰和戰後國家建設做出了貢獻。

　　保育會的成立也賦予母性新的定義。它使婦女擔負的救助流亡兒童的任務變為對國家有益的公共責任。這一公共職責讓抗戰時期的婦女積極分子扮演了國家母親的角色和全國抗戰救國活動的領軍人。最初，保育會是由來自各個政治陣營的男人們支持建立的。男性政治家們支持兒童保育會主要是因為他們崇奉男性至上主義思想的原因。因為他們認為照顧孩子是婦女們的天性和天職，而且婦女和孩子之間重新建立起的關係可以恢復被戰爭破壞了的、以社會性別為基礎的勞動力劃分方式，以及以男性為主導的傳統社會秩序。然而，保育會的婦女領導者們重新確立和推崇的母性的意義，遠遠超越了傳統意義上婦女僅僅是生兒育女的工具的含義。對流亡兒童的保護和教育，是保護中國的未來，是對中國國家力量的測試，也象徵著中華民族對未來的認識和承諾。當抗戰婦女積極分子擔負起流亡兒童的母親這一角色之時，她們就成為了中華民族的母親。她們將建立於私人和家庭內部意義上的母親的定義，轉變為一個活動於公共範圍內的、富有愛國主義和民族主義精神的角色。抗戰時期婦女們所扮演的這一母親角色，在很大程度上決定了中國作為一個國家，以及中國人民作為一個民族，在戰爭中和戰後都能得以生存的根本原因。

8　四川省婦聯婦運史研究室，〈戰時兒童保育會四川及成都分會概況〉，《四川婦運史料研究資料》，第18卷，第11期，1988，第5–6頁。

保護下一代就意味著保護國家的命脈。如華人學者 Rong Cai 指出的那樣，在傳統歷史上對中國國家命脈 ——「種」—— 的保護，從來都是和男性的權威與角色聯繫在一起的。[9]但在抗戰期間，通過擔負起拯救流亡兒童的公共責任與義務，婦女們取代了男人，成為了國家命脈的保護者。作為國家命脈的保護者，婦女們自然而然地擁有了民族道德和權威。女性的母性和養育天性就成為了抗日戰爭時期中國的公共美德和政治道義。這樣，保育會不僅為母性，還為以男性為中心的國家作出了重新定義。最重要的是，正是婦女們自己，而非男人或國家政權，為抗日戰爭時期的母親、母性和國家作出了新的定義，並且將女權主義思想和民族主義思想注入抗戰時期的中國社會和政治之中，為現代化國家的建設做出了重要的貢獻。保育會所建立的流亡兒童之家為中國現代兒童福利機構的系統性發展開創了先河，為戰後中華人民共和國和台灣地區相似機構的發展奠定了基礎、提供了寶貴的經驗教訓。

我在採訪中發現有一個主題，幾乎所有的受訪者都對其有生動的記憶，並把它看作是她們抗戰經歷的一個重要組成部分。這個主題就是抗戰中日本對重慶的大轟炸。在1938年至1943年的五年半時間裏，日本動員其在中國的主力空軍對重慶實施了戰略性的大轟炸，想以此來摧毀中華民族反抗日本侵略的意志。儘管中國學者們仍然在就人員傷亡和財產損失的統計數字進行爭論而無統一意見，所有的受訪者都證實了大轟炸所帶給她們的精神恐懼以及心理、身體和感情上的痛苦，還有物質上的損失。雖然有些外國人在第二次世界大戰中注意到了日軍對重慶的大轟炸，和二戰剛結束時在他們的寫作中提及了重慶大轟炸。但是日本對重慶發動的大轟炸，尤其是與對歐洲一些城市和東京的轟炸關注程度相比，並沒有引起多少西方學術界的注意。重慶地區的學者們從1980年代

9　Rong Cai, "Problematizing the Foreign Other: Mother, Father, and the Bastard in Mo Yan's *Large Breasts and Full Hips*," *Modern China* 29.1 (2003): 72–108.

就開始研究重慶大轟炸，也在這方面取得了一些成果。[10] 但現存的大陸學者對大轟炸的研究基本上還局限於地方史的範疇，沒有從全球視角從事相關研究。本書中婦女們的故事向我們揭示出，在抗戰年月裏，大轟炸對每一個重慶人的生活都產生了深遠的影響，要真正了解重慶的抗戰歷史，學術界就必須要關注大轟炸給重慶和重慶人民所帶來的社會、經濟、政治和心理方面的影響，也必須關注國民政府和重慶地方政府為應對日軍大轟炸所制定的各種政策和措施。同時，可以參考國外學術界有關二戰大轟炸的研究成果，將重慶大轟炸的研究置於世界範疇的二戰史研究之中。

---

10   見西南師範大學歷史系、重慶市檔案館編，《重慶大轟炸，1938–1943》。重慶：重慶出版社，1992；重慶市文化局、重慶市博物館、重慶紅岩革命紀念館編，《重慶大轟炸圖集》。重慶：重慶出版社，2001。

朱淑勤

女學生
1923年生於重慶巴縣

> 我很清楚我家經濟困難的程度，知道作為女人
> 要得到自己想要的生活，而不僅僅是苟且偷
> 生，我唯一的希望就是好好讀書。我母親對我
> 的影響很大。她一生不幸，從我懂事開始，她
> 就總是告誡我和妹妹，女人要想過上好日子就
> 必須要依靠自己，要自立。

我 1923年出生在重慶巴縣迎龍場。我父親是個小地主，他在原配去世以後娶了母親。她在嫁給我父親以前，也曾結過婚，當時年僅16歲，婚姻是家人包辦的。我母親的第一任丈夫是家裏的獨子，他們結婚時，他正在城裏的一個店鋪裏當學徒。由於他在學習手藝，並且有潛力在城裏就業謀生，這段婚姻在當時被認為是一個好姻緣。然而不幸的是，他在結婚三個月後就因病去世了。他家裏的人怪我母親命太硬，把丈夫剋死了。按照本地的風俗習慣，我母親在丈夫去世後待在他家裏，為他守了三年寡。三年之後，他家裏因無力養活多餘的人，把我母親又嫁給了我父親。當時她才19歲，而父親已37歲，是一場老夫少妻的婚姻。他們結婚的時候，父親與前妻生養的孩子中有兩個都已跟母親差不多年紀了。我母親的命很苦，在我7歲的時候父親也因病去世了。

父親死後，家裏的財產由他的六個兒子瓜分，女人在家庭中根本沒有財產繼承權。我母親與父親育有三個兒子和兩個女兒。只有我的三個兄弟分到了父親的財產，我們六個人都得靠這些遺產生活。父親死後，母親經常受到我那幾個同父異母的哥哥（我父親和前妻生有三個兒子，

兩個對我們不好）騷擾。他們對我們一家很不服氣，想方設法地試圖把我們除掉，這樣他們就可以將我兄弟們享有的那部分遺產也歸為己有。由於我母親一生中經歷的這些坎坷，她很早就開始不停地向我和妹妹灌輸這些想法：女人一定要去學校讀書，以後好當教習（老師），可以掙錢，能夠獨立生活。我母親自己沒文化，她所知道的女人唯一能夠從事的職業只有教書，因為她看見過一些附近鄉場上的外國教會學校有外國和中國女教師。

儘管我母親明白教育是改善女兒們命運的最好辦法，但她卻無力支付我們上學的費用。我記得在父親去世後，為了減少家庭開支，我們女孩甚至不准吃晚飯，在我們家只有男孩可以吃晚飯，每天我和妹妹只能眼巴巴地看著他們吃。有時我的大哥哥會故意留點吃的東西在他碗裏，這樣我和妹妹就能吃到一點東西。因為家庭經濟困難，我們從小沒有玩具。在我的記憶中，我唯一的「洋娃娃」就是一隻舊鞋，我把它用破布包起來抱在懷裏當成是我的洋娃娃。即使這樣，我們的生活與家鄉其他人家相比還不是最差的。事實上，在當地我們比許多窮苦農民的生活好得多。雖然家裏的糧食總是不夠，但我們至少還有食物可以吃，而且還有房子可以遮風避雨。

我的啟蒙教育是在家裏和同父異母的二哥的孩子們一起接受的。我二哥受過一些新式教育，為重慶的軍閥工作過。從我懂事的時候，他已經很有地位，而且已經是一個很有錢的人了。他曾經當過瀘州稅務局局長，在任期間撈了不少錢財。他家長期請有私人教師，他的子女們和我年紀也不相上下，所以我也就和他的孩子們一起跟私人老師學習了多年。1936年西安事變爆發的時候，我正住在二哥在重慶的家裏。那時他們家有訂報紙，我從報紙上讀過西安事變，我們的老師也向我們談論過，所以我是知道發生什麼事的。

我五年級時，在二哥的幫助下回到家鄉入讀了當地一所學校。六年級時，抗日戰爭爆發了。雖然我的學校在鄉下，我還是對這場戰爭有所

耳聞。上海淪陷日本人手中後，許多人都逃亡到了四川。我們學校的校長招收了三名新老師，兩男一女，都是從上海逃亡回來的。他們年輕，受過良好教育，見過世面，思想也相對開放。另外，他們與巴縣縣長的關係也很好，因為都是來自四川中江縣的老鄉。現在回想起來，同鄉關係很重要，當時有那樣的關係是很有用的。

那三位從上海回來的年輕教師們也很熱情地想要與我們分享抗戰經歷。他們教我們唱許多愛國歌曲，以此激發我們的抗日熱情，使我們意識到這場戰爭實際上是一場民族危機。他們將報紙帶到學校來，讓我們閱讀有關抗日戰爭的新聞，並要求我們就「為什麼要打倒日本帝國主義」為主題寫作文。我記得我有一篇作文就曾得到過老師的高度讚揚，並獲得了最高分數。他們還組織我們上街遊行，並在附近的鄉場發表演說，以此來向當地人民宣傳有關抗日戰爭的知識。我是演說小組的成員之一。

在1930年到1940年，巴縣人很多是每五天趕一次場，以便買賣、交換貨物。每到趕場的日子，我們都會把學校的板凳搬到集市去，一些同學就站在板凳上面對公眾發表演說，號召人們起來打倒日本侵略者。我們總是用這樣的話開頭：「同胞們，請安靜下來聽聽我們的演講。你們知道日本人正在侵略我們國家嗎？如果我們不予以反擊，我們的國家和民族就無法再繼續生存下去了！我們就會亡國滅種！」只要有趕場的日子，我們都會到場上去向人們發表演講。當地的老百姓們也能理解和支持我們。我要說一點，在抗日戰爭時期，重慶的抗日救亡的政治宣傳做得相當有效，這些宣傳覆蓋了重慶地區廣大的普通民眾，包括周邊農村地區的人群。

抗日戰爭時期另一個很明顯的變化就是下江人的到來。當中國北部和東部地區淪陷到日本人手裏時，很多人都逃亡到了四川，伴隨而來的還有新興的思想以及諸如上海和北京這樣的大城市的物質文化。許多下江婦女穿的衣物都比重慶本地婦女更鮮艷、更時尚。我記得下江人來重慶後，我才第一次看見了婦女穿的、本地人稱為「玻璃雨衣」和「玻璃襪

子」的透明塑料雨衣和連褲襪。這些時髦的東西讓我們這些土氣的本地女孩子們羨慕不已。隨著逃亡到重慶的下江人不斷增多，他們的到來也給當地人帶來了經濟上的好處。在我家鄉，許多當地人都把自家空餘的房屋出租給急需住房的下江人來賺外快。當地農民們還突然發現農產品市場需求大增，價格也上漲了很多。為了滿足下江人和本地人不同的飲食習慣，餐館裏的菜餚也更加多樣化了。所有這些物質的改變都為我居住的地區帶來相對更加開放的社會氛圍。

作為一名學生，我感到受抗戰影響最大的還是學校。那三名從上海回來的年輕老師被聘請來後，整個學校的氛圍都輕鬆和諧了許多。下江老師總是努力將教室營造成抗日戰爭宣傳的平台。我記得那時我們語文課佈置的作文題目往往都和抗戰有關。為了讓我們受到更深刻的抗日愛國主義思想的感染，老師們還引入了新的教學方法和豐富的課外活動。比如老師幫助我們設立了公眾演講課程和小組、戲劇課程和表演小組等，既豐富了我們的學習和生活，又使我們有機會更積極主動地參與到抗戰動員活動中來。

1938年我從小學畢業了。由於成績優異，我決定參加巴縣女子學校的入學考試，巴縣女子中學是當時重慶地區最好的學校之一。因為巴縣女中是所公立學校，它以學生的考試成績為依據，擇優錄取。當時我住在鄉下家裏，而考試則要到重慶城裏才能參加。但是由於正在打仗，從鄉下到考試所在地的城裏沒有公交車可以坐，我便和一個同學一起步行了整整一天，才從家鄉走到城裏參加了考試。我們在我同父異母二哥城裏的房子過了一夜。因為抗日戰爭和日軍的大轟炸，他的家人都搬回到我們鄉下的家鄉去避難去了，只剩下幾名傭人在看家。他們都知道我和我二哥不是親生兄妹，卻沒有一個人歧視我。儘管如此，在二哥家裏我還是覺得不太自在。二哥很有錢，但我們家卻很窮。我的穿著很破舊，同我一起來參加考試的那位同學評價我說，我看起來像這個家裏的小傭人一樣，我自己也感覺得是這樣。

　　我的考試成績不錯，考進了前10%，被錄取了。入學後我才發現，巴縣女中好多學生都是下江人，其中很多還是高官子弟。在我的同學中，有李鴻章的孫女，還有蔣介石侍從室人員的女兒。巴縣女子學校是所寄宿學校，我們都住在學校的宿舍裏。入學後的第一年，學校設在長江南岸的一個叫南坪的郊區。在這裏，我們經受了許多起日軍空襲，尤其是在1939年5月最為突出。在1939年的五三、五四大轟炸期間，有時我們不得不在一天之內多次跑到防空洞去躲避危險。有幾次在上課時防空警報聲響起來了，我們來不及跑防空洞，只能躲在課桌下面。通常，老師們都比我們還要害怕，鑽課桌的速度比我們還快得多。當時我們都還是十幾歲的小女孩，根本就沒有真正意識到空襲的危險性，所以還常常嘲笑老師們是膽小鬼，特別是那些相對年長又動作遲鈍的男老師。有個教我們中國文學的老師還寫了一首詩來諷刺我們這群女學生們幼稚的勇敢和老師們的「膽小」。

　　抗日戰爭期間，很多人，包括一些知名學者，都從淪陷地區逃亡到了四川。在重慶地區，許多著名教授曾一度只能在中學甚至小學找到教書的工作。我們學校吸引了很多曾在名牌大學任教的一流教授，我們也因此受到了很好的教育。在我們學校，很多非重慶籍的老師都是政治激進分子，都支持抗戰，總是想方設法地讓我們了解中國最新的政治發展動態和抗戰進展。我記得在汪精衛決定同日本人合作以後，有個曾是著名作家的、在我校教中國文學的老師寫了一首詩，說汪精衛早期的革命成績已經被徹底抹殺了，他已經變成了日本侵略者的一條走狗。這位老師認為汪精衛是個機會主義者，依勢而倒，就像向日葵跟著太陽轉一樣。如果不是因為抗日戰爭，我想我是不可能有機會成為這些有名望的老師的學生的。

　　由於日軍對重慶地區的狂轟濫炸，1939年我們學校被迫從南坪遷移到了比較偏僻的巴縣的土登堡。我們的新校址是前清朝川東巡撫的公館，富有鄉土氣息，校舍被一片美麗的松樹林所包圍。正是因為有這片

茂密的松樹林將我們的學校很好地掩蓋起來，在多次日軍空襲重慶地區時，我們才能免於跑防空洞躲避轟炸。當防空警報響起來時，我們就分散躲到附近農民的農房裏去，直到解除警報才返回學校。躲避空襲時，我們有時還會「襲擊」一下附近農民的菜地，偷摘一些個西紅柿或黃瓜吃。

在巴縣女子中學，我參加了很多抗戰宣傳活動。下江老師召集學生們在晚自習時間為當地農民開設平民學校，為他們上課，向他們宣傳抗戰知識，開識字班。由於我的學習成績優秀，我被老師們選去參加平民學校的晚班授課活動。我們教當地農民一些簡單的漢字，又花了大量時間向他們解釋為什麼我們要支持抗戰。在抗戰期間，我們經常在校園裏製作宣傳支持抗戰的牆報和標語。我們學校開設有手工課程，在課上為前線的戰士製作鞋子。我還積極參加了學校劇團的活動，曾在抗戰時期流行的街頭劇《放下你的鞭子》中扮演了一個小配角，還在附近的跳磴集市上演。我扮演的是一個普通農民，整個演出中只有一句台詞。我穿上一件長衫，頭上包了一塊白帕子，扮成一個男性農民的樣子。當地農民也許並不能理解街頭劇裏的那些政治術語，但是明白劇中的主題思想，並且對日本對中國的侵略很憤慨。我們的街頭表演總是能吸引到一大批觀眾，這也表現了抗戰期間，普通老百姓對抗日宣傳是感興趣的。

在巴縣女子中學時，我們還經常到附近的鄉場去動員當地人民支持中國的抗日戰爭。我們一到達鄉場，就敲鑼打鼓吸引趕場的人們的注意，然後開始演講。我於1938年到1941年間在巴縣女子中學學習了三年。在這三年裏，我們學習到了許多豐富的知識，因為參加抗戰宣傳活動，愛國主義思想也得到很大的提升。

1938年以前，重慶只有兩所專門的女子公立學校。一所就是巴縣女子中學，另一所是女子幼兒師範學校。1938年以後，許多學校紛紛從外地遷移進重慶地區，還有部分是由下江人到重慶後創辦的，其中很多都是女子學校。所以抗戰期間重慶女子學校的數量增加了很多。

　　巴縣女子中學離我家鄉下不是太遠，放寒暑假時我一般都要回家。即便是在遠離城市的偏僻的家鄉，大多數的鄉下人還是知道抗日戰爭爆發之事，並且大部份人都含著對日本侵略者刻骨銘心的仇恨。當然，不同的人對待抗戰的方式也不同。有些人跟我母親一樣，擔心日本侵略軍會打到重慶地區來；還有一些人則瞄準抗日戰爭所帶來的商機，利用國家危難之際大肆斂財。我認識的一個遠房親戚當時是做化妝品生意的，在重慶成為戰時陪都以前，他的生意不好，基本上已經無力維持經營了。但自打重慶成為戰時陪都以後，加上大量外地人的湧入，他的生意從1938年開始變得異常火爆，他在抗戰期間變成了一個非常有錢的人。當地人稱這種生意為「發國難財」，意思就是利用國家危難來賺錢發財。

　　然而，對大多數的普通老百姓而言，抗日戰爭卻使我們的物質生活變得非常困難。由於我們學校地處鄉村，校園裏根本沒有電和自來水，只有靠蠟燭和煤油燈照明，靠打井水來解決飲水和清潔衛生問題。在八年抗戰期間，由於食物短缺，我們每天吃的都是「八寶飯」——飯裏總是混有很多小石頭、沙子、老鼠屎和其他一些不能吃的東西。[11]

　　在巴縣女子中學完成了三年的學業以後，我考進了懿訓女子高中。懿訓是由於戰亂而從武漢遷移到重慶來的教會學校，女校長周御贏畢業於哈佛大學，家在武漢地區，是個有財有勢的家族。抗日戰爭期間很多學校都從淪陷地區遷移到了四川，懿訓就是其中之一。我決定去懿訓上學是出於兩方面的原因，其一，它離我家更近；其二，儘管懿訓是所私立學校，但它的學費和當地公辦學校差不多；另外，懿訓的校園文化也更適合我。巴縣女子中學是重慶地區最好的學校之一，因而吸引了眾多有財有勢家庭的女孩前來就讀。這些富家女們傲慢而懶惰。舉個例子，即使在抗戰中，她們大多數人都不整理房間，連自己的衣服都不洗，而是僱當地農家婦女來做這些事情，更別說清理馬桶了。而在懿

11　八寶飯原本是本地人過年過節時的佳餚，通常是用糯米加上八種乾果做成。

訓，不論你的家庭有多麼富有、地位有多高，每個人都必須自己動手打理清潔衛生、整理房間，學校裏不允許學生僱傭人。我從來都沒有、也沒錢僱清潔傭人，所以我覺得在這裏更舒服自在、更適合我的情況。

懿訓的校址在長江南岸的黃山地區，離蔣介石的戰時公館很近，景色也很優美。據我所知，我們學校至少有一位蔣介石的侍衛的女兒在該校上學。我入學的第一年，也許是因為這是一所女子學校，而且該校的人脈淵源是在湖北而不是四川，所以校長和當地勢力沒有什麼交往。結果，小偷們經常光臨我們宿舍，差不多每天學校都有偷盜現象發生。於是老師把我們這些女孩子組織成一個個小隊，每晚輪流在校園裏巡邏。就算這樣，在校園裏每天還是有人被偷走東西。學校只好聘請當地的一名警察來校園裏巡邏。不幸的是，這個警察不但自己也從學校偷了很多東西，更無法阻止盜賊的入侵和偷盜現象。直到我在懿訓上高三的時候，一個叫張樹生的青幫頭目的女兒轉學到我們學校以後，那些盜賊才沒有再來騷擾我們了。顯然，抗戰時期在當地社會中，青紅幫組織比政府及司法部門更有勢力。

我們學校的所在地的房屋建築結構是很古老的木質。由於我們都是用蠟燭和煤油燈照明，這些建築發生火災的隱患很大。我上高三時，整個學校就被一場大火燒得一乾二淨，我們所有的東西都被毀之一旦。為了重建校園，我們都參與了籌款活動。我們自發地分成小組，到碼頭上去向坐船的旅客募捐。學校還要求我們動用自己的社會關係來籌集資金。我的大哥哥當時正在重慶城裏的復興麵粉廠當會計，通過他，我們學校得到了該廠的一筆捐款。加上外國教會的幫助，學校很快就重建起了竹子和茅草搭建的簡易教室和宿舍。

懿訓地處鄉下山區，比較隱蔽，日軍的空襲對我們影響不大。雖然我們不必到處躲避日軍空襲，但生活還是異常艱苦。在懿訓期間，大多數時候，我們每天的主要食物還是霉米摻沙石及老鼠屎的「八寶飯」。有時物資緊張，我們每天僅靠學校食堂發給我們的八顆煮熟的蠶豆解決了

一餐。在懿訓期間，我和許多下江人，特別是那些來自湖北的同學成了好朋友。她們中的大多數都因為戰爭而無家可歸了，還有一些甚至失去了家人。我們這些當地學生在假期還能回家，而那些下江學生則根本無家可歸。我很同情他們。因此，我在懿訓學習的三年中，每到假期都會邀請幾名關係好的下江同學到我家做客。

抗日戰爭用一種特殊的方式把我們聯繫在了一起，我們中的幾位同學把這份友誼保留了一生。在文化大革命期間，教會學校的教育背景讓我們都吃盡了苦頭。然而，當紅衛兵強迫我們互相揭露所謂的罪行、以莫須有的虛假信息來互相誣告詆毀時，我們幾位要好的同學中沒有一個人出賣過朋友。當然，我們都為此付出過沉重的代價。文化大革命期間我們都經受了身心虐待和政治打擊。直到今天，我們五個懿訓的同學還是很親密的朋友，在戰火中建立起來的友誼已經持續了近七十年。

雖然懿訓是所教會學校，在抗日戰爭期間所有的主要政治團體都試圖在重慶建立自己的影響力，懿訓也不例外。母親不准我加入任何政治組織，叫我好好讀書，所以我只參加了基督教學生組織的活動。我記得有一次，在學校食堂的飯裏發現了一些玻璃碎片，國民黨的青年組織三青團控告說是共產黨幹的，還要求學校管理層打擊共產黨在校園裏開展的活動。另一個事件是，有個「生病」的學生老是待在寢室裏，並趁其他同學都在上課的時候搜查她們的東西。之後這個學生被查出來是個國民黨特務，她要找出證據資料揭露校園裏的共產黨的地下黨成員。1949年以後我們才知道在抗日戰爭期間我們學校確實有共產黨的地下黨組織，但我當時並不知道這些情況。

我和我的朋友們既沒加入共產黨，也沒加入國民黨，而是參加了學校裏的基督教組織。作為一所教會學校，它理所當然地鼓勵學生成為基督教徒、並積極投身於基督教組織的各項活動。我自身的背景和個人情況也促使我成為了基督教徒。我一直在為我的生活尋找一個答案。我試圖弄明白為什麼我這麼窮，而和我一同就讀於懿訓女中的、我二哥的女

兒卻基本上是要什麼就有什麼。每到週末和假期，我二哥就派四個壯漢用滑竿到學校來接我姪女回家，如果我也想回家，就只能跟在她的滑竿椅後面，跑40里路回去。我一定得跟上接我姪女的那些人走回家，因為在鄉下一個單身年輕女子獨行是很危險的，路上會有土匪出沒。每次返回學校時，我姪女可以帶很多煮熟的豆腐、肉以及其他好吃的東西，而我什麼都不能帶，因為家裏太窮。她穿的都是很時尚的衣服，而我只有校服可以穿，就連我的學費都是靠二哥資助的。我希望基督教能夠為我經常糾結的這些問題提供答案。在懿訓，我們還聽說如果成為了基督教徒，就更有機會上大學，特別是教會的大學。因為我知道我母親無力資助我去上大學，就想盡力把握住所有機會。

在懿訓，老師們沒有組織我們為支援抗戰去鄉場發表公共演説或表演街頭戲劇，但他們也不反對學生自發的抗戰宣傳活動。懿訓的老師們對待抗日戰爭的態度多種多樣。有些有意識地將當前的抗戰時事與我們的教育教學結合起來，而另一些則只是把抗戰當成是生命中的一次不幸的災難而默然接受了，很少予以關注。我有一個姓程的英文老師就總是對抗戰時事問題非常有激情，因為他的家鄉就在武漢附近，已經被日本人佔領了，所以他對日本侵略軍充滿了仇恨。1941年底珍珠港事件導致太平洋戰爭爆發時，程老師非常激動，在我們的英文課堂上做了一場激情澎湃的演説。他告訴我們如果美國參戰，我們將更有勝算打敗日本人。我們都對他優異的英文演説印象深刻，但卻並不十分理解為什麼美國參戰會對中國的抗日戰爭有利。

在懿訓，我們每天都要做的一件特別的事情就是閱讀報紙，了解有關抗日戰爭的時事新聞。我們讀的是《大公報》和《國民公報》。因為同學中有很大部分人是下江人，所以每天早上第一節課之前，班上都會有同學被叫到前台去，用普通話朗讀有關抗戰的新聞。我們這些土生土長的四川人說普通話很困難，我根本沒有學過普通話應該怎麼說，因而說起來相當彆扭。每當輪到我讀報時，我都不得不跟自己搞惡作劇，故意把

舌頭捲起來裝作是在説普通話的樣子。讀完之後，我和我的四川同學都會嘲笑我們説的搞笑的「普通話」。不過我們還是很喜歡讀報紙，因為這樣可以了解到抗戰進展的情況。雖然作為普通人，與戰事相比，我們更關注的是日常生活。但作為學生，我們很清楚這場戰爭是一場民族危機，也很渴望參加到力所能及的抗戰動員活動中來，做一些諸如公共演講和街頭戲劇表演那樣的政治宣傳活動。我的同學當中有些在抗戰後期參加了青年軍。[12] 不過我卻沒有想過要參軍去上前線打日本人，這也許是因為我們居住在抗戰大後方的重慶地區，根本沒有目睹日軍在華北、華中的暴行，也沒有接觸到有關中國將要被日本征服的亡國論思想。但我卻總是堅信，我們遲早會贏得這場戰爭的勝利。顯然重慶地區的抗日戰爭宣傳工作是很有成效的。通過戰時宣傳，抗日戰爭必勝的觀念已被該地區廣大的中國群眾所接受了。那些沒有受過教育的普通群眾也許還不知道抗戰的整體觀念是什麼，也許不清楚它是怎樣進行的，但每個人卻都明白中國正在和日本打仗，不打我們就會亡國。大多數的重慶人都相信抗戰必勝。

在抗戰八年的時間裏，我一直都在念書。我把精力都投入到了學習上，因此我的成績總是名列前茅。我很清楚我家經濟困難的程度，知道作為女人要得到自己想要的生活，而不僅僅是苟且偷生，我唯一的希望就是好好讀書。我母親對我的影響很大。她一生不幸，從我懂事開始，她就總是告誡我和妹妹，女人要想過上好日子就必須要依靠自己，要自立。她的夢想就是要讓我們當老師，可以自立門戶。為了實現我和我母親的共同願望，我不得不很努力地學習。

在懿訓念高中的三年中，我們的物質生活變得比在巴縣女子中學時還要糟糕。火災之後，重建的校園裏只有用竹子和茅草搭建而成的簡易

12　1943年及1944年國民政府發起了兩次動員青年知識分子從軍的活動。見重慶抗戰叢書編纂委員會編，《抗戰時期重慶的軍事》。重慶：重慶出版社，1995，第218–238頁。

教室和宿舍，沒有電和自來水。冬天，這裏冷得要命，沒有足夠的禦寒衣物及其他保暖措施，我的手上和腳上每年冬天都長滿了凍瘡。嚴重的時候還會流膿穿孔。我們只能穿單薄的藍色校服，所有的清潔衛生和清洗工作都得自己做。

1941年以後，持續的抗戰引發了嚴重的經濟困難，流亡到此的巨大人口導致了重慶地區日常必需品供應的嚴重短缺。任何日常生活必需品，從大米到煤油，全部都得由政府統一定量分配，有錢人可以從黑市上買到額外的食品和布料。我沒有一丁點零花錢，只能靠學校供應的三餐勉強維持生存。隨著抗戰的繼續，一些下江人也開始靠變賣生活品維持生計了。每到週日，許多下江人就把他們那些稀奇玩意兒拿到集市去，擺地攤叫賣，有收音機、照相機、手錶、自來水筆、西洋布料等等。對於我這個一直都生活在相對落後的重慶農村地區的鄉下女孩來說，一下子看到這麼多稀奇玩意兒，實在是大開眼界。是下江人讓我第一次認識到，在1930、40年代的中國，現代化能給人民的生活帶來些什麼。作為一個只有十幾歲的小女孩，我夢想著，也許，僅僅是也許，某一天我也能擁有一些這樣的新奇東西。

1944年我從懿訓畢業了，開始申請大學。雖然在抗日戰爭期間，很多如金陵和復旦這樣的一流私立大學都遷址到了四川，但我卻一所這樣的學校都沒有申請。公立大學的申請費只要兩角錢，而私立大學的申請費卻要一元，所以我只申請了公立大學。我的第一志願是川東女子師範大學，因為在抗戰時期，師範大學不僅免學費，而且還免住宿費和餐費。我和懿訓的另外三名同學一起報考了川東女子師範大學，並都同時被該校的師範專業錄取了。

川東女子師範大學座落在江津，距重慶大約40、50公里陸路。該校是在抗戰期間建立的，前身是北京師範大學，遷往四川後改名為川東女子師範大學。在抗日戰爭年代，江津共有二十多所學校，其中大部分都是從川外遷址過來的。不僅如此，國家中央圖書館和其他幾個文化教育

機構也都從南京遷移到了這裏。各類學校和教育文化機構的高度集中，使江津成為了一個戰時文化中心。有一批著名學者在我們大學任教，其中包括胡曉池。他是早期中國文學界的知名學者，也是勃朗特的《簡‧愛》的譯者。我很喜歡這裏的學術和文化氛圍。

我進入川東女子師範大學時，抗日戰爭也快要結束了。大轟炸的高潮也過了，偶爾才會有日軍空襲的警報。然而，對於我們窮學生來説，生活並不容易。我們身無分文，必須處處想辦法應對生活中的種種挑戰。在大學期間，我們只能在河邊洗衣服和被單。物質緊張，肥皂屬於奢侈品，很難弄到，我們就用皂莢來代替肥皂。皂莢是一種樹的果實，含鹼，可以用來清洗衣物，重慶地區盛產這種樹。我們最好的洗衣工具就是我們的雙腳。每次要洗衣服時，我們就會到河邊，脱掉鞋子，在河裏的岩石上用雙腳踩踏來清洗衣物。在夏天，這是個很好玩的事，但在冬天，洗衣服就變成很恐怖的家務事了。冬天這裏的水溫非常低，下水後僅幾分鐘，手腳都會被凍得發紫，所以冬天我們就盡量少洗衣服。

在抗戰的最後幾年，重慶地區面臨巨大的物資短缺問題，包括照明用的煤油供給。四川是個農業大省，盛產菜油，所以抗戰期間菜油也被用於照明。雖然每個月我們都能領到幾兩定額分配的照明用菜油。但僅僅為了把油燈灌滿油，我們得步行八里路，到專門的商店，待打好油後再步行八里路趕回學校。學校安排八名學生共住一個房間，每個房間每個月可以分到八份油。我們決定只用四個油燈，並且規定我們寢室在非考試期間，每個燈只用兩根燈芯，而到準備考試複習的時候，每個燈才用三根燈芯。這樣，每個月我們都可以省下一些油，然後我們到附近的市場上去買回些紅辣椒，用省下來的菜油拌上很多鹽，把辣椒炒熟。這樣我們都可以用它來下飯吃，因為這些辣椒又辣又鹹，每頓飯只吃一點就可以了。這樣我們每月都可以省下一部分菜錢買其他東西。幾個月下來，我們都能省下好幾元錢來買布料做衣服穿。我在抗戰期間僅有的那件花旗袍就是用這筆錢買的，我們四個人都買了同樣小翠花的布料，我

當裁縫來給大家做旗袍。我覺得這是我一生中擁有的最好、最漂亮的衣服了。

我們學校裏有些下江同學的家庭卻很富裕。我有個同學的家庭來重慶以前，曾擁有武漢多家鋼鐵企業。因為她經常出去約會，又經常逃課，每到考試的時候都要來找我幫忙。我就給她輔導功課，幫助她通過考試。作為回報，她帶我到附近的餐館去吃麵。對我來說能上館子吃麵，在當時確實是很難得的享受。每當我有機會去餐館，都會在麵裏加很多醬油和辣椒油，這樣就能把麵湯帶回去，和朋友們一起分享。每次我把麵湯帶回去，我們就用這些又辣又燙、美味而多汁的湯來下那些粗糙而夾有很多沙子的米飯，我們大家都吃得津津有味。

雖然在川東女子師範大學我沒有參加任何一個像國民黨或共產黨那樣的政治組織，但我卻在感情上和理智上都心繫抗戰。我們學校的大多數學生都是流亡學生。她們中大多數人都來自四川以外的地區，被日本侵略者奪走了家園和親人。在這裏，大家對抗戰都非常關注，我們學校所在地經常都有支持抗戰的活動。我參加了學校裏許多和抗戰有關的活動，如募捐、遊行和公共演講等。

1944年，日軍打到了鄰近重慶的貴州省內的獨山，重慶在抗戰中第一次面臨到了可能遭受日本從陸地上侵略的危險。許多同學都志願參加青年軍去保衛大後方，其中有些同學還真的成為了軍人。我沒有參軍，卻也積極參加了學校裏為支持徵兵工作而開展的其他活動，特別是我所在的學生基督教團體所組織那些的活動。我當時最重要的目標是完成大學學業，找一份工作來養活自己並幫助家人的生活。

在大學期間，我和三個關係親密的同學都開始談戀愛了。我在1944年夏天從懿訓畢業後回家過暑假時遇到了我的男朋友。他家和我家是遠房親戚，都住在同一個地方。那時他還是個高中生，也是回家過暑假。他是學校裏的政治活躍分子，還是一個學生報紙的編輯。自打我們透過共同朋友相遇以後，他就給我寫信，邀請我為他的報紙撰寫了一篇關於

「學生應該如何支持中國的抗日戰爭並為其做貢獻」的文章，之後我們就開始通信了。我回到學校以後，他經常來看望我，我們的關係越來越親密。我和懿訓的另外三位好朋友不僅一起分享我們的飯錢，也分享各自的愛情生活秘密。她們對我的男朋友很滿意，一致投了「贊同票」。我在川東女子師範大學時有另外兩個四川同學，抗戰期間和兩個在江津的下江男同學談了一年多戀愛。抗戰結束後，下江男生都回到了各自的家鄉，出於種種原因我那兩個四川朋友沒能和他們一起回去，只能留在這裏忍受失戀的傷心難過。這也是抗日戰爭帶給我們這些重慶年輕女孩的另一種創傷。

當日本於1945年8月15日投降時，我正在家裏過暑假。我收到了很多下江同學和朋友寄來的深情的信件。她們都欣喜若狂，抗日戰爭終於結束了。經歷了八年艱辛的流亡生活後，她們現在終於可以回家了。我也為八年抗戰的真正結束而感到無比高興，並且對中國戰勝日本後我們都能過上更好的生活抱有厚望。

1945年秋，我回到學校時，發現下江同學們個個都興高采烈。政府為她們每人都發放了返家經費，而對於我們這些當地人來說，抗戰的結束並沒有對我們的生活帶來多大的改善。對一些本地人而言，抗日戰爭的結束意味著經濟更加艱難的時代到來了。隨著國民政府和數十萬下江人陸陸續續搬離四川，當地許多人都失去了他們的租金收入來源；大米和蔬菜的價格也大跌；因抗日戰爭而在重慶建立的政府機構和工廠有大量人失業；許多把房屋出租給下江人的普通人也失去了他們的部分收入來源。

抗戰期間我哥哥在重慶一家麵粉廠工作。因為戰時通貨膨脹厲害，物價很高，1945年初一些親戚朋友慫恿他合伙做麵粉生意——即以批發價格買進麵粉，再以市場價格賣出，賺取小額差價。然而作為小人物的他們，既沒投資生意的知識，也不了解抗日戰爭的發展情況。他們都不知道抗戰即將結束。日本投降後，外來人口紛紛遷離重慶，麵粉價格大

跌，他們的錢全賠了，所有債權人都跑來找我哥哥算賬。他不得不離家出走到外面躲避了一年。那些債權人追到我們家裏，逼迫我母親還錢，使我們的生活痛苦不堪。他後來花了幾年時間才還清了債務。所以對許多本地人來說，抗戰的結束並不意味著生活的好轉。很多人在抗戰結束後還要繼續應付生活的挑戰。

羅福慧

女學生
1922年生於湖南

在大學裏，當我的幾個好朋友紛紛開始和男朋友談戀愛時，我也很羨慕。晚上我們在一起談論各自的理想、家庭和婚姻，我也在夢想著愛與被愛、婚姻和家庭，憧憬著未來。但是想到家裏陷入絕境的經濟情況，我明白我的家庭需要我的幫助，我根本沒有考慮自己個人幸福的餘地。

我出生在湖南。我父親是個商人，老家在江西。他做的是中國老式的錢莊。1920年代他因公來到了湖南，在這裏娶了一個太太和一個妾，並和她們生了七個子女，我母親就是他的妾。1931年我9歲時，他又因為生意而搬來重慶。在那個年代，重慶較之湖南是一個相對偏遠落後的地方。我父親決定搬家到這裏來的時候，我母親在湖南的娘家覺得我們是被流放到了這樣一個窮山惡水的落後地方，很不滿意。然而當我們真正搬到重慶以後，才發現這裏的生活環境與湖南相比，並沒有想像中的那麼差。

抗日戰爭爆發時我年僅15歲，還在重慶南岸一所叫文德的、加拿大人辦的女子教會學校念書。雖然我並不熱衷於政治，但我對抗戰卻很關心和了解。在文德，校方不主動組織我們去做抗戰支援活動，但卻允許我們參加這類的活動。大多數文德學生組織都參與了抗戰動員活動。我加入了一個學生宣傳小組，並參與了它組織的很多活動。跟其他學校的許多學生一樣，我們也到附近的鎮和鄉場上去做公開演講，動員當地人

民支援抗戰。我們也表演街頭戲劇來喚起人們的抗日愛國主義熱情。在抗戰期間，真摯的抗戰動員精神在重慶很熱情高漲。

1938年我初中畢業，升入復旦高中。復旦是從上海遷至重慶的中國頂級大學，復旦高中是其附屬學校，裏面的大多數老師都是隨復旦大學一起搬到重慶來的下江人。復旦高中和我之前讀過的當地學校相比，課程要求要嚴格得多，老師更有知識，教學方法也比較新穎，能讓學生學得有興趣。復旦的理工科課程特別好，有很好的理科實驗室和實驗室設備。我們做了很多有趣的實驗，使我眼界大開。

抗戰時期外地教育機構往重慶搬遷，給像我一樣的當地學生帶來了更多更好的教育機會。由於很多下江老師都被日本人奪去了家園和親人，他們對抗日戰爭的宣傳活動非常積極主動。但涉及到婦女的社會地位問題時，他們中的多數人還是很守舊的。我的理科老師來自東北，人很優秀，學問也很好，對抗戰救國之事非常熱情，但他對女學生在理科方面的能力卻很不看好，不相信女學生也能學得跟男學生一樣好。他到我們學校教書的第一學期，決定要每週點名表揚那些考試分數上了93分的學生，讓他們站起來接受班上其他同學的掌聲祝賀。當叫到我的名字、看見我站起來時，他非常驚訝地說：「啊，你是女的啊！」他根本沒想到女生也可以學好理科。

在復旦高中，下江老師和學生的到來，使得學校的社會文化氣氛都變得輕鬆起來。一般而言，男女學生可以在學術和抗戰動員活動小組裏一起參加社交活動。例如，我們可以一起出去做宣傳，並且有時候男女學生還在一起複習功課，準備考試。然而如果某個女生一旦和某個男生好幾次都在一起學習，就會引來其他人的流言蜚語和戲弄。可見當時在男女交往關係方面，還是不太開通。

抗戰期間國民政府和數十萬下江人搬遷至此，為重慶帶來了巨大的社會影響，使它成為了一個更富有文化的地方。除了眾多新學校的建立，諸如公路和交通系統的基礎設施也得到改善。因為我們家是戰前從

外地遷居到重慶來的，我們很清楚地見證了抗日戰爭為這裏所帶來的影響。雖然抗戰期間我還只是一個女學生，但我都注意到了，很多下江人來到重慶，使當地的社會氣氛發生了很大的改變。外地人為重慶地區人們的日常生活帶來了新的開放文化。例如，下江人到來之前，重慶的婦女，包括小女孩，不管夏天有多麼酷熱難耐，很少有人穿裙子。下江婦女們不僅為我們帶來了裙子，還帶來了交誼舞和交際舞。就連傳統的旗袍樣式都改變了，下江人的旗袍兩側的衩開得更高，幾乎到了臀部，這樣走起路來腿能露得更多。風靡一時的女式捲髮也是由下江婦女引進到重慶來的。還有一個下江人帶來的新奇玩意兒，也是當時新時尚的標誌──褲襪，即重慶本地人所說的「跳舞褲襪」。作為一個在抗日戰爭期間只有十幾歲的小女生，下江人帶給我們的新奇的物質衣食文化使我十分著迷。我覺得正是這些下江人的到來，引起了重慶地區的物質及社會現代化變革。

抗戰期間，逃亡到重慶來的不但有很多中國著名劇作家，還有許多男女演員，如郭沫若（左翼劇作家和詩人）、白楊（著名女演員），以及張瑞芳（著名女演員）等等。為支持全民抗戰動員，這些劇作家、演員在重慶組織演出了很多場愛國戲劇。作為一個高中生，我有幸觀看了很多場戲劇表演，被這些表演所深深地打動。

在抗戰前，重慶最受歡迎的休閒娛樂形式可能就是傳統的川劇和京劇表演了。而在抗戰之中，話劇被介紹到了重慶。話劇不僅成為了最受歡迎的休閒娛樂形式，還成為了一種政治和愛國主義宣傳的有力工具。我觀看了很多場話劇表演，深深地喜愛上了話劇，也十分情願地接受了劇中宣傳的抗日救國思想。在抗日戰爭年代裏，重慶地區最有力、效率很高的政治宣傳活動就是為了動員中國人民參與到抗日戰爭中來。話劇的確起了很重要的抗日宣傳作用。抗戰中的這些新鮮事都讓我著迷和感到興奮，然而我同時也感到有些茫然，因為這些新鮮的事物中沒有一樣和我的生活有直接的關係。在抗戰前我父親的錢莊生意收益頗豐，我們

的生活也很安逸。而在抗戰中我們家的經濟情況急劇惡化，我們也因此遭受了巨大的經濟困難。

最初，抗戰只是打亂了我父親的錢莊生意。但日本人佔領了中國中部地區後，他的錢莊生意就被徹底毀了。我們家人很多，父親要養活兩個老婆和七個孩子，家庭負擔非常沉重。日本人開始對重慶進行大轟炸以後，我們家被迫搬到了鄉下。抗日戰爭期間，從外地逃難至重慶地區的外省人都喜歡與老鄉集結在一起。比如說，上海人在重慶喜歡住在上海人多的地方，而安徽人則喜歡住在安徽人多的地段。我們家搬到了距主城區20里遠的大渡口地區，因為在抗戰期間很多來自江西省的人都住在這裏。我父親一直就是我們家唯一的經濟來源，一旦他失業了，我們家的經濟情況就徹底改變了。最初我們還能依靠家庭儲蓄維持生活，但隨著戰爭帶來的高通貨膨脹率，要養活這麼一大家子人，那點錢就支撐不了多久。很快，我們就不得不靠變賣家產來維持生計。我記得在抗戰期間的大部分時間裏，我們每天都只吃兩頓飯，以此來節省家庭開支。由於家裏的經濟困難，我不得不高中畢業後就參加工作，來賺錢補貼家用。在上大學前，我在一家小學教了一年書。

作為一個在抗日戰爭年代裏成長起來的女孩，我親眼目睹到戰爭摧毀了數百萬中國家庭，徹底改變了他們的以及我的家庭的命運。我很痛恨日本侵略者。儘管我只是一個普通人，對抗日戰爭的整體發展情況並不很了解，但是重慶地區為支援抗日戰爭所廣泛開展的那些宣傳活動卻讓我堅信中國最終一定會打敗日本。

老實說，雖然我在抗戰期間也參加了很多學校組織的抗戰支援活動，但由於我家庭所突然遭受到的經濟上的變化，我更關心的是我自己的生活。我父親生意破產後，家裏的儲蓄快要用完時，他最大的願望就是我們這些子女能夠自立。我是母親生的孩子中最大的，經常感受到要幫助家庭的巨大的責任和壓力。在復旦中學我的學習成績非常優秀，可以被許多所一流大學錄取。但我卻選擇了到川東女子師範大學念書，以

後做一名教師。因為這裏的學費、餐費和住宿費都是免費的，而且畢業後有更好的工作機會。

我1943年進入川東女子師範大學，在這裏度過了抗戰的最後兩年。在沒有任何家庭經濟幫助的情況下，我只能靠學校的免費餐度日。好在我有幾個好朋友和我一起同甘共苦。我們幾個女生每週都努力從飯錢中省下點錢，用來做新衣服，也互用彼此的衣物及日常用具。

在大學裏，當我的幾個好朋友紛紛開始和男朋友談戀愛時，我也很羨慕。晚上我們在一起談論各自的理想、家庭和婚姻，我也在夢想著愛與被愛、婚姻和家庭，憧憬著未來。我的夢想就是念完大學以後找份工作，然後找和我志同道合的人結婚。那時候，對我來説，志同道合就意味著我們都要受過教育，都願意通過誠實勞動來營生。好幾次我的朋友們想給我介紹對象，安排我和某個男士見面時，我都非常想要有個男朋友。但是想到家裏陷入絕境的經濟情況，我明白我的家庭需要我的幫助，我根本沒有考慮自己個人幸福的餘地。這樣，我就把這些想法保存在自己心裏，而把所有的精力都投入到了學習中去。

1945年抗日戰爭即將結束時，我父親希望恢復他的生意，或者至少能挽回部分失去的財產。抗戰最終真正結束的時候，我們才意識到他已經根本沒有什麼生意可以恢復，也沒有什麼財產可以挽回了，我們能夠活著見證抗日戰爭的結束已經是非常幸運的了。

金中恆

女學生
1925年生於重慶

我親自走過這條悶死了幾千人的隧道。隧道只有一個入口，沒有出口。裏面又黑又悶，空氣不好。隧道很長，越往裏走，氧氣越稀薄。走進隧道深處，我都感覺到呼吸困難。我完全可以想像在隧道裏面的人為什麼要朝外面擠，慘案為什麼會發生。

我出生在壁山縣。我父親是開雜貨鋪的。我父母親共有七個孩子，我排行第三。我上頭有一個哥哥和一個姐姐，下面有兩個妹妹和兩個弟弟。

抗日戰爭爆發時，我在壁山讀小學。當時壁山的小學是男女分校的，我讀的是女子學校。我是在學校聽到抗戰爆發的。1939年我讀初中時，日本人轟炸重慶地區把我們學校炸毀了，而且整個壁山縣城都遭到很大的破壞。我父母就帶著我們全家去了重慶，因為重慶是陪都，我父母以為做生意的機會會比壁山好一些。到重慶後，我進了南開中學讀書。我的父母很開明，不論男孩女孩都讓上學讀書。我父親告訴我們，他會供我們七個孩子讀書至少讀到初中畢業，再高他就供不起了，所以我們七個孩子都至少是初中畢業生。

南開中學分有高中和初中部。我在初中部讀書。抗日戰爭時期南開的學生很活躍，很多學生都積極參加了抗戰動員活動。但是那些活動多半是高中學生組織和參與的，初中生參加的很少。我們初中生只是有時跟著高中生一起參加一些和抗戰有關的活動。我只參加過幾次抗戰動員活動。但是我們都從學校學到很多有關抗戰的歌曲，了解到抗戰的事情。

　　南開的老師有些非常支持抗戰活動，常常把和抗戰有關的題目和事件融合進教學之中，特別是語文課。我們經常寫與抗戰有關的作文，討論和抗戰有關的題目。學校也有很多抗戰的報刊雜誌。我很喜歡讀那些刊物，也從中了解到很多抗戰的事情。抗戰期間馮玉祥的夫人李德全曾到南開來給我們做過講演。她講年輕女學生應該爭取自身獨立，並為婦女解放做貢獻。我當時並沒有女權意識，也不太明白李先生講的東西。

　　抗戰時物資匱乏，生活很艱苦。在南開我們吃的都是霉包穀麵和霉米，飯裏面還有小石頭、沙子和老鼠屎。重慶人幽默地稱之為「八寶飯」。我記得一次有位要人來南開講演，動員青年學生投身抗戰。他對我們說，吃霉米飯是好事情，這樣你們會記住日本侵略者欠我們的債。

　　因為南開是名牌學校，很多名人、要人和有錢人的孩子在該校讀書。比如馮玉祥將軍的女兒馮曉達，就是我的同班同學加室友。她總是想請我到她家玩，我從來都沒去過，因為我怕他當高官的爸爸。我常常和馮曉達開玩笑說你爸的官太大，我不敢到你家去。南開有很多有錢人家的孩子。雖然馮玉祥的官很大，馮曉達的生活卻非常簡樸。在南開每到星期六，別的有錢人的孩子都有私人小轎車來接他們回家，馮玉祥卻堅持要馮曉達自己走路回家。馮家的孩子都是穿自己家裏做的土布鞋和衣服。馮玉祥的夫人還給我們班上的同學做過鞋。別的有財有勢家庭的孩子在學校花錢大手大腳，而馮曉達的父母每週只給她一點點生活費。馮曉達後來和她父親一起死於輪船事故。

　　我們家窮，每天放學以後，我都要快快回家幫父母做事，沒有時間去和同學交往。我只在南開讀了一年就轉學了。有幾個原因促使我轉學：第一，南開的學費太貴，對我父母的壓力太大；第二，我自己也不喜歡南開。我覺得自己不屬於南開。南開是有錢人孩子讀書的地方，有些老師也只喜歡家裏有權有財有勢的學生。像我這樣來自無權無勢、沒有社會地位和經濟地位的學生經常受歧視。我自我感覺不屬於那兒。這樣，我就轉學去了建商中學，並在建商完成了初中學業。

　　我對日本人轟炸重慶的事記憶很深。我讀初中時經常要跑防空洞。日本人剛開始轟炸重慶時，我們還在壁山。我們從來沒見過飛機，當空襲警報響了之後，我還跑到我朋友家把空襲警報當成熱鬧來看。後來，我看到我的學校被日本人炸毀了，也看到很多人死傷了，才知道空襲不是玩笑。隨後，我們都得了空襲恐懼症，很怕空襲。警報一響，我就緊張不安。好多年我都是在恐慌中過日子。我們每天的生活都被空襲控制了，因為不知道何時會來，警報一響就要跑防空洞。

　　日本人在1939年的5月3日和5月4日對重慶進行了大轟炸，炸殺、炸傷了很多人。大轟炸也造成了很大的財產損失。1949年重慶解放後我在市政府工作，負責安排各種會議。有一次在工作中我遇見一位抗戰時曾經在防空委員會工作過的人。他告訴我抗戰時期重慶公佈的空襲死亡數字不是很準確，真正的死亡數目比政府公佈的要高得多。我問他為什麼大隧道慘案那天防空洞門遲遲不打開，讓洞裏的人快出來？那次慘案結果造成幾千人悶死在洞裏。他說抗戰時期，防空委員會都是按令行事，沒有上面的命令不敢開門。大隧道慘案死者都死得很慘，大部分人是缺氧而死，死前都拚命地抓脖子、胸膛，想再吸口氣。有好多家庭全家人都死在一起。事件發生後，清理現場時，光是金銀首飾就裝了幾大籮。1950年代，重慶市政府組織過我們參觀發生慘案的大隧道，我親自走過這條悶死了幾千人的隧道。隧道只有一個入口，沒有出口。裏面又黑又悶，空氣不好。隧道很長，越往裏走，氧氣越稀薄。走進隧道深處，我都感覺到呼吸困難。我完全可以想像在隧道裏面的人為什麼要朝外面擠，慘案為什麼會發生。

　　1939年至1940年日本大轟炸期間，重慶爆發過瘧疾，很多人生病死亡。我在初中時有個同學頭天聽說她病了，第二天校方就通知我們她死了，因為她得了瘧疾。抗戰期間藥物緊張，普通百姓沒錢看病。加上大轟炸，醫院診所常常不能開門，普通老百姓沒法看醫生。瘧疾爆發後，老百姓既沒有防禦措施，也沒有治療方法，全靠個人運氣。

瘧疾流行期間我也病了。我的身體時而發冷，時而發熱。我發冷時，我媽就把我抱到室外曬太陽，一發熱，就把我抱進屋用涼水擦身。當時重慶人流傳說吃了狗肉瘧疾就會好，我不記得我媽有沒有給我吃狗肉。我病了整整一個月也沒錢看醫生，我媽只能用她能找到的草藥為我治病。所幸我當時年輕，挺過來了。一個月之後，我的病慢慢好了。但是我知道很多人沒有我那麼幸運，很多瘧疾患者都死掉了。和很多人比起來，抗戰期間我們家的情況還是好得多，至少我們家沒有死人。

抗日戰爭時期國民黨軍隊強行抓壯丁服兵役，那也是一般老百姓深惡痛絕之事。窮人家的男青年是抓壯丁的主要受害者，有錢人通常可以出錢買窮人去頂替自己當兵。抗戰時期我父親就救過一個窮苦逃丁。那位年輕人是個農家男，因為家貧，十幾歲就到重慶來在一家鋪子打工當學徒，哪曉得店主人心黑，把他賣了去當壯丁，去頂替店主自己的孩子。他被強行入伍，用繩子捆起送到江蘇，後來找了個機會逃回了重慶。如果他被官方抓住，會被判死刑。我父親收留了他，把他藏在我們家很長時間，供他吃住，還給他衣服穿。我父親做了件好事，我們救了他的命。至今他都還很感激我們，還經常來看我，說我們家是他的救命恩人。

抗日戰爭中，對一般老百姓來講最糟糕的事就是物價飛漲。每天物價都在漲。鈔票每天都越來越不值錢，有時候一大包鈔票還換不到一張手紙。我們家有七個孩子，人多，我父親掙的錢根本就無法養活我們。為了送我們幾個孩子上學讀書，我父親向親戚朋友借了很多債。抗戰期間普通人在重慶的日子很難過。白天晚上都在跑空襲警報，生意根本沒法做，再加上通貨膨脹，我們家的經濟情況隨著抗戰的深入也越來越糟。我初中畢業後就無法升學了，我父親沒錢交學費。為了幫助家裏減輕經濟負擔，我一定得工作。

於是，1943年我18歲時就找了一份教小學的工作，一直教到1945年抗戰結束。我做的是一份沒有工資只管吃飯的工作。教兩年書我一分

錢也沒拿到。我只是可以在學校免費吃三頓飯，學校的伙食非常糟糕，每天都是吃「玻璃稀飯」——稀飯清得可以照出人影來。我那時才18、19歲，正是長身體的時候，可是我差不多天天都是在飢餓中度過。抗戰期間我們沒有油炒菜。我們就把炒菜鍋燒熱後，用麥稈先在鍋裏使勁擦一下兒，然後把菜倒下鍋裏快快炒一下，這樣就不會沾鍋。

我那時很年輕，又只有初中文憑，學校就分配我去教一年級。我只是教學生讀和寫簡單的漢字，也沒有機會教學生學習與抗戰有關的題目。我有兩個同事年紀比我大一些，人也很進步，倒是經常組織學生參加抗戰活動和搞抗戰宣傳。我們學校在鄉下，我也很少有機會到城裏去聽講演。我到這所農村小學去教書是為了幫助我父母度過經濟難關。雖然我沒有工資，但有飯吃，這樣我家裏就少了一張吃飯的嘴，也算是幫了父母的忙了。我在那所鄉村小學教書時，認識了未來的丈夫，是我的一位親戚介紹我們認識的。之後我們相互來往，談戀愛。所以我們的婚姻不是包辦，而是半自由戀愛的。在當時這樣的情況比較少。

我丈夫畢業於國民黨的中正政法大學，該校是用蔣介石的名字命名的。抗戰期間我丈夫在國民政府工作。結婚後我們在城郊租了一間農民的房子住，住的地區是抗戰時名人雲集的地方。馮玉祥的家就離我們很近。

1949年解放後，我曾給很多抗戰時期在重慶住過的要人們做過導遊，帶他們參觀他們抗戰時所住過的舊地。最後一次是1980年代，我帶了一隊從美國、英國回來的要人後代，參觀他們父母抗戰時期的居住地。

雖然我的學歷不高，我也是受過教育的人。我和我丈夫都喜歡讀書看報。我們不喜歡讀關於大地主、大資本家的東西，喜歡知識性和文學性的讀物。結婚後，一起讀書看報是我們的共同樂趣。1945年抗戰結束後，我丈夫奉命隨國民政府一起搬回了南京，我也隨同我丈夫去了。當時抗戰剛剛結束，很多日本士兵被困在南京。那些日本軍人對中國人還是很敵視，不願意向中國士兵敬禮。1945年抗戰結束後，很多日本人被

困在中國。在南京，中國男人花很少的錢就能買一個日本女人。我有個朋友就花錢娶了一個日本老婆。

抗戰勝利時中國人都非常高興。差不多所有的人都跑上街去放鞭炮慶祝抗戰勝利。抗戰結束後普通人的生活並沒有好轉，通貨膨脹依然高漲，老百姓生活非常困難。我是1949年解放後讀夜校才拿到高中文憑的。

李素瑤

女學生
1926年生於重慶巴縣

當時洛磧只有我們一所學校，沒有其他外來單位，所以學校可以從當地農民那裏買到大米和食品。學校還給我們發衣服用品。我當時選擇這所學校就是因為不用花錢。我六哥讀的商專、七哥讀的農業學校也都是不花錢的學校。否則，家裏是供不起我讀書上學的。

我1926年生於巴縣長生橋的李家壩。我父親原在一所小學管財務，後來因為有一筆賬目有問題被人污陷，他氣得病死了。我父親死時，我只有5歲。我家有幾十擔穀子的田產，在父親死後，母親就靠田租把我們四個孩子養大。我是家裏的老么，原本有五個哥哥和一個弟弟。父親死後一百天，我弟弟也病死了。當時他生病發高燒，如果有錢讓他去看醫生吃藥，也許他不會死。但是父親剛去世，家裏沒錢送他去看病，一家人就只得眼睜睜地看著他病死。一年之後，我的二哥也得肺病吐血而死，也是因為家裏沒錢送他看醫生。我們家雖然是地主，但是收的幾十擔租的穀子僅夠一家人吃飯。父親死後，家裏沒有其他經濟來源，生瘡害病都是用草藥，醫不好的病就是聽天由命。我上小學時，只有一件陰丹士林布的旗袍。夏天白天穿，晚上洗，第二天早上乾了又穿。

抗日戰爭爆發時，我11歲，在鎮上的一所小學讀書。我們是在學校聽到有關抗戰爆發的消息。我記得抗戰爆發後我們學校搞過一個晚會宣傳抗日。學校的老師演了一幕話劇，但是我記不得話劇的名字了。話劇的內容是講日本人進攻中國，搞得中國到處都不安寧，所以我們必須抗

日，趕走日本人，這樣中國人才會有安寧日子過。我當時年紀小，不是十分明白老師的抗日宣傳。

我對抗戰真正有認識是日本人開始轟炸重慶以後。雖然李家壩在長江南岸，遠離重慶城中心，但每次日本人來炸重慶，我們都可以看到日本飛機的炸彈像雨點一樣下來。炸彈擊中城裏的目標後，會發出巨響，再然後就是火光沖天，濃煙滾滾。那時候我和我學校的同學們人小不懂事，不知道大轟炸的危險，每次日機來轟炸還跑出教室到小山坡上去看熱鬧。由於我們住在南岸鄉下，日本飛機沒有直接轟炸李家壩。只有一次，有一枚炸彈落到我們附近的水田裏，但是沒有爆炸。

日本人剛開始轟炸重慶時，除了丟炸彈，還丟傳單。我記得有一次，我和我哥哥及一群小朋友看見日機丟的傳單，白花花的紙滿天飛。我們跑到山坡上想撿些來看是什麼東西，可是跑了半天什麼都沒撿著，傳單都被風颳去別處去了。結果我們都跑餓了，跑到別人地裏去偷了人家的紅薯來吃。我自己只有過一次跑空襲警報的經歷，大概是在1940年我14歲時，我進重慶城到我舅舅家做客，正好碰上空襲，舅舅帶著我跑過一次警報。那次我們到防空洞裏躲了一天才出來。從此每次空襲警報一響，我都有點緊張。

我的三哥從小有叛離思想，後來他離家出走。抗戰開始時他已在重慶電廠當工人。1939年日本人大轟炸重慶，落在嘉陵江裏的炸彈炸死了江裏很多魚。我三哥下河去撿魚，結果被淹死於江中。

抗戰時期，大量的下江人逃難到重慶。很多下江人也到鄉下來租房子住，躲轟炸。有一家下江人就租了我們家的房子，和我們住在同一個院子裏。那家下江人是一家四口，爸、媽和兩個女兒。他們住了八年，抗戰結束後就搬走了。我們兩家相處很好，從來沒有什麼問題。那家下江人的男主人在重慶城裏做事，平時不在家，只是週末才回來。平時就是三個女人在家。那家下江人的媽媽燙了頭髮，穿得也時髦。他們沒來以前，重慶人的早飯很簡單。我們的早飯通常就是把剩飯剩菜煮在一起

吃，叫吃燙飯。下江人來了之後，把油條、豆漿、饅頭、包子之類的早點帶給了重慶人。我第一次知道油條就是看見住在我們院子裏的下江人媽媽炸油條。油條炸好後，她們送了幾條給我們，那是我有生以來第一次吃油條。後來重慶本地人也把油條、豆漿、饅頭、包子當作早餐了。不僅家裏吃，很多大小餐館也賣這些東西了。

1939年以前，我在小學讀書。學校除了老師演過那場話劇，沒有組織我們做過抗戰宣傳。讀小學時，我們班上有三十幾個學生，只有兩個是女生。我13歲那年進了從外地搬來的復旦中學讀初中。日本人轟炸重慶，我的學校就搬到了巴縣東溫泉。東溫泉是個很偏僻的鄉下，離重慶城很遠，加上交通不方便，我們的學校遠離戰火，有點與世隔絕。所以我們一天到晚就只是讀書，反而少涉及抗戰事宜。也沒有出去搞抗戰宣傳。在初中時我學校的女生人數明顯地增加了不少，我們班共有四十多人，其中有十幾個是女生。

我能夠從小上學讀書是和我哥哥們的幫助分不開的。我的幾個哥哥都受過新式教育，特別是四哥是個中共地下黨員，思想很開明。他們年紀都比我大很多，我是家裏唯一的女孩，他們處處照顧我。我母親思想本來並不開明。我6、7歲時，母親要我纏腳。她把我的腳用布帶子纏起來後，我痛得大哭大叫。我的哥哥們看見後就拿把剪刀把我的裹腳布剪掉丟了，還一起說服了我母親讓我留天足。我媽認為女孩子讀書無用，要我從小在家學繡花、做鞋，但是我哥哥們一致認為我應該上學讀書。他們告訴我媽，做什麼鞋啊，小妹讀書後自己掙錢買鞋穿！我媽本來想把我嫁給一個大地主的兒子，也是我哥哥們出面反對，我才可以繼續上學讀書，而沒成為地主老婆。

抗日戰爭對我們的生活有很大的影響。我們在學校吃的是霉爛米飯，飯裏有各三分之一的霉大米、穀子和稗子。當時學校把學生分成八個人一桌，男女混合。除了霉米飯之外，我們每餐的菜就是當地出產的時令蔬菜。夏天，我們每餐每桌有一盤空心菜。男生們手腳比女生快，

一上桌，他們就三下兩下地把菜挾走了，我們女生往往吃不上菜。後來女生們就買些鹽，用油炒一會兒用它來下飯吃。抗戰時期物價飛漲，我們的伙食費常常是還不到半學期就沒有了，校方又要我們追加伙食費。有時候，一學期還要加幾次。

1942年，我初中畢業後考進了由松江遷至重慶的女子師範學校。學校當時辦在重慶洛磧。我考師範學校是因為讀書吃飯都不要錢。我們的學校是女子學校，校長是個老處女。學校辦得不錯，但是管得也很嚴格。學校辦在一座廟裏頭，平時我們連門都不准出。洛磧是一個非常偏僻的地方。抗戰時期那裏就只有一條又窄又小的街，街上只有幾家小雜貨店，就是出校門也沒有什麼地方可走。我們成天就是關在廟裏讀書學習，老師也沒組織我們出去做什麼抗戰宣傳。

我們學校的老師很多是下江人，對本地情況不是很了解，所以我們基本上是閉門讀書。加上大轟炸也沒有波及到洛磧，雖然我們都知道抗戰在進行，也沒太多過問。我讀高中那幾年真有點像住在世外桃源，每天的日程就是吃飯、讀書、睡覺。學校訂有報紙放在辦公室裏，學生如果要看報得去辦公室，但是我們都很少去。

我讀女子師範學校時，生活全是國家包了的，而且生活還可以。我們經常可以吃到黃豆燒豬肉，米也很好，不像在復旦中學那樣，吃霉爛米。當時洛磧只有我們一所學校，沒有其他外來單位，所以學校可以從當地農民那裏買到大米和食品，還給我們發衣服用品。我當時選擇這所學校就是因為不用花錢。我六哥讀的商專、七哥讀的農業學校也都是不花錢的學校。否則，家裏是供不起我讀書上學的。雖然我的學校是外地遷來的學校，但大部分學生都是來自重慶。我班上的同學都是重慶地區的人。

1945年抗戰結束後，該校遷回了松江。遷校前把我們這些重慶籍的學生轉校到了國立女子師範學院的附屬師範部及市立師範學校。我轉學進了國立女子師範學院的附屬師範部，在那裏完成了學業。

莫國鈞

女學生
1929年生於重慶

突然，日本飛機丟下一顆炸彈，落在離我們房
子只有三塊田遠的水田裏。炸彈雖然沒有爆
炸，但是衝擊波把我們的房子震得搖晃。我站
的樓梯被震倒了，我也從樓梯上摔下來。我急
忙跑到桌子下躲起來。如果當時那顆炸彈爆炸
了，我們所有在房子裏的人肯定都被炸死了。

我 1929年生於重慶九龍坡。我的父親在一家中藥房幫老闆打雜，母親
是家庭婦女。我是家裏的老四，上面有兩個哥哥和一個姐姐。大哥哥是
個瞎子，小時候生病沒錢治，他的命是保住了，但眼睛卻瞎了。二哥上
山打柴把手摔斷了，也是因為沒錢治療而留下了殘疾，我姐姐沒讀過
書，在家幫媽媽做家務。我媽生我以前生過幾個女孩子。我前面的女孩
子一生下來就被丟到尿罐裏，拿到荒坡上去活埋了。我出生時，父親不
在家，姐姐央求我媽把我留下來，並答應她會幫忙照顧我，我才撿了一
條命。我從小是姐姐帶大的。抗戰爆發後，重慶的物價飛漲，家裏生活
困難，我媽後來也不得不出去幫人。

抗日戰爭爆發時，我才7歲，在街上的仁和小學讀書。我是在學校
聽說抗日戰爭爆發的。1939年，日本人開始大轟炸重慶後，原先住在城
裏的人紛紛朝城外搬，躲避轟炸。

我們住的九龍坡冷水場，抗戰時期是重慶比較偏僻的鄉下郊區，
大轟炸開始後，很多城裏人搬來了九龍坡。原本偏僻的小地方，一下子
變成了來自全國各地的人口集居的熱鬧之地。我們家住的院子裏也搬來

了一家原先住在城裏的律師和他的家人，他們家裏有個十來歲的調皮男孩。他可能是在城裏的大轟炸中受到了刺激，空襲警報常常搞得他很緊張，經常嚇唬我們院裏的小孩們，說他要上吊死了。當時鄉下人很忌諱說不吉利的話，但是那男孩天天都說，搞得我們院子裏的人都覺得不吉利。

1939年五三、五四大轟炸後，不光是城裏人要跑空襲警報，連我們冷水場也得跑。我記得每次警報響了，我就拉著媽媽的衣衫角，跑到院子後面的菜地裏，躲在用竹子搭成的四季豆架子下面。我們當時對空襲很無知，以為躲在那裏就安全了。後來我們又把家裏的兩張桌子拼在一起，在桌子上下都鋪上被子，空襲的時候就躲在桌子下面。有一次空襲來了，我們就躲在桌子下。我當時人小，在桌子下躲了一陣子後，覺得無聊，就爬出去，並到樓梯上去玩。突然，日本飛機丟下一顆炸彈，落在離我們房子只有三塊田遠的水田裏。炸彈雖然沒有爆炸，但是衝擊波把我們的房子震得搖晃。我站的樓梯被震倒了，我也從樓梯上摔下來。我急忙跑到桌子下躲起來。如果當時那顆炸彈爆炸了，我們所有在房子裏的人肯定都被炸死了。幸好那顆炸彈沒爆炸，想起都害怕。1949年解放後，政府才派人來把那顆炸彈從我們後院的田裏挖起來運走了。據說挖起來時，那顆炸彈都還有爆炸能力。

日本人開始轟炸重慶以後，我們經常得跑空襲警報。有時剛開始上課，警報一響，我們就得跑。有一次我們還沒走到學校，警報就響了，我們幾個女孩就跑到一個同學家裏去玩。雖然我們都懼怕空襲，但是那時人小不懂事，也沒親眼看見空襲對重慶城和城裏人造成的危害，我們也高興空襲警報一響就不用上學了。但是我們對大轟炸還是很恐懼，每次日本人的飛機飛過我們房子上空，噪聲震天，我們還是很怕，希望轟炸快點結束。

我們學校有幾個進步的老師，可能是中共的地下黨員。他們經常在同學中打聽我們的身世，了解我們的家庭情況。那幾位老師對我很感興

趣，要培養我做抗日宣傳積極分子。他們很積極地把我們這些喜歡唱歌跳舞的學生組織起來，教我們唱與抗戰有關的歌曲，組織我們在趕場天到場上去演唱抗日歌曲，在當地老百姓中進行抗戰宣傳。遇到趕場天，老師就帶我們到場上的茶館裏，把幾張桌子拼起來當成台子，然後把我和同學推上台唱抗日歌曲和表演舞蹈。很多抗戰歌曲我都會唱，如《追兵來了》、《松花江上》等等。

小學畢業之後，我失學了，家裏沒錢讓我繼續上學。後來我父親的老闆做善事，決定資助我上初中。在他的幫助下，我到了在南岸龍門浩的華中中學讀書。華中是抗戰時期從湖北搬遷到重慶的，同學當中很多下江人，我們班上女生比男生還多，有個下江女同學在我進校不久就參軍了。當她穿著軍裝向我們告別時，我們都很羨慕她，千方百計向她打聽我們是否也可以參軍。後來她去打聽了，告訴我們招女兵的時間已經過了，我們都十分失望。

在華中我們都住校。學習安排很正規，學習任務也很緊張。學校要求學生們專心讀書，很少組織我們參加抗戰動員活動。我們在學校的生活很簡單。我剛進校時，我們每天還有三頓飯吃。早晚吃稀飯，只有中午吃一頓乾飯，菜很少，也很簡單，基本上都是當地農村出產的時令小菜。後來，隨著抗戰的深入和物資的匱乏，我們每天只能吃兩頓飯，上午10點鐘吃一頓，下午4點鐘吃一頓，基本上是吃稀飯。

日本人投降時我們在學校上課。我們在教室裏聽到外面街上很熱鬧，還有人放鞭炮，一打聽才知道日本人投降了。之後，老師組織我們唱了幾首抗戰歌曲，慶祝抗戰勝利。

王代英

1924年生於重慶

不一會,我們就聽到日機開始丟炸彈,爆炸的聲音震耳欲聾。我們躲在竹林裏嚇得發抖,七個女同學全部趴在地上,把自己的衣服拉起來把頭蓋住。我們當時人小,防空知識也不多,天真地以為只要把頭蓋住了就安全了。我們在竹林裏意識到日本飛機在學校附近丟了炸彈,趴在地上都感覺到地動山搖。

我1924年出生於重慶磁器口。我父親經商,母親是家庭婦女。我們家有三個孩子,我是老二,上面有個哥哥,下面有個妹妹。我13歲時父親就死了,我們家的生活是靠我哥哥當學徒掙的一點錢和我祖母的幫助維持的。我的伯父是個大地主,他供養我祖母,每月會給她錢,她就把錢拿給我們一些。此外,我母親也幫人洗衣服掙點錢。

抗日戰爭爆發後,我13歲時,進了萃文中學讀書。我是12歲進的初中。萃文中學是抗戰時期從安徽蕪湖搬到重慶的內遷學校,總部在白駒驛,後來有所分校設在磁器口對面的石山,離我家不遠,我父母就送我去了萃文。我們學校有很多下江老師和同學,也有很多重慶人,其中有很多是我的小學同學。因為學校就設在磁器口附近,很多同學小學一畢業,就一起上了該校。我讀初中時,我們班上有三十多個學生,其中七個是女同學。

萃文中學是內遷學校,搬到重慶後,校舍非常簡陋。在石山分校,我們的教室和宿舍都是簡陋的茅草房。住校學生都是睡上下鋪,學校裏的生活也很艱苦。1939年日本人開始大轟炸重慶,我們幾乎天天跑空襲警報。

　　雖然我們學校位於城郊，但是由於有幾百名學生住校，校方怕出意外，日機轟炸重慶時，還是叫我們跑警報。我們學校在山上，附近沒有防空洞，空襲警報一響，我們就朝山上的墳地跑。通常就躲在兩座墳包之間的空地上。

　　記得有一次，我們七個女同學聽到第一次警報後，就一起跑到山上的墳堆去躲。我們在墳堆裏躲了很久第二次警報才響。然後又等了很久日本飛機都沒來，我們幾個女生等得不耐煩了，就決定回校。我們一行人往回走，走到離學校不遠處，就聽到日本飛機的轟隆聲。那天日本人派了二十幾架飛機來轟炸重慶，就在我們頭上盤旋。我們嚇壞了，急忙跑到附近的竹林裏躲起來。不一會，我們就聽到日機開始丟炸彈，爆炸的聲音震耳欲聾。我們躲在竹林裏嚇得發抖，七個女同學全部趴在地上，把自己的衣服拉起來把頭蓋住。我們當時人小，防空知識也不多，天真地以為只要把頭蓋住了就安全了。我們在竹林裏意識到日本飛機在學校附近丟了炸彈，趴在地上都感覺到地動山搖。日本飛機丟完炸彈飛走後，我們才從竹林裏出來戰戰兢兢地回到學校。因為那次轟炸，日本人在我們學校附近投了炸彈。校方怕有師生傷亡，日本轟炸機一飛走，學校就開始清點人數。

　　我們回到班上，班裏的男同學告訴我們，日本轟炸機朝我們經常藏身的墳場丟了炸彈。男同學們看見我們在第一次警報響後躲在那裏，日機丟炸彈後，他們都以為我們被炸死了。看見我們安全返回，老師和同學都很高興。第二天，我們跑回墳場去一看，我們的藏身之地真的被日本飛機夷為了平地。如果那天我們沒有早早離開，我們七個女生肯定都被炸死了。我們都自慶命大，慶幸躲過了一劫。

　　在萃文中學，抗日氣氛比較濃厚。老師經常向我們灌輸抗日思想。學校也經常組織宣傳演講和教唱抗戰歌曲。我有一次在學校參加演講，我的班主任老師幫我寫的稿子，題目是〈最後勝利一定屬於我們〉。在學校，老師們都努力地幫我們樹立抗戰必勝的思想。學校的同學也自己組

織了抗戰宣傳隊，有歌詠、舞蹈和戲劇隊。我也參加了歌詠和戲劇隊，經常到附近的村子和鄉場去宣傳抗日救亡。我參加過街頭劇《放下你的鞭子》。我們那時真心相信最後勝利一定屬於我們。

1939年夏天，我初中畢業後升進了萃文的高中部。讀高中時，我們班三十幾個學生中有十幾個是女生。但是由於家庭經濟困難，我家裏不能繼續供我上學。1941年我高中沒有畢業就出去工作了。

抗戰時期找工作很不容易。通常都是要靠關係介紹。我的一位堂姐有個同學在江北一所鄉下小學當校長，她就介紹我去那裏教書。抗戰時期交通不方便，普通人的信息也不流通。我到了那所學校才知道，我堂姐的同學上學期是校長，但我去的那學期已經不是校長了，他沒有權利聘請我。我在那裏人地生疏，進退兩難。我離家去江北時，我母親借錢為我買了衣服和行李，我滿心以為我工作掙錢後可以還債。誰知我到了江北後才知道我不能工作。

當時的情況對我的打擊很大。我連回重慶的路費都沒有，也沒臉回家見母親。於是，我就留在江北那所學校做義工做了一個星期。後來學校的一位同事同情我的處境，介紹我在本地做了家庭教師。我做了一段時間的家庭教師之後，才在巴縣鄉下的一所學校找到了教書的工作，教音樂。我在巴縣鄉下好幾個學校，如白駒驛、走馬壩，教過音樂。我當了音樂老師後，就用音樂課堂教我的學生們唱抗戰歌曲，向學生們灌輸抗日思想。比如説，我教了學生們唱《在松花江上》、《游擊隊歌》等歌曲。我也幫助學生組織過歌詠隊，宣傳抗日救亡。從1941年到1945年，我在重慶地區七、八所學校教過書，幾乎在每所學校都組織過抗戰宣傳隊。在重慶地區，抗日宣傳及全民抗戰思想還是很深入人心。

從1943年起，我教過書的好幾所學校裏都有共產黨的地下黨員在活動。但是我當時自命清高，不參加國民黨，也不參加共產黨，只是教書和宣傳抗日。我沒等高中畢業就出去工作，主要是為了減輕我家裏的負擔。抗戰時期物價飛漲，我一個月的工資基本上就只夠我自己吃飯。每

月拿到工資後就先付伙食費，付完飯錢後，所剩無幾。剩下的錢最多只
夠買一張手帕或吃一碗小麵。抗戰時期生活很艱苦。我們每天吃的都是
霉米。我們還算幸運的，有飯吃。很多人根本沒有飯吃。

抗戰勝利時，我回到了磁器口教書。聽到抗戰勝利的消息後，我和
幾個朋友跑到城裏去看熱鬧。重慶城為慶祝抗戰勝利舉行了盛大遊行，
政府機關、學校單位都組織了遊行隊伍。很多老百姓在街上放鞭炮。街
上看熱鬧的群眾也自發地參加遊行，我和朋友們也隨遊行隊伍一道唱
歌，呼口號。我們都很興奮，八年抗戰終於結束了。

朱淑君

女學生
1929年生於重慶巴縣

> 我們每天吃的是平價米煮的「八寶飯」，飯裏有
> 老鼠屎、沙子、石頭。菜也很簡單，經常吃的
> 是爛胡豆，而且還要按顆數分配，每人每餐只
> 能有幾粒。

我 1929年生於重慶巴縣迎龍場。我的父親是地主，但我1歲時他就得病死了。父親死後，家裏的財產只有男孩子們可以繼承，我和我姐姐沒有份兒。我們家雖然有飯吃，但經濟並不寬裕。

抗日戰爭爆發時，我8歲，正在迎龍鄉讀小學。我當時人小，對抗戰的主要印象就是躲轟炸。只要警報一響，我們就不上課了，可以出去玩。每次跑空襲警報，我們這些小孩子就跑到河邊去抓螃蟹。當時我們人小，又住在偏僻的鄉下，不知道空襲的危險，只圖好玩。聽到日本飛機來了還跑出去看熱鬧。每次日機來轟炸重慶，從城裏來的人就會聚在一起，憑炸彈落下的方向評論哪裏被炸了。我當時從來沒進過城，只知道城裏很好玩，有很多鄉下沒有的東西。所以我總是喜歡聽大人們擺龍門陣，[13] 想像重慶城像什麼樣子。我是進了中學後才有機會進過一兩次城。

我對抗戰印象較深的另一件事就是抗戰爆發後，很多下江人和城裏人搬到我們鄉下來，躲日本人對重慶的大轟炸。我們家沒有下江人和城

13　重慶人稱聊天為擺龍門陣。

裏人租房子，但是我們周圍的鄰居和我上小學的迎龍鄉都來了很多下江人和城裏人。他們都是從本地人那裏租房子住。當時普通老百姓都知道中國和日本在打仗，但是因為我們遠離城區，加上我當時年幼，對抗戰並沒有大的意識。

1942年我小學畢業考進了懿訓女子中學。懿訓是抗戰時期從漢口搬遷到重慶的教會學校。學校的老師同學很多都是下江人，本地人比較少。我當時人小，對下江人和重慶本地人有什麼不同並沒有概念，只是覺得下江人比我們穿得好些和整齊些。

我小時候通常只有一身陰丹士林藍布衣服，晚上洗，白天穿。但下江同學的衣服有很多不同的花色，樣式也好看得多，我們這些本地女孩都很羨慕下江同學的衣服。在學校我沒有感覺到本地人和下江人之間有什麼隔閡。我的學校是教會學校，同學中很多是教徒，我們一起參加宗教活動，大家基本上和睦相處。

在懿訓，學校沒有組織我們出去搞抗戰宣傳，只是鼓勵我們專心讀書，而且管我們管得很嚴。我母親也叫我專心讀書，所以我只是參加學校教會組織的宗教活動，沒有怎麼參加抗戰宣傳活動。我們學校也有過一些激進的老師，希望利用課堂進行抗戰動員宣傳，但學校並不鼓勵老師們搞政治活動。我曾有過一位激進的國文老師，但是他只教了我們一學期就離開了懿訓。學生中也有一些積極分子，而且有中共地下黨員。有一次，有兩位學生抗戰積極分子被國民黨抓去，被打得死去活來，現在想來他們可能是中共地下黨員。在懿訓，我們每兩個星期才放一天假，放假期間我都是回了家。

抗戰時期學校的生活很艱苦。我們每天吃的是平價米煮的「八寶飯」，飯裏有老鼠屎、沙子、石頭。菜也很簡單，經常吃的是爛胡豆，而且還要按顆數分配，每人每餐只能有幾粒。我們在學校住校，要自己洗衣服，打掃清潔，一切事情都是自理。

　　抗戰勝利時，我剛好初中畢業。因為我們離城較遠，沒有去參加慶祝抗戰勝利的活動。但我們都聽說重慶城舉行了盛大的慶祝遊行活動。抗戰勝利後，懿訓遷回了湖北，本地學生都轉學到了本地的學校。我是抗戰結束後在重慶本地學校讀完中學的。

何佩華

重慶商會會長的兒媳婦
1915 年生於重慶

我們是用天價的洋錢買了回重慶的船票。儘管付了天價，上船後也只能和幾百人一起，擠在輪船裝貨的底艙。每人可能只有一尺寬的地方，連轉身的餘地都沒有。貨艙空氣不流通，塞了幾百人，大人、小孩擠在一起，吃喝拉撒都在一塊，日子真是不好過。

1937 年 7 月抗戰爆發時，我和我丈夫在上海經營家族在滬的生意。隨著戰事加劇，戰火燒至上海，我們的生意也無法做下去。1937 年 8 月淞滬會戰打響，上海危急，我公公急電喚我們迅速返渝。我們急忙舉家遷離。

淞滬會戰打響後，很多在滬人士都想方設法離開上海，車船票都難得一求。我們是以重金購得車位，全家才得以逃離上海到蘇州。但是我們剛到蘇州不久，日本人就打過來了。我們又花重金僱車接著往南京跑，誰知日本人又跟著我們朝南京逼近，我們只得又逃離南京到武漢。一路倉皇，好像是我們走到哪裏，日本人就打到哪裏。

1938 年日軍開始進攻武漢，我們決定撤回重慶。當時從武漢到重慶的船票只有出高價用黃金和洋錢才能買到，我們是用天價的洋錢買了回重慶的船票，乘的輪船不是客船，而是貨船。儘管付了天價，上船後我們也只能和幾百人一起擠在輪船裝貨的底艙。每人可能只有一尺寬的地方，連轉身的餘地都沒有。貨艙空氣不流通，塞了幾百人，大人小孩擠在一起，吃喝拉撒都在一塊，日子真是不好過。船上也不提供吃喝，乘客得自理飲食。由於日本飛機跟蹤轟炸，船行緩慢，停停走走。每到一

處，只要船一停，我們就得趕快上岸搶購食物。逃難的人太多，就是有錢也不一定可以買到食品。我們經常要餓肚子，大人還可以忍耐，小孩們就遭罪了，餓得哭，孩子們到後來餓得連哭的力氣都沒有了。從武漢到重慶，本來只是幾天的路程，由於要躲日機的轟炸，經常夜間才能航行。加上沿途不斷有新的乘客上船，貨船嚴重超載，行駛十分緩慢。我們十幾天後才到重慶，到埠後，我們全家人都像是大病了一場。

到了重慶，我們住進了我公公的家。我丈夫不是家中長子，所以是我大嫂管家。我只是在家相夫教子，做家庭婦女，偶爾也幫助我大嫂做點家裏的瑣事。汪家是個大家庭，幾代同堂，家庭關係也很複雜。我們回重慶後，我基本上是帶我自己的孩子，管管我們一家幾口人的衣食而已。

我公公是個名人，抗戰時期任國民參政會議員，常常忙於公事，白天基本上不在家。由於公公的關係，我們在家常可以聽到抗戰事宜和宣傳動員。我們家為抗戰捐過很多錢，家中的學生也都參加了抗戰動員活動，但我自己並沒有很常參與。我們家是大嫂當家，出頭露面的事都是她們在做。我在家裏沒有什麼發言權，就是在家看孩子。日本人開始轟炸重慶後，我們就搬到鄉下去住了。因為城裏不安全。

抗戰時期，大量下江人湧入重慶。很多下江男人和重慶本地女人結婚，結成本地人說的「抗戰夫妻」。但是1945年抗戰結束後，許多下江人陸續回到自己的家鄉，把他們的老婆拋棄在重慶。

抗戰時期，下江人的到來對我們汪家在重慶的生意有很大的影響。我公公在抗戰以前和期間做銀行生意。國民政府遷都重慶以後，許多國有銀行如中央銀行，還有上海、武漢的私營銀行都隨之遷來重慶，對重慶本地的銀行業造成很大的衝擊，加之抗戰時期物價飛漲，生意不好做。抗戰一勝利，很多下江企業大舉回遷，我公公銀行的貸款資金收不回來，銀行生意就是因為抗戰勝利而垮了。這就是重慶人說的「倒勝利霉」。

　　抗戰勝利後，我公公試圖恢復汪家的銀行業，但因各種原因，其中也包括本地生意人之間的相互爭鬥和國民黨官員的腐敗，終未成功。後來他又辦了一家豬鬃廠，但是也辦垮了。

　　日本人轟炸重慶時把汪家兩處大院都給炸毀了。除了在轟炸前轉移到鄉下的文物收藏品外，到抗戰結束時，我們已是家道中落，陷入了經濟困難。後來文革時期紅衛兵來抄我們家，抄不出黃金、古董和值錢的東西來，他們還不相信。其實他們不知道，抗戰結束時，我們家已經沒有錢了。

劉群英

下江逃難婦女
1921年生於湖北漢川

那兩兄弟對我們的幫助並不是沒有企圖的。那個年長的哥哥盯上了我，想要和我發生性關係。想到我們一家三口如果沒有他們的幫助，根本無法在如此混亂的逃亡中生存下來，我母親默許了他對我的性侵犯。

我出生在湖北的漢川，5歲那年我們家就搬到了武漢。我父親是武漢的一名警官，母親是個家庭婦女。在我10歲那年，父親去世了，我弟弟才只有幾個月大。之後，母親只有靠幫人洗衣服來養家。

1937年7月盧溝橋事變爆發的時候，我還在武昌第二女子學校念高中。1938年上海淪陷以後，武漢就成了日本侵略軍打擊的第二個目標，很快，日軍也開始在武漢地區進行轟炸了。武漢城裏的很多房子都被炸毀了，我們每天都要跑空襲警報到防空洞好幾次，都因日軍的大轟炸得了空襲恐懼症。為了減輕我們的恐懼，母親決定帶上我們以及我一個剛剛失去母親的好朋友兼同學一起，回到漢川的鄉下去等待轟炸的結束。

我們在鄉下待了一個星期就又回到了武漢。回家後，我們發現鄰近好多家鄰居的房子都被日軍的炸彈炸毀了。我們家隔壁的一家人，父母和小兒子都被炸死了，只留下一個和我差不多大的女孩兒。還好，我們家的房子倖存了下來，母親就把那個女孩接到我們家來一起住。第二天一大清早防空警報就又響了，還沒來得及穿衣物往防空洞跑，日本人的炸彈就已經炸過來了。我一把抓起還在睡夢中的小弟弟，迅速地和母親

一起鑽到飯桌下面，鄰家的那個女孩則躲在床底下。一瞬間，伴隨著震耳欲聾的炸彈爆炸聲，在一陣地動山搖中，我們的房子塌了。我感覺到火熱的鮮血從左臂噴出來，弟弟也開始猛哭起來。幾分鐘後，等日軍的轟炸機離開了，我們才從桌子底下爬出來。我這才看見我的左臂被一塊炸彈碎片劃傷了，流了好多血。我解下褲腰帶，把它綁在手臂上來止血。

隨後我們就發現，我們的房子正好坍塌在床上，躲在床底下的那個女孩兒已經被壓死了，我們悲痛萬分。她的一家子全都在日本人的轟炸中喪生了。下午的時候，幾個鄰居過來一起把她的屍體挖了出來，我們將她和她幾天前去世的家人們葬在了一起。我十分悲痛，痛哭流涕，對日本侵略者的獸性恨得咬牙切齒。

失去朋友的巨大悲痛使我極其想要去參軍上前線，去為我的朋友報仇。之前我就看見城裏有很多徵兵站在徵收年輕人參軍，我母親卻懇求我不要去。我弟弟還很小，沒有我的幫助，母親和弟弟很難在戰火中生存下來。現在我們的房子沒有了，她幫人洗衣服的工作也被戰爭毀掉了。很顯然我們已經無法再在武漢生活下去了，母親決定離開，但是我們又能去哪裏呢？在外地，我們沒有任何親戚朋友可以投奔。正當我們左右為難之際，我接到通知，說我的高中搬遷到了靠近四川一個叫恩施的小鎮上，學校要我前往該地報到。我們於是決定到恩施去，這樣至少我就又可以上學了。

我被炸傷之後，家裏沒錢送我看醫生。母親只能每天用鹽水為我清洗一次傷口，也許是因為我年輕身體好，幾週之後傷口就痊癒了。母親從垮塌的房子裏面搜出所有能用的東西，又把僅剩的幾件首飾也變賣了。1938年9月初，我們正式加入了逃往四川的難民隊伍。那時，數十萬難民把武漢通往外地的主幹道佔得水泄不通。人山人海的難民及其行李擠在路上，使得行進的隊伍變得極其緩慢而又混亂不堪。我們也只能在小孩們焦急的咒罵聲中，跟隨前面隊伍的節奏，機械地行進。

　　那時我17歲，母親38歲，我們兩個女人和一個小男孩，在逃難的混亂狀況下，正是強盜和流氓們瞄準的目標。我們只能跟在難民隊伍裏沿著主幹道往前走。因為歹徒們常常會襲擊落單的難民，尤其是婦女和兒童，我們盡力保持跟上難民大隊伍。白天，我們跟著人潮緩慢地朝前移動，靠隨身攜帶的乾糧充飢。晚上，我們就把唯一的一床被子鋪在地上，我和母親輪流在上面各自睡上幾小時。母親睡覺時，我放哨；我睡覺時，母親放哨。我們不敢同時睡覺，一是怕遭壞人的襲擊，二是怕脫離大隊伍。弟弟當時還不能走遠路，我和母親只好輪流背著他和行李走。

　　我們原定的計劃是想先到沙市，希望能從那裏坐汽車到恩施去，但是從武漢去沙市的隊伍走得實在太慢了，等我們到那的時候，所有車票都賣完了，先到達這裏的那些恐慌的難民們訂走了所有能夠離開湖北的交通工具。我們既累又焦急，完全不知道該怎麼辦了。

　　在來沙市的路上，我們遇到了兩個20多歲的兄弟，他們是從安徽省逃難過來的。當他們看到我們又要背弟弟，又要搬行李，苦不堪言時，他們向我們伸出了援助之手，幫我們背弟弟和行李。得知我們要去恩施時，他們也決定一起去。由於當時已經完全無法找到任何交通工具，我們只能走到恩施去。在從沙市去恩施的路上，逃難的人們只能在白天趕路。一到夜幕降臨，土匪們就會出來襲擊路人。那兩個兄弟說要和我們一起上路，讓我們心裏踏實了許多。就這樣我們一行五人加入了同去恩施方向的難民隊伍，一走就是幾個星期。快要抵達恩施的時候，我們還得爬80里山路上山，然後又得走80里山路下山。如果沒有那兩個兄弟幫我們搬行李、背弟弟，我們一家三口絕對無法平安到達恩施。

　　但是很快我就發現，那兩兄弟對我們的幫助並不是沒有企圖的。那個年長的哥哥盯上了我，想要和我發生性關係。想到我們一家三口如果沒有他們的幫助，根本無法在如此混亂的逃亡中生存下來，我母親默許了他對我的性侵犯。

當我們終於抵達恩施的時候，才發現我就讀的那所學校根本沒有在這裏重建。和靠近四川的其他很多小鎮一樣，恩施也擠滿了從湖北和其他地方逃亡來的難民，在這裏很難找到工作和住處。大量難民突如其來地湧入，使這裏的糧食和其他物品的價格也被抬得離奇的高，在恩施我們根本無法生存。於是那兩個兄弟隨即建議我們跟他們一起到重慶去，說他們在那裏有個當官的親戚，在國民政府工作。如果我們去那裏，他們就能找到工作，並且承諾會幫助我們。在四川我們誰也不認識，身上帶的錢也快要用完了，和他們一起去重慶對於我們來說，就是當時唯一的選擇。我感到無比的傷心和絕望。

逃難途中，我們對自己的生命和生活完全沒有掌控，每天都生活在巨大的恐懼當中。我們完全不知道下頓飯來自何處，也不知道要到哪裏才能找到一個安全的地方睡一覺。為了安全起見，我們只能跟那兩個兄弟呆在一起。對於我來說，這就意味著不管我有多麼不情願，為了我母親和小弟弟的安全，我也不得不忍受巨大的痛苦，去滿足那個大哥的性慾。我那時還只是一個17歲的高中生，對愛情、婚姻以及家庭也有美好的夢想，但無論如何都沒有想到我的生活會變成這個樣子。戰爭摧毀了我的生活和夢想。

從恩施出發，我們乘坐了一小段路的柴油汽車。之後，我們完全得走完去重慶的路程。在從恩施去重慶的途中我懷孕了，那是一段漫長而艱辛的旅程。每到一個地方，我們都不僅要小心地提防強盜土匪，還要躲避日本人的轟炸。由於我們帶的錢都用完了，每走一天我們都得找個地方停下來，母親和那兩個兄弟去打點零工，為我們接下來的旅程買點吃的。就這樣，我們花了一年時間才走到重慶。在途中，我的第一個孩子，是個男孩，在我們艱難跋涉中出生了，成為了一個非婚生嬰兒。由於我在懷孕期間缺乏營養，加上又沒有休息好，這個孩子生下來體質就很弱。

　　一天我們跟著前往重慶的難民大部隊前進的時候，日本轟炸機來了，丟了很多炸彈。難民們驚恐萬分地逃進附近的樹林躲避空襲。我抱著孩子，用盡全力跟著人群跑。慌亂中，我跌了一跤。當我爬起來，再把孩子抱起來時，他已經停止了哭泣，整個小臉都發紫了。那天晚上，我的兒子死了。我們只是在野外挖了一個坑，就算是把他葬了，然後又繼續趕路。兒子之死讓我的身心破碎，甚至到今天我都不清楚他到底被埋葬在了什麼地方。等我們終於抵達重慶的時候，全部人都感到身心疲憊，而我則在身體上和感情上都已經是筋疲力盡了。

　　在重慶，那兩兄弟和他們那個當官的親戚聯繫上了。很快，兩兄弟都在新成立的一個政府分支機構「振濟委員會」裏找到了工作。那個年長的哥哥和我辦了一個簡單的婚禮，我們就算正式結婚了。

　　雖然我丈夫在市中區上班，但我們卻負擔不起在那裏租房的費用，於是他在市外的歌樂山附近為我們租了一間小房子住。沒過多久，通過他親戚的關係，我也在振濟委員會找到了一份工作，在振濟委員會的機關小學教書。

　　我們在重慶安頓下來不久，我又懷孕了。到重慶後，我丈夫也開始露出了他的真實面目。他不僅抽煙酗酒、好賭成性，還經常去妓院。時不時地，他甚至還把那些女人帶回家來，還命令我為他們做飯、洗衣服。為了保護我肚子裏的孩子，也為了不讓我母親已經充滿愧疚的心再受到進一步的傷害，我默默地忍受了這一切。然而，即便是這樣，他並不覺得滿足。

　　我有一個姓王的朋友，是我在武漢時的高中同學。抗戰爆發後我們失去了聯繫。我在重慶安頓下來後，一次在街上與她偶遇了，我們才又聯繫上。她也是從湖北逃亡過來的難民。我發現她很需要找一個臨時住處，就把她帶回了家。後來，我才發現她加入了中國共產黨的地下組織。她住在我家的時候，極力想要影響我，讓我為共產黨工作。只有我和我丈夫知道她與共產黨的關係。她是一個很漂亮的年輕女人，我丈夫

就想利用她的地下身分，要挾她與他發生性關係。他想讓我去說服我朋友做他的情人，並且威脅說，如果我不滿足他的要求，他就去向當局報告，說我和我朋友都是共產黨。他簡直就是一頭禽獸！為了保護我朋友和我自己，我就安排她從我家逃了出去，並且警告她我的丈夫不是好人。就這樣，我那位朋友就再也沒有回來了。

我丈夫發現了我做的事情後，大發雷霆，對我又打又罵。自從這件事之後，他就很少回家了，把所有的錢都用來喝酒、玩女人，完全不管我們的死活。只有到他缺錢花時，或者有性要求的時候他才會回來。

我來到重慶後生了兩個女兒。我教書的那點工資要養活兩個女兒、我弟弟、母親和自己，實在是入不敷出。我母親只得又開始幫別人洗衣服，掙點錢。不僅如此，她還在街上賣烤紅薯和蔬菜來掙錢補貼家用。母親一直為在來重慶的途中讓我丈夫佔我的便宜而感到愧疚不已。她認為就是因為這樣，我才被迫有了這段不幸的婚姻。但是，對於我自己的不幸，我一點也沒有埋怨母親。我們又能怎麼辦呢？如果沒有那兩個兄弟的幫助，我們很可能已經被那些強盜、土匪搶劫，甚至綁架走了。日本對中國的侵略戰爭毀掉了數百萬像我一樣的中國人。而事實上，母親教會了我很多東西，比如對不幸的人要富有同情心，即使是在狀況不好的情況下也總要保持積極向上的精神狀態，等等。正是因為受到了母親的積極影響，我在重慶曾免費為鄰里幾個窮困婦女上課，教她們學習一點基本的文化知識。

抗日戰爭年間，重慶的生活很艱難。隨著像我們一樣的數十萬下江人的到來，這裏的物價被抬得高得離譜。即便你有錢，也很難在正規市場裏買到需要的東西。我教書的工資本來應該是每月三塊銀元，而拿到手裏的錢往往都只有一半，這還算運氣好的。校長和主任總要從我們每月的工資中抽走一部分。

我記得那時我一個月的工資只能買到一個牛肚。為了滿足家裏的需要，我不得不晚上再找些零工來做。中國社會向來是尊師重教的，然而

抗戰期間，教師卻沒有經濟回報。正因為我是一個老師，去做體力活就會很沒面子，因此我不得不到那些沒人認識我的、很遠的地方去，隱姓埋名地幫人洗衣、做清潔，來賺點外快。如果我學校所在地區的那些人知道了我晚上做的這些事情，我很可能會因有辱教師這個職業而被學校開除。最後，我找到了一個在夜間織毛衣的穩定工作來賺錢。為了養活家人，我沒日沒夜地努力幹活。在抗戰後半階段，通貨膨脹嚴重到了極點。到發工資那天，如果校長一早就把錢發給了我們，我們一個月的工資就能買到一斗米。但是，如果校長去參加朋友的宴會，又去打麻將，直到下午很晚才回來，等我們拿到工資時這點錢就只能買到兩升米了。

在抗戰期間，物資雖然緊張，但商店裏還有很多大米，只是很多商人都經常利用抗戰大肆抬高米價。重慶也有很多黑市，如果你有很多錢，也可以在那裏買到各種各樣的東西。我們從來沒有光顧過黑市，因為根本沒有錢去黑市買東西。

1942年，我小女兒得了肺炎，高燒不退，醫生說只有一種很貴的進口西藥能夠救她的命，我們卻沒錢買藥。我們住的這個地區是個貧民窟，我曾試著去借錢，但是我認識的人都沒錢借給我們。我又去找我丈夫要錢，那時他靠親戚的關係已經升職成了一個稅務主管，負責在附近縣上收稅，賺了很多錢。但是，他卻理都不理我。女兒病了將近一個星期，一天比一天病得嚴重，一天比一天虛弱，我丈夫完全不聞不問。最後，她死在了我的懷裏。還有什麼能比一個母親眼睜睜地看見自己的孩子死在自己的懷裏，而自己卻無能為力，什麼都做不了更讓人痛苦的？

女兒死後，我甚至無法為她找個合適的地方來安葬。在抗日戰爭年間，重慶的窮人家裏死了人，只能把死屍丟到城外一個叫王家坡的荒山地裏。由於一個女人單身前往那裏很危險，我只好花三元錢僱了一個人幫我把女兒的屍體丟在了那裏。

我丈夫自從升職後，就再也沒有回過家了。我和母親、弟弟還有女兒一起生活。那時我們的希望就是抗戰結束後能夠回到武漢老家去。但

是，等到1945年抗戰終於結束的時候，我們才發現，回武漢去已經沒有任何意義了。首先我們沒錢回去，即使回去了也沒有房子住，也沒有一個真正意義上的家了。於是，我們便留在了重慶。

崔香玉

醫生的太太
1918年生於湖北宜昌

那天晚上，我兒子死在了我的懷裏，他才3歲大啊。他在日軍轟炸警報中出生，又在另一個警報中死去。在他對這個世界短短三年的記憶裏，全是空襲警報、往防空洞奔跑，忍飢挨餓。

我出生在湖北省宜昌市，1937年抗日戰爭爆發時我19歲，已經結婚了。我丈夫是國民政府軍隊附屬醫院的醫生，1937年底日軍向武漢推進的時候，他跟隨醫院轉移到了四川巴東，而那時我正好懷孕了。他走了幾個月後，我們的第一個孩子，是個男孩兒，在日軍的大轟炸中出生了。

宜昌地區是日軍空襲的主要目標，因為此地有軍事設施和機構。白天我們都得跑空襲，躲到防空洞裏去，裏面沒有吃的，連喝水也很困難。只有夜幕降臨才能回家，做些速食充飢。我剛生了孩子，身體很虛弱。白天我們老是得往防空洞跑，又沒有得到應有的食物和水份補充體力，再加上總是擔心孩子的安全，這一切都使我的身體受到嚴重的傷害。生產後，我的身體一直很虛弱，奶水嚴重不足，寶寶也餓得一直哭個不停。我們就在這樣的混亂狀況中過了將近半年。

1938年底，我丈夫回了趟家，才第一次見到了他兒子。他是來接我們的兒子、我和他父母一起去四川的。因為他是部隊醫生的關係，我們才有幸得到了去四川的船票。否則，在1938年，普通人是很難搞到離開湖北的車船票的。但是上面規定不能攜帶任何行李，因為我們坐的那艘船是用來運送軍火、醫療設備和藥物的，我們能乘搭船去四川，已經是

特殊照顧了。於是，我們每人只帶了幾件換洗衣服，就匆匆地離開了湖北老家。

當我們全家終於到達川東一個叫巴東的小地方時，日軍的轟炸機也跟著我們來到了這裏。巴東集結了很多軍工廠以及從淪陷地區遷移過來的醫院，我們每天都得經受慘烈的大轟炸。在巴東，就像我們在宜昌一樣，每天都得跑到防空洞去躲避空襲。我丈夫在一家部隊醫院工作，由於日軍快速向南推進，他的醫院住滿了受傷的中國士兵。作為醫生，他必須把大部分時間都用在醫院崗位上，很少回家。

每天，一聽到空襲警報響起，我就得抱著孩子，帶著公公婆婆一起跑出去找地方躲避。巴東是個位處長江岸邊的小鎮，我們就跑到江邊，躲在懸崖下面或者沿江建的那些吊腳樓底下。和在宜昌一樣，躲空襲時我們也沒有東西吃。在白天根本不准做飯，因為炊煙會把日軍的轟炸機引到我們鎮上來。冬天，江邊又濕又冷。因為沒有足夠的禦寒衣物，我只能把寶寶抱在懷裏，和公公婆婆擠在一起，在寒風中瑟瑟發抖。在春夏天，江邊滿是飢餓的蚊群等著我們成為牠們的美味大餐。

好多次日軍轟炸完畢後，在回家的路上，我都能看見到處散落著支離破碎的屍體。有些在地上，有些掛在樹枝上。每到一處，我都能看見著火的房子和痛哭的人們。我差不多得了恐慌症，無論白天黑夜都始終處在巨大的恐懼之中，總擔心我們就會成為下一個受害者。

我們在巴東住了兩年左右，對我來說，這是極其恐怖艱難的一段時間。我們一家五口人全都靠我丈夫的收入過活。隨著抗戰的進行，大量流亡難民湧入四川的各個小鎮，這裏的物價變得異常昂貴。我的任務就是照顧我自己、一個小寶寶和兩個年邁的公婆。要找到足夠的糧食養活一大家人實在是一個艱巨的挑戰。有時，正好趕上空襲頻繁，即使有錢也買不到東西，我們因此經常挨餓。我和公婆就把我們屋後的小院改造成了一個種滿蔬菜、玉米和紅薯的小農場。多虧了它，否則我丈夫的那點微薄收入根本無法養活我們。在巴東的兩年時間裏，我從來沒有吃過

一頓飽飯，也沒有睡過一次安穩覺。就在這樣的條件下，我在巴東又懷上了我們的第二個孩子。

1940 年，日軍轟炸太厲害，我丈夫的醫院目標太大，總是遭日機襲擊。上級決定將其分解成許多個小單位，每個單位被送往在四川的一個地區。他所在的那個單位被遷移到了重慶的涪陵，我們全家也跟隨他到了涪陵。涪陵離重慶城很近，又是日本轟炸機開往重慶的必經之地，因此那裏每天也是遭受到慘重的轟炸。我丈夫從農戶那裏為我們租了一間房子，讓我們遠離他的醫院和其他軍工廠所在地，因為那些都是日軍轟炸的重要目標。然而，沒過多久我就發現這麼做基本就沒有什麼區別，整個涪陵地區都在日軍轟炸的範圍之內。所以，在涪陵，日軍的大轟炸還是控制了我們的生活，我們天天都在跑空襲警報，鑽防空洞。

在日軍對涪陵的狂轟濫炸中，我生下了我們的第二個男孩。按照中國傳統，女人生了孩子都要靜養至少一個月。在此期間，不能做用力的活兒，還要吃很多營養豐富的食物來恢復體力。然而，就在我生了二兒子的當天，我就不得不抱著新生兒跟著跑到防空洞去躲避空襲，而且整整一天都沒有得到吃喝。在接下來的幾個月裏，我們每天都在重複著這樣的生活。我丈夫每天都得留在醫院裏照顧傷兵，我就肩負起了照顧兩個孩子和公婆的責任。

在涪陵呆了一年之後，我丈夫又被派到了另外一個站點，要搬到四川西部一個叫西府的小鎮上。由於我們沒錢全家都和他一起搬過去，我丈夫就決定自己一個人先過去，並且承諾他會寄錢回來，養活留在涪陵的家人。然而，很快我們就發現這是一個嚴重的錯誤。在抗戰期間，日軍的轟炸嚴重擾亂了郵政系統對普通群眾的服務，郵遞服務很不穩定，就算是真能在涪陵收到從西府寄來的信件，時間也太長。一般來講，從西府到涪陵的信件要在路上走好幾個星期。我丈夫走後，好幾個月我們都沒有收到任何信件，更不要說他承諾的錢了。他的收入就是我們家唯一的生活來源，如果沒有了這筆錢，我們就只能等著餓死。

　　沒有收到他寄來的錢的第一個月，我還到當地部隊和政府要求緊急援助。由於我丈夫的醫院歸屬於部隊，我們領到了一小筆一次性救濟款。1941年，重慶地區的生活必需品，包括大米和食用油，都嚴重短缺，物價也大幅飆升。為了省錢，我常常要走好幾里路，到離鎮子很遠的鄉場去，才能買到便宜一點的食物。我經常要在一個小市場裏呆上將近一整天，等到賣家在最後降價。我還在附近的地裏和垃圾堆裏搜尋可吃可用的東西，還把田地裏農民剩下的紅薯根挖出來，和其他能找到的可以吃的野菜一起放進鍋裏。我每天把所有能找到的食物都放進一口大鍋，倒入很多水一起煮，煮出來的東西就是很清的湯，我們就靠這個維持生命。這個湯太清了，沒有什麼什麼可吃的，為此我年僅3歲的大兒子在吃飯時總是大哭，求我給他點米飯吃。每次兒子哭，我心裏都非常難過。我兒子連飯都吃不飽，我還算什麼媽啊？

　　在涪陵，防空警報也總是很不準確。有時候我們剛到防空洞，它就宣佈解除危險了。然而，當我們出來正準備回家的時候，防空警報又再次響了起來，人們又只好跑進防空洞去，每天來來去去地折騰。1941年夏天，就在往防空洞來回奔跑的途中，我大兒子生病了。最初，我以為只是感冒，因為經常空襲來臨時，我都得把他們兩個熟睡的孩子從被窩裏抓出來，帶著他迅速跑去防空洞。從溫暖的被窩到又冷又擠的防空洞，這麼突然的環境變化，加上又沒有足夠的食物和水可以吃，還要忍受持續的大轟炸所帶來的恐懼，就算強壯健康的成年人也難免會生病，更別說這麼小的孩子了。

　　第二天，我兒子就發高燒了。我想帶他去看醫生，然而，正在我準備帶著他出發的時候，警報又響了，我們只好跑去防空洞躲避。那天我們在防空洞裏呆了很久，等到出來的時候已經是晚上了。我到處找人救我兒子，但都是白費力氣，我一個醫生都找不到。空襲使當地所有商店、機關都被迫關閉了，包括診所在內。而且我也沒有錢支付醫療費。那天晚上，我兒子死在了我的懷裏，他才3歲大啊。他在日軍轟炸

警報中出生，又在另一個警報中死去。在他對這個世界短短三年的記憶裏，全是空襲警報、往防空洞奔跑，忍飢挨餓。雖然他的父親是個醫生，但他死前卻沒有得到任何醫療救助。孩子啊，你可知道我有多麼痛恨日本侵略者！

從政府領到的那筆救濟款只足夠維持我們全家喝一個月的菜湯，誰都不知道用完之後我們該怎麼辦。我們甚至連我丈夫是生是死都不知道，我們千方百計地聯繫了所有認識的人，打聽他的消息。就在這期間，我公公和他弟弟家聯繫上了。他們也逃難到了重慶，也在到處找我們。在他們的幫助下，我們從涪陵搬到了重慶城外的歌樂山腳下，在那裏安頓了下來。漸漸地，從湖北老鄉那裏，我還聽說我母親和姐妹們也都逃難到了四川。但是由於日軍轟炸造成的混亂局面，她們在路上走散了，直到幾年之後才重逢。從我的湖北老鄉那裏我也聽說，日軍一佔領緊挨近四川的宜昌市，就殺害了很多中國人，包括很多嬰兒，那些日本兵甚至把嬰兒的屍體掛在刺刀上遊行。他們還強姦了很多中國婦女，不論老少。我們能夠在日本人到達之前逃離湖北，實在是很幸運了。日本侵略者毀掉了太多的中國家庭，殺害了很多中國同胞。

我們離開涪陵以後，我丈夫不知道他的家人都到哪裏去了，到處找我們。我們在歌樂山腳下安頓下來以後，通過很多親戚朋友的幫助終於和他重新聯繫上了。他辭掉了在西府的工作，步行了至少兩週才回到重慶來和我們團聚。我們之後才知道，他去西府以後確實有往涪陵家裏寄信和錢，但是我們從來沒有收到過。後來他在歌樂山附近的一家醫院找到了工作。

1944年我生下了第三個孩子，是個女兒，這次丈夫陪伴在我身邊。到1945年抗戰終於結束了的時候，我們很高興，我們都還活著。但是抗戰結束後，我們家所有從湖北來的親人卻沒有一個人回湖北去，一是因為我們沒錢舉家返鄉，政府發的返鄉費很少。二是因為我們在那裏已經沒有什麼家可以回了。

楊玉青

工人的太太
1929年生於四川成都

那些傷兵在空襲來臨時也是躲在我們小鎮邊上的樹林子裏。我兒子一哭，那些傷兵就很憤怒，怕哭聲暴露了我們的藏身之地，日本飛機會朝我們丟炸彈。他們窮兇極惡地對我吼道：「掐死他，掐死他。他的哭聲太大了。」

我出生於一個貧窮的農民家庭。我原姓李，但是我出生後幾個月，因為李家太窮，養不起我，就把我送給了一家姓楊的人家。1937年抗日戰爭爆發時，我17歲，已經結了婚。我丈夫比我大七歲，我們結婚時，他在成都的一家軍隊配件修理廠當工人。1938年我丈夫被調到重慶附近的合川，在同屬於軍工的另外一家修配廠工作。我們便把家搬到了那裏。

我對抗日戰爭最深的記憶就是1939年開始的日本人對重慶的大轟炸。我丈夫的軍工廠位於合川縣的一個小場鎮上，這裏沒有修防空洞。1939年初，當日本人剛剛開始轟炸重慶時，我們都很無知，根本沒有跑。我們天真地以為我們是窮人，完全沒有任何值錢之物，日本人不會浪費炸彈來炸我們。但就在1939年4月24號日本人轟炸了我們的小鎮。

我親眼目睹了日本飛機轟炸後的慘景。炸彈炸毀了全鎮半數以上的房子，並將它們燒為灰燼。幾百名鎮上的鄉親死傷，死傷者的屍首比比皆是，鎮中心那條狹窄的石板路上血流成河。我們很幸運，我們的房子是在鎮邊上，所以沒有被炸彈的衝擊波震倒。但是這次轟炸卻使我們膽

戰心驚。我們也很悲痛地看到這麼多鄰居、朋友死傷。那次空襲之後，只要空襲警報一響，鎮上的人就會朝旁邊的樹林子裏跑，在樹下躲炸彈。

起初，我們也和鎮上的人一起跑。可1939年當日本飛機狂轟亂炸重慶的時候，我的兒子才八個月大，他怕空襲警報和轟炸機的聲音。只要警報一響或者聽到轟炸機的聲音，他就會大哭，我哄都哄不住。當時合川有好幾所軍隊的醫院，每所醫院都住滿了傷兵。那些傷兵在空襲來臨時也是躲在我們小鎮邊上的樹林裏。我兒子一哭，那些傷兵就很憤怒，怕哭聲暴露了我們的藏身之地，日本飛機會朝我們丟炸彈。他們窮兇極惡地對我吼道：「掐死他，掐死他。他的哭聲太大了。」我趕緊把奶頭塞進他嘴裏，但是他不願意吃奶，繼續大哭。為了避免那些兇狠的傷兵把我兒子掐死，我和丈夫只得帶著兒子離開相對安全的樹林，躲到附近一片墳場。墳場沒有樹木遮蓋，日本飛機來了，我們就趴在兩座墳包之間，把哭涕的兒子藏在身下，提心吊膽地等轟炸完畢。每次空襲，我們都不曉得能不能活著回去。我們這樣提心吊膽地躲了至少兩年的空襲。

日本人對重慶的大轟炸給我們的生活帶來了很大的困難。我們租住的房子在小鎮的最邊上。轟炸激烈的時期我們差不多每天都有空襲警報，而且只要有空襲，白天就不准燒火做飯。當時，人們認為燒火做飯的煙會把日本轟炸機引來丟炸彈。1939年和1940年日本飛機天天來轟炸合川。我們天天要跑墳場，常常整天不能吃不能喝。有時晚上都要跑。有好多次我們在外面躲了一天回來，我剛剛要做飯，警報又響了，我們只好餓著肚子往外跑。

日本人對重慶的大轟炸搞得我們連喝水都成了大問題。我們的生活用水主要是來自澆灌房子旁邊的水田的水。當地農民挖了一條水溝，從遠處的一個大堰塘引水澆灌我們家附近的水田。大轟炸激烈時，白天不能出門打水，我就在天亮之前去打水。後來，日本飛機天天來轟炸，農民不敢出門放水澆灌水田，我們房子旁邊的水溝和水田都乾枯了，我們便斷了水源。之後我不得不設法走很長的路，到另外一個村子去挑水回

來。日本飛機天天來轟炸，外出找水很不安全，有時我根本不可能出去找水。我們經常沒有水做飯或喝。我當時還在為孩子餵奶。我常常吃不上飯、喝不夠水，奶水很快就沒有了。我每次給兒子餵奶時，他都拼命地吸奶。當他發現很難吸出奶水來，他就大哭。他哭我也哭，母子哭成一團。沒有辦法，我只好餵兒子吃我能給他吃的東西。由於跑空襲警報我們常常吃不上飯喝不上水，兒子的飲食完全沒有保證。很快我就發現他的身體越來越瘦。

每天跑空襲警報把我們所有人都搞得精疲力盡。我記得1939年6月的一天，當空襲警報又響了之後，我丈夫工廠裏的一位同事決定不和他的家人一起跑樹林子去躲日本飛機了，因為天天跑，他都跑煩了。他家離我們家很近，他決定留在家中等待空襲結束。結果當天下午警報解除後他老婆孩子回家，發現他們的房子被炸彈震垮了。他老婆哭著到我們家來叫我們幫忙找她老公。我丈夫動員了廠裏一幫同事在倒塌的房子裏挖，最後把他的屍體挖出來了。他老婆孩子看見屍體哭得死去活來，我們也都跟著哭。這家人不是四川人，是從外地來的。我不知道她們後來咋個樣了。日本侵略者毀了好多中國家庭。

我們在合川住了兩年。1941年，我丈夫工廠的情況不好，他就另外找了份工作，我們全家跟隨他搬到了重慶的小龍坎。那時抗戰已經進入了第四個年頭，所有的日用必需品都又貴又難買到。當時我們的第二個孩子已經出生，我還懷上了第三個孩子。我丈夫的工資根本無法養活我們全家。我們的新居不缺水，我就把我們租的房子的後院用來種菜、種莊稼。我也在院子裏養雞生蛋和養豬。這樣我們就有雞蛋和肉吃，不用花錢買。節餘的蛋和肉還可以賣錢。

抗日戰爭時期重慶的食品物價飛漲。每次我丈夫一領到工資，我們就馬上跑到米店去買我們當月配額的混有很多沙子、老鼠屎的平價米，有時候如果我們去晚了一個小時，米價可能就會高好幾倍。丈夫的工作

讓我們每個月能有平價米配額，雖然米的質量很差，還經常是發了霉的，但是我們還是感到很幸運。

1941年有段時間，我靠養雞賣蛋存了點錢。我背著我丈夫把錢放在我們住家旁邊的雜貨店裏，放印子錢想賺點利息。這家雜貨鋪是一位熟人開的，除了賣雜貨外，他也做放印子錢的生意。我最初把錢放在那位熟人的雜貨鋪時，那些錢可以買幾斗米。我自己有點貪心，想賺錢。哪曉得我的那點兒錢才放了一個星期，就掉值了，最後還不夠買一塊肥皂。我丈夫後來發現了我做的蠢事，把我大罵了一頓。我不應該貪心，應該早點把錢買成米。抗戰時期，物價漲得太快了。

我們搬到小龍坎後，日本人還不時地轟炸重慶，我們也不斷地跑防空洞。我那時正懷起第三個孩子，跑防空洞對我來講很不容易。每次空襲警報響了之後，我就要把老二背在背上，牽著老大的手快快地朝防空洞跑，我大著肚子跑也跑不快。每次空襲一來，跑到防空洞，我們就沒東西吃也沒水喝。有時我們要在防空洞呆整整一天，大人小孩都得忍飢受渴。大人還可以忍耐，小孩子就遭罪了。我的第一個孩子是在抗戰初期生的。由於幾乎天天要跑防空洞，生了老大之後，我吃喝都不夠，所以奶水不夠。從小大兒子的身體就不好，搬到小龍坎後他還是又瘦又小，明顯發育不正常。

1941年夏，我的大兒子病了。我決定帶他去看醫生，我知道會花很多錢，但當時我想就算傾家蕩產，也要給兒子看病。哪知道我們剛剛才在去看醫生的路上，空襲警報就響了。全城人都朝防空洞跑。我也抱著兒子跟著人群朝附近的一個防空洞跑，裏面人多空氣不流通，我兒子進去後就呼吸困難。日本飛機又很快開始投彈轟炸重慶，我不能帶他出去。結果我的大兒子就在日本人轟炸重慶的過程中死在我懷裏。我抱著兒子的屍體痛哭。都是因為戰爭，我兒子才從小發育不良、體弱多病。我不知道有多少中國孩子因為抗日戰爭像我兒子這樣死掉，我想數目一定不少。我很痛恨日本侵略者。

趙知難

戰時兒童保育會收養的孤兒
1933年生於湖北武漢

我看見眼淚順著她的臉頰流了下來，但她卻虛
弱得説不出話來。中心的人叫我不要和她在一
起待太久，因為肺結核是傳染病。我偏不離
開，和母親躺在同一張席子上睡了一晚上。第
二天，我被強行送回了保育院。一週後，母親
去世了，她的屍體被丟在了一個無人知曉的地
方。就這樣，我成了一個孤兒。

我1933年生於湖北省武漢市。我父親的老家在江西，是做瓷器生意
的。我母親則是個武漢姑娘，是在父親到武漢來做生意時結的婚，之後
便定居了下來。1937年戰爭爆發的時候我只有4歲，第二年在日軍侵佔
武漢之前，我父親就因為肝癌去世了。

我記得有一天，我和母親去看了外公外婆回來，看見父親在一個黃
包車裏。我跑上去叫他：「爸爸，爸爸」，他卻沒有反應。車夫告訴我母
親，父親在回家的路上就過世了。由於我是一個女孩，無權繼承家裏的
財產，在父親過世後，他在江西的家人就趕到武漢來，收回了我們的瓷
器生意和財產，只給了我們很少一點錢作為在日本人到來前逃離武漢的
費用，之後就和我們完全斷絕了關係。

1938年，當武漢地區的人們聽説日軍在向武漢開進，而中國軍隊卻
無力制止他們時，整個地區都陷入了極度的混亂。驚慌失措的人們想盡
一切辦法要逃出去。我們也加入了難民大潮，往四川方向步行跋涉。這
趟旅行真是恐怖，數量龐大的難民人潮把主幹道全都佔滿了，逃難隊伍
行進得十分緩慢，而且時刻充滿了凶險。每天，日本人的轟炸機都拿我

們當靶子，進行狂轟濫炸。轟炸機一來，人們就變得異常恐慌，開始四散奔逃找地方躲避。好幾次都有很多年幼體弱的人被推擠摔倒在地上，而被驚亂的人群活活踩死。

我們走了好多天才終於抵達湖北一個緊挨四川的叫沙市的地方。之後，母親想辦法帶著我上了一艘去四川忠縣的小木船。我們的錢全用光了，母親只好到處去找事情做來賺錢養活我們。在戰亂中，難民對工作的需求遠遠超過了當地能夠提供的工作機會，好多身強力壯的漢子都找不到活兒做，對帶著一個小孩子的單身母親來說就更不可能了。為了生存，我母親做了當地一個有錢的地主的小老婆。

那個地主的家很大，他住的地方被劃分成兩個部分，東邊是主子和他家人住的，西邊是傭人們住的。一到他家，我就和母親分開了，被送去和傭人們住在一起。每天我都得出去幹活兒，去割豬草。每天早上我都背著竹背簍出去，在附近的山上幹活兒直到黃昏。回到家，如果籃子是滿的，我就能得到一小點晚飯吃；但如果籃子沒有滿，我不僅沒晚飯吃，還要被地主的大老婆打。地主的大老婆抽鴉片煙，她總是用鴉片針扎我。我沒有鞋子穿，光著腳在山上跑，腳上傷痕累累。由於沒有得到任何醫療處理，一隻腳上的傷開始感染，流黃水了。

我好想我母親，每天都哭。雖然我們住在同一個院子裏，卻彼此不能見面。終於有一天我母親背著地主來看我，我的腳感染得很嚴重，傷口不僅流著黃水還引來了很多蒼蠅。我母親看到我的處境時心疼極了，她這才意識到要救我、要讓我們能重新團聚的唯一辦法，就是從地主家裏逃出去。因為我母親年輕漂亮，又受過教育，地主很喜歡她。他經常拿錢給她，讓她去買衣服和首飾。母親把所有錢都存起來，為我們的逃跑計劃做準備。

我們在忠縣呆了一年後，有一天母親裝作要到河邊去洗衣服，叫我到那裏去找她。我到河邊之後，我們很快走小路，離開了地主家所在的村子。當時從湖北到重慶的路上盡是難民隊伍，我們很快就混進了

人群。我們就這樣一起逃離了忠縣，跑到了豐都 —— 一個緊鄰重慶的小縣城。

在從忠縣去豐都的路上，我們遇到了很多做抗戰動員的宣傳隊伍，經常和他們一起走。這些小隊在街上表演戲劇，還教人們唱抗日救國的歌曲。我很喜歡這種熱烈的氣氛，每次都被他們的表演所深深吸引了。在路上，我學會了很多抗日歌曲，母親看見我唱歌這麼有天賦，就懇求一個街頭表演的戲班子收我當學徒，我們就跟著戲班子朝重慶方向走，這樣才比較安全。每天我都在街上表演，又唱歌又翻筋斗，收工後我們就在一起吃飯。不過，大部分街頭表演者本身都是難民，這些戲班子也都是大家為了生存臨時組建的。後來好幾個成員都決定自謀出路了，這個戲班子也就散了。

後來我母親又安排我跟著一個街頭音樂家在街上唱歌，以此來混點飯吃，支撐我們到達重慶。歷盡千辛萬苦到達重慶後，我們在長江南岸安頓下來。這裏還有一家因為戰亂從武漢遷到重慶來的叫裕華的紡織廠，[14] 在廠門外有一家茶館，我經常被僱去唱歌。

我母親聯繫上了湖北老鄉組成的湖北同鄉會，在它的幫助下，她在這家紡織廠裏找到了工作。那時廠裏只僱用單身婦女，她不得不撒謊，隱瞞她的婚史和我。她去上班的時候，就把我寄放在她認識的一個湖北老鄉姐妹家裏。她的這個同鄉的丈夫在兵工廠上班，孩子都在廠裏的學校上學。每天我都跟著他們去學校，夢想著自己也能上學。但是很明顯我不能，只能在院子裏眼巴巴地看著學校裏的孩子玩耍。那時我還很小，也很淘氣。我在外面一玩就玩到天黑，那個阿姨常常要出來到處找我。她擔心我在她那裏會出事，怕負責任，就叫我母親把我接回去了。

我母親別無選擇，只好把我偷帶進了廠裏。她的工作是兩班倒，如果她上早班，她就請接下一班的朋友給我送飯吃。所有單身女工都住在

14　裕華紗廠於1938年由漢口遷重慶，1939年7月復工。該廠有資本六百萬元，工人3,185名。見隗瀛濤，《近代重慶城市史》，第243頁。

一間宿舍裏，睡上下鋪。我母親睡上鋪，我睡在裏側，她就睡在外側把我擋住，不讓監工發現我。她去上班的時候，我就在房間裏玩。當監工來查房的時候（他經常來查房），我就躲到床底下，用硬紙箱擋住自己。宿舍裏的人都很緊張，因為一旦監工發現了我，她們就都會有麻煩，還有可能會被開除。然而，宿舍裏每個人都很同情我們的遭遇，都盡力幫助我們。每次監工要來了的時候，都會有人提前來通知我。可我那時還是一個淘氣的小孩子，完全不明白如果被監工發現了會帶來什麼樣的後果。我母親很清楚，如果我繼續留在廠裏，我遲早會被監工發現，那只是一個時間問題。

我母親在搖紗車間上班，那裏的工作條件最苦，灰塵最大。她車間裏一個來自武漢的姓趙的女職員是個很善良的人。母親把我的事告訴了她，她決定幫助我們。她為我們寫了一封推薦信，母親就把我帶到了臨江門的一個難民兒童保護中心。這個中心不是保育會之家，而是收容那些還沒有被送到保育會去的難童的過渡中心，中心的主任是個美國人。

在這裏，所有長得好看點的女孩兒都被安排睡在樓上的房間裏。副主任是個年輕的中國男人，他在晚上經常到房間裏來調戲那些女孩兒。有一天晚上他又來了，正要去碰一個女孩兒的身體，那個女孩兒嚇得尖叫起來。這引起了主任的注意，從那以後副主任就沒有再來過了。儘管那時我還太小，還不明白性虐待是什麼，但因為住在這裏的那些年齡大一點的女孩兒在晚上都非常緊張，我也很害怕天黑以後在這裏睡覺了。

在中心裏，我們都得幹活兒，而且每天只能吃到一頓飯。大一點的男孩在碼頭上當搬運工，女孩就在街上替人擦鞋。我每天都跟著一隊小女孩去一家上海理髮店門前擦鞋。由於我太小，顧客都不願意讓我擦，大一點的孩子就決定讓我去拉客，並且在他們為鞋子上油以前把鞋子上的塵土清洗乾淨。他們收到客人付的錢後，就到附近的雜貨商店去買吃的，分一點給我。每天中心都把附近餐館吃剩下的殘羹冷炙拿回來熱一下給我們吃，那就是我們每天唯一的一頓飯，每人能分到一碗，伴著一

小根有芥末的醃辣蘿蔔吃。剩下的時間，孩子們都得自己找吃的。對於像我這樣的小孩子來說，由於無法賺到錢來買食物，我們就合起伙來到附近的商店去偷東西。通常由一個人去引開店員的注意力，其他的人就去偷吃的。

不久，我就在中心染上了傷寒。我生病之後被移到樓梯角的茅草堆上呆著。由於沒有得到任何治療，我連續發了四十天高燒，差不多快要死了。中心派一個廚師去我母親的工廠，要她來中心安排我的後事。母親趕來看見我時嚎啕大哭，說沒有了我，她也活不下去了。她背著我走去寬仁醫院，跪在醫生腳下求他救救我。但是當醫生聽說她根本沒錢付醫藥費後，就拒絕為我治療，告訴她我已經沒救了。我母親又背著我去了另外一家醫院，但又吃了閉門羹。母親哭得死去活來，但卻仍然找不到一個醫生肯為我治療。最後她把我又背回到中心，就回到廠裏去找那位姓趙的職員同鄉幫忙去了。

趙女士寫了一封信，叫我母親帶著我去南岸青草壩的第五步兵醫院。醫院的主任看到趙女士的信後，接受了讓我住院。我不明白為什麼趙女士有這麼大的能耐。在醫院裏，我被安置在一間大病房角落裏的一張床上。在最初的兩個月裏，我都只是偶爾清醒一下。兩個月後，我的情況好多了，這時我才意識到我住的這間病房裏全是傷兵。由於傷痛，他們大多數人的情緒很壞，喜歡咒罵人，有時候罵日本人，有時候罵他們的長官和醫生。我開始感覺好一些後，我就唱歌給他們聽，這些歌是我在從武漢到重慶的途中學會的。我的歌聲就是這些傷兵生命中的一道清新空氣，我是醫院裏唯一一個會唱歌的小女孩，漸漸地就成了這裏的明星。我一唱歌，士兵們就會停止咒罵，入神地聆聽我的歌聲。那些能夠走動的士兵還來到我的床邊，靠近我，把他們從慈善組織裏領到的糖果、餅乾和其他東西都送給我。醫生和護士們對一個唱歌的小女孩竟然能夠改變醫院的氣氛也感到很驚訝。他們對我說：「小寶，你一唱歌，病房裏就沒有咒罵聲和喧鬧聲了，所以你每天都得唱歌」。就這樣，醫生一

來查房、對病人做日常檢查，我就開始唱歌。幾個月後我出院的時候，有二十多個人來送我，包括醫生、護士，還有傷兵們。我母親跪在地上向醫生和護士們磕頭，感謝她們救了我的命。她總是不厭其煩地告訴我並要我記住，我就是被那些好人從死亡的邊緣救回來的。

我從醫院回來不久，我母親就生病了。1939年初，日軍開始對重慶進行頻繁轟炸，我母親工廠裏的一個新車間就被日軍炸毀了，我們每天都要往防空洞跑。這家工廠僱了幾千名工人，一旦防空警報響起，大家都忙著找地方躲避，廠門前的那條街就被驚慌失措的人們擠滿了。那時我還太小，母親告訴我，一旦警報響起來就往廠門前的那根路燈桿子跑，把桿子緊緊抱住，免得被人潮擠跑了，然後就在那裏等她來接我。我恨透了空襲，也害怕聽見警報聲，害怕在混亂中往路燈桿子跑。

裕華紗廠有三個防空洞，兩個大的是給工人們的，還有一個小的是給管理人員的。管理人員的那個防空洞配備有照明和通風裝置，而工人們的則沒有。但是在1939年5月3日和4日的轟炸中，有個炸彈剛好落在管理人員的防空洞前爆炸了，經理的太太被炸傷，不久就去世了。

我和母親每次警報後都要互相尋找對方，所以我們總是在最後進防空洞的那幾個人。有一次，一個炸彈炸毀了我們防空洞的門，飛濺起來的石頭把站在我們旁邊的一個男人給砸死了。至今想起來，我都感到後怕。我母親既要工作，又要跑防空洞，還要照顧我，這一切終於使她不堪重負。沒有別的辦法，她於1939年冬天又把我送回到了難民兒童之家。

這次到難民兒童之家後，我很快被送到了保育會的第十一保育院。這裏的主任是個美國人，他妻子每週定期組織週日做禮拜的活動。由於保育院裏年紀大些的男孩們拒絕參加禮拜活動，主任的太太就極力動員我們這些女孩，並承諾如果每次去參加禮拜我們每人都能得到三顆糖。我還是一個小孩子，為了得到糖果我就去了。有一天在做完禮拜以後，一個大男孩把我叫住，揪著我的臉說：「你喜歡吃糖果，對吧？你知道主任太太叫你做禮拜是一種精神侵略嗎？」那時我才只有7歲，我只知道我

想吃糖，完全不明白什麼是「精神侵略」。此後每到週日我都要進行激烈的思想鬥爭，我怕如果我去參加禮拜，會被大男孩打；如果我不去，就得不到糖吃 —— 那可是我唯一能得到糖吃的機會啊。最後，還是糖果贏了，我繼續每週參加週日的禮拜活動。

我在第十一保育院的時候，那裏只有幾個女孩兒，我是其中唯一「正常」的一個。另外三個女孩兒中，一個是瘸子，一個是啞巴，還有一個是瞎子。我還記得其中兩個到保育院來時的情景。一個下雨天，我正在大門口玩，看見一個大男孩和兩個女孩一起走了過來。一個被他牽著，另一個被他背在背上。到我們大門後，他就放下這兩個女孩，自己走了。這兩個女孩兒就是那個啞巴和那個瞎子。我和她們做了好多年朋友，之後才了解到她們都是從河南逃亡過來的難民姐妹，家裏太窮養不活她們，就被親哥哥送到保育會之家來了。

我到十一號保育院後沒多久，我母親就得了肺結核，那是在紡織工人中發病率很高的職業疾病。她一病倒，工廠就把她開除了。她在重慶沒有親人，沒有錢治病，也沒地方去。她在街上晃蕩了一段時間，最後被收進了難民中心，裏面有很多很多難民，我母親只能睡在樓梯下面的一個很小的地方，用一小塊竹席子蓋著。這裏就是得了傳染病的人待的地方。

我記得有一天我在保育院的時候，廚師到我們班上來把我叫了出去，告訴我母親病得很重，她很想見我。我於是跟著這個廚師去了難民中心，去看我母親。我到那裏的時候，看見母親躺在地板上，已經不能動，也不能説話了。我哭喊著：「媽媽，媽媽，我來了，我在這裏啊！」她睜開了眼睛，我看見眼淚順著她的臉頰流了下來，但她卻虛弱得説不出話來。中心的人叫我不要和她在一起待太久，因為肺結核是傳染病。我偏不離開，和母親躺在同一張席子上睡了一晚上。第二天，我被強行送回了保育院。一週後，母親去世了，她的屍體被丟在了一個無人知曉的地方。就這樣，我成了一個孤兒。

　　1939年冬，由於日軍對重慶的狂轟濫炸，市中心的保育院所收養的難民兒童都被送去附近郊區的保育院了。我和另外兩名女孩被轉移到第三兒童保育院，在重慶的合川。有個男人被僱來護送我們三個去合川，我們的旅行和住宿費用也都由他掌管。然而，我們在深夜坐著輪船到達合川後，他卻把我們扔在碼頭邊停著的運煤車上，獨自一人去住酒店去了。碼頭邊很黑，風很大，又很冷。我們又餓又冷又害怕，三個孩子抱成一團，一直哭到睡著。第二天早上那個男人也沒有給我們任何東西吃，強行讓我們步行了30里，走到保育院去。

　　我們到達兒童保育院的時候，是下午的午休時間。這裏很安靜，主任在抽水煙。她的名字叫趙君陶，是李鵬總理的母親。在第三保育院，她被稱作「趙媽媽」。抗戰時期，保育會保育院裏的孩子們都稱女教師和管理員為「媽媽」。

　　自從我母親去世以後我就再也沒有媽媽了，而她們待我確實就像媽媽一樣。趙媽媽看見我們的時候，被我們一身煤灰的樣子驚呆了，立刻讓人帶我們去找這裏管生活的陳老師。陳老師給我們洗了澡，換上了乾淨衣服，還帶我們去廚房吃了點東西。廚師為我們炒了蛋炒飯，還做了豬肝湯。那是一頓讓我在餘生中都永遠無法忘懷的飯。我已經很久沒有吃到過這麼好吃的東西了，我們三個孩子狼吞虎嚥地吃完，還把碗都舔乾淨了，就像剛洗過一樣。

　　後來趙媽媽看見我們，意識到我們嚴重營養不良，就讓陳老師把我們列入特別營養計劃裏。在這個計劃裏的孩子，每天都能優先吃到一碗豬肝湯和一滴美國捐贈的魚肝油，這種待遇可以享受三個月到一年。由於我實在太過瘦小，與年齡極不相稱，因此足足享受了一年的特殊待遇。

　　從1939年到1945年我都待在這個兒童保育院裏。在這裏我們都有一套系統的受教育計劃，接受全日制課程教育，還要輪流參加手工勞動。小一點的孩子就和大一點的結成對，一幫一，一起做雜務，一起學習。保育院裏的每個人都得為這裏的持續發展做出自己的貢獻。趙媽媽

還帶著大孩子們去附近的煤礦買做飯用的煤，並把煤背回來。我們自己種植蔬菜，自己料理菜園子，還自己養豬。我們自己用茅草搭建起宿舍和教室，還修建了自己的運動場。在這裏的每個人，不分年齡，不分性別，都得為我們自力更生的生活作出自己的貢獻。

自打抗日戰爭爆發以來，我就是在第三保育院才第一次每天能吃上三頓飯。早上我們喝米粥，吃蠶豆，午餐和晚餐都能吃上蒸熟的白米飯，我高興極了。這裏的學生來自中國的各個地方，其中很大一部分都來自湖北。我剛到這裏的時候，這裏還有一些男孩。漸漸地，這些男孩都被轉移到了其他的兒童保育院，這裏就成了專門收養女孩的地方了。每天晚上我們都要開學習小組會，對一天的活動進行總結和回顧。我們還要做自我檢討和自我批評，學會自我發展。這使我們從很早開始就學會了要自立自強，要對自己的生活負責。

1945年中期，第三兒童保育院和歌樂山上的第一兒童保育院合併了。第一兒童保育院是由保育會的董事會直接管轄的，也是保育會的面子工程。不論是國內還是國際人士要來參觀保育會的兒童保育院時，都是選擇第一保育院作為參觀對象。很多外國人都來參觀過，其中包括印度總理。正是由於它的特殊地位，這裏的生活比我以前待過的任何一個兒童保育院都要好很多很多。在這裏，我們能用上美國產的羊毛毯子、銅器，穿上用羅斯福布料做成的制服，[15] 女孩們還能穿上花布裙子。

蔣媽媽(宋美齡)來看了我們很多次。她喜歡到保育院來做突襲視察，確保捐給難民兒童的錢財和食物沒有被官員、管理員和工作人員們貪污挪用。每次她到我們這裏來，總是對直走進我們的臥室和飯廳，去查看兒童們是否得到了應有的食物和衣物。我相信正是由於她的突襲檢查，我們才會在這裏得到這麼好的照顧。

---

15 抗戰時期重慶老百姓會把美國生產的布料據美國總統富蘭克林・德拉諾・羅斯福 (Franklin Delano Roosevelt) 的名字命名，稱之為「羅斯福布」。

1945年的一天，蔣媽媽來到我們這裏，和我們一起慶祝她的48歲生日。由於她事先並沒有通知管理人員說她要來，所以她到了以後，主任和老師們才匆匆忙忙把我們弄到餐廳裏集合歡迎她。蔣媽媽帶來了一個好幾層的大生日蛋糕，放在餐廳中間的一張大餐桌上。我們都排成一隊，圍繞著那張桌子邊走邊唱歌。說實在的，當我圍著桌子一邊走一邊唱的時候，我的眼睛就緊盯著那個巨大而美麗的生日蛋糕不放。我從來沒有看見過這麼漂亮的食物。後來我們每人都分到一塊蛋糕。宋美齡在抗日戰爭期間為難民兒童做了很多很多好事，我覺得她所作出的貢獻並沒有在中國被完全承認。

1945年抗戰結束的時候，我已在第一保育院完成了初等教育，進入當地一所中學成為了一名中學生。雖然我們將日本鬼子打敗，戰爭終於結束了，我很興奮，但就個人而言，我覺得並沒有什麼大變化。抗戰結束以後，很多來自中國其他地方的人都開始從重慶返回老家了。國民政府也分發了錢財幫助他們返家。而我，仍然還是一個孤兒，舉目無親，無家可歸。

楊先知

戰時兒童保育會教師
1920年生於安徽

我記得一年級語文課本的第一課就是教孩子們認幾個漢字，其中就有「火」字。教材把這個「火」字放在日軍大轟炸的背景下，「火，火，火，日本人的轟炸使四周都燃起了熊熊大火」，課文就是這麼開始的。

1937年盧溝橋事變爆發的時候我才17歲，在一所普通學校裏念書。這所學校是張治中先生創辦的，他後來成了抗戰英雄，在抗擊日本侵略者的戰鬥中犧牲了。

1937年南京淪陷後，我從安徽逃亡到了武漢，因為我姑姑所屬的國民黨部隊駐紮在那裏。我1938年初抵達武漢，並加入了中國婦女慰勞自衛抗戰將士總會，總會把組織的青年婦女們編成了訓練團。下半年日軍攻入武漢的時候，我們接到命令要撤退到四川，最終目的地是戰時陪都重慶。

我們四百個受訓員組成了一個隊伍，從武漢到重慶的大部分行程都是靠步行。每天日本飛機都要投炸彈，對擠滿難民的主幹道進行狂轟濫炸。由於我們的隊伍很龐大，很容易成為日機轟炸的目標，上級指示我們晚上趕路，白天休息。到重慶去的旅程異常艱辛，所行之路都是泥巴路，一到雨天就變得泥濘，行人很容易滑倒，晴天路乾了以後又滿是塵土。我們是晚上行軍，在沒有月光的夜晚，沒有任何照明設施。我們就只能靠拉著前面一個人的衣角來確保不會掉隊。有時，我們還會踩到死

人的屍體或正在道路上睡覺的難民。到達宜昌的時候，日軍在白天的轟炸相當猛烈，我們只好躲在長江沿岸的懸崖下面，只有等到夜幕降臨我們才能進城。該地的電力設施都被日機炸毀了，宜昌城簡直就像是一座黑暗的鬼城。

我們的旅途雖然很艱苦，但與很多孤身難民相比，境況還是好得多。由於從屬於中國婦女慰勞自衛抗戰將士總會，我們的隊伍不管停留在哪裏，都能從當地官方組織那裏領到食物補給。而當時對很多孤身難民來說，逃難之中即使有錢也很難買到吃的。這支規模空前的難民隊伍為武漢至重慶沿途造成了嚴重的食物短缺。我們每天只能吃到兩頓飯，份量都很少。早上是一碗清粥，很難得才能吃到饅頭；晚上才能吃到相對稠一點的米粥和泡菜。我們四百個人都是來自各個淪陷地區的女性，大部分人來參加這個培訓項目的動機都是為了要打敗日本人，奪回並重建被侵略者搶走的家園。當然，我也有個人打算，那就是得到一個安身之處，每天有兩頓飯吃，有制服穿，還有一個到達大後方重慶的相對安全的通道。

自從我逃離安徽以後，我就和家人失去了聯繫。我很想念他們，也很擔心親人們的安危。抗日戰爭爆發後，很多地方的郵政系統都癱瘓了，我根本無法聯繫上家人。由於不知家裏人的安危，我思家心切，一聽到有人說我們安徽土話就會哭。這個培訓團中的學員都是來自各個淪陷地區的難民女青年，因而建立起一種特殊的友誼，在感情上相互依靠、相互支持。

歷經四個月的艱難跋涉，我們終於抵達了重慶，從此我們的生活得到了巨大改善。蔣介石夫人宋美齡親自負責我們這個項目，幾乎每天都要到我們訓練中心來。我記得在一次集會上，蔣夫人告誡我們說，道德品質上的進步和學習文化知識同樣重要。她告訴我們，一個人如果光有知識而沒有良好的道德品質，將對社會造成巨大的危害。

　　我們這個培訓團畢業的學員大多數都被送去了保育會的保育院工作，我畢業的時候被分派到了重慶江北的第八保育院。蔣夫人在建立中國戰時兒童保育院中扮演了重要角色，還為保障孤兒們在抗戰時期的生存和安全起到了至關重要的作用。

　　然而1949年以後，由於國民黨的失敗，沒人再敢對蔣夫人及她在抗戰中的角色作出正面評價。我們這些以前屬於保育會的學生和老師，也都不得不隱瞞自己與保育會及蔣夫人的關係。1980年代以前，沒有人關注過保育會的歷史及其所作出的貢獻，直到周恩來的夫人鄧穎超在1988年的一次講話中說，保育會在抗日戰爭期間為救助超過三萬名難民兒童作出了卓越貢獻。在她的這次講話後，我們才能組織校友會了。現在，去參加每年的校友會集會成了我生活中的一個重要組成部分。

　　保育院為難民兒童們提供免費的教育和照顧，為保護我們的下一代起了關鍵性的作用。抗戰期間我曾在第八保育院做過老師兼保姆。在保育院工作的大多數教職員工都是女性。我那時只有18歲，對很多難童來說就像一個大姐姐一樣。在保育院，難童們都管主任和其他年紀大一點的老師叫「媽媽」，管我叫「老師」。我每天24小時都和這些孩子在一起，同住一個宿舍。作為老師，我有一張框架床，而學生們只能睡在地上的稻草墊子上。

　　在第八院，我主要負責年幼孩子們的清潔衛生和照看生病的孩子。我和他們同吃同住，早上，我們吃黃豆下米粥；午飯和晚飯吃蒸米飯，有兩道素菜。吃肉是很稀罕的事情，如果運氣好，每隔兩週左右我們每人能吃到幾片豬肉。1941年以前，我們還有足夠的粥和蒸米飯來填飽肚子；而在1941年以後，我們保育院的糧食供應就無法滿足需要了，很多學生都得挨餓。很多小孩子因為營養不良，還患上了夜盲症，必須接受特殊治療。在保育院我們有一個小診所，配有一名醫生，但是由於缺乏藥物，醫生連小病都沒辦法醫治。我們的藥物主要來自海外的捐贈，特別是通過蔣夫人的努力而得到的美國捐助。

在第八院，為了給保育院增加收入，下午的課程都是勞作課。所有的教職員工和學生都得參加。年長的孩子要麼就被送去農場幹活，要麼就做其他一些需要體力的雜活兒，小一點的孩子就組織起來做火柴盒。我一般都和保育院的小孩子們一起幹活兒，我們的任務就是給火柴盒貼標籤，用的材料是麵粉和水做成的漿糊，有些孩子餓得實在受不了，就把漿糊偷偷地吃掉了。我們還到附近的紡織廠去收集棉紗和布的邊角廢料，用來做鞋子，或者賣給汽車廠用來做清潔。全體師生都很積極主動地做著自己的工作，我們都很清楚我們是在為自己的生存和中國的抗日戰爭作貢獻。

我們的保育院在嘉陵江邊的一座廢舊的佛教寺廟裏，生活條件十分艱苦。既沒有電，也沒有自來水，在冬天也沒有暖氣。冬天天冷，很多孩子的手腳都生了凍瘡。每天，年長的孩子和老師都要去河邊擔水回來供全院師生用。我們的食物供給也是用船運送過來的，船一到岸，大孩子們就和老師們一起把東西從船上卸下來，扛回保育院。保育院裏的很多孩子都比自己的實際年齡要成熟很多。離開了家人，經歷了嚴酷的戰爭，這些孩子們深刻理解到自力更生的重要性。他們在河邊清洗自己的衣物，還要保持宿舍和教室的清潔。大孩子和老師還要幫助小孩子洗衣服。夏天，我們都去江裏洗澡、游泳。有一個夏天，一個保育院的小孩子不幸在江裏淹死了。儘管他不是我們班的孩子，但我還是傷心了很久。

在保育院，學生們建立起一套自我管理體系來解決爭執問題和規範紀律。每天早晚，學生們都要開會討論他們取得的成就以及面臨的挑戰，開展自我檢討和自我批評。

1938年我剛參加工作的時候，我的工資每月只有二十元，是由蔣夫人辦公室發放的。到了1939年，我的工資就翻了一倍。儘管抗戰時期的通貨膨脹很厲害，我每月還是能夠省下一半的收入支援我在安徽的家人。然而在抗戰期間，要送錢回安徽老家是不可能的。通過幾個做生意的人的安排，我認識了一個住在貴州的安徽老鄉。由於他的家人無法把

資助他在貴陽念書的錢從安徽帶給他，每個月我就給二十元給他，他在安徽的家人再給等額的錢給我的家人。

早上學生們上文化課。我們使用的是一套叫「抗戰叢書」的課本。這套書很適合難民兒童，因為他們都是日本侵略的受害者，書裏的內容都和他們的親身經歷息息相關。

我記得一年級語文課本的第一課就是教孩子們認幾個漢字，其中就有「火」字。教材把這個「火」字放在日軍大轟炸的背景下，「火，火，火，日本人的轟炸使四周都燃起了熊熊大火」，課文就是這麼開始的。很多難民兒童之前都沒有上過學，但他們學習都很勤奮。對於他們中的很多人來說，在保育院的這段經歷都為他們未來的個人前途和發展打下了堅實的基礎。保育院不僅為他們提供了良好的教育和訓練，還培養了他們的愛國主義精神和人格品質。他們中的絕大多數都完成了基礎教育，升進了中學和高中。當他們搬出保育院，到中學或高中去繼續念書時，新生活運動婦女指導委員會還向他們提供了床上用品、衣物以及生活費用。那些考上大學的還能享受到免費教育。1942年至1943年間，政府開展運動，徵收十萬名青年學生入伍參加緬甸戰場作戰時，很多保育院的學生都加入了青年軍。

保育院的老師和員工們也都很勤奮地工作，因為教職員工中的大多數人也都是難民。我們背井離鄉，都遭受了日本侵略者帶給我們的痛苦，這些經歷給了我們動力，使我們要為反抗日本侵略者作出自己的貢獻。我也堅信自己在保育院所做的一切都是在為抗日戰爭出力。

我在第八保育院教了三年書就轉到第一保育院去了。第一保育院是蔣夫人的樣板工程，經常接待中外人士的參觀訪問，因此這裏的生活也要好很多。在這裏，食物不僅充足，而且還很優質。每週我們都能吃上肉，這裏的孩子還能吃到來自美國的奶粉和糖果。住的是新建的宿舍，還有外國捐助的制服和毛墊子。在夏天，第一院的小女兒們還能穿上花裙子。蔣夫人也經常來這裏視察，還帶來生日蛋糕和孩子們一起開生日派對。

在第八院，因為經費不夠，所有的學生和老師都得參加勞動。至少所有的師生都得兼職勞動，來為保育院賺取足夠的收入，以保證大家的生存和生活。而在第一院，師生們的注意力主要是放在文化學習上。學生們把大部分時間都用在文化知識的學習上，而勞動則只是要把孩子們培養成全面發展的人而進行的體育教育的一部分。

第一院座落在歌樂山上，很多中國要人在這裏都有戰時住所。馮玉祥將軍的房子離我們保育院就不遠，他和他太太李德群經常晚上散步到我們兒童保育院來。馮太太是保育會的創始人之一，這裏的孩子們很喜歡她，都叫她「馮媽媽」。

從我離開安徽開始，我就很努力地工作，竭盡全力為抗日戰爭作出自己的貢獻。在保育院工作期間，我從來沒有談過戀愛，也沒有想過這個問題。我把自己全部的時間和精力都用在保育院的孩子們身上了。在第一保育院我被安排去教一年級，由於這裏對文化知識的要求要高得多，我覺得我要做好教師還需要進一步自我提高，於是我決定去上大學。我把想法告訴了院長，她很支持我的決定，條件是我畢業以後必須要回到兒童保育會院工作。1944年，我通過了國民女子師範大學的招生考試，被錄取了。我之所以會選擇一所師範大學念書是因為它不收學費。抗日戰爭結束之後，所有的兒童保育院也都陸續解散了。

張慎勤

戰時兒童保育會教師
1920年生於安徽

當時保育院的老師既育人又教書，貫徹陶行知先生倡導的「保教合一」思想，還教孩子們熱愛勞動、勤儉節約、堅苦奮鬥。保育院的孩子都學會了種菜、理髮等等技能。我們還教他們唱抗戰歌曲、演戲，從小培養他們的愛國主義精神。所以後來成長起來的保育生，都成為了國家有用之材。

我 1918年陰曆9月出生在安徽巢縣西鄉山梅村。我的家庭受封建社會重男輕女思想的影響，比我大兩歲的哥哥可自幼送到私塾讀書，而我卻只能在家帶妹妹、放牛、割草、摘棉花、摘豆子、做家務事。直到後來，我父親被他東家王雨庭介紹到馮玉祥將軍的部隊裏，當了文書，他回家時便帶回些看圖識字的方塊字和國語教科書讓我學習。以後，他才讓我年頭年尾農閒時到私塾去認幾個字、讀點書。雖然如此，我深知機會難得，慶幸我終於有了同哥哥一樣讀書的權利了。所以我雖然讀讀歇歇，我仍然能認真地學習，用心地背誦課文。有時，我在放牛時在牛背上也還帶著書學習。

我開始上學是在1931年9月，我13歲那年。我去了父親在工作的江蘇清江浦（現在的淮陰）那裏，他把我送到袁江小學四年級就讀。由於我在家鄉於農閒時上的是私塾，因此我對數學一竅不通。算數課上的小數點和加減乘除對我來講就像坐飛機一樣，把我搞得糊里糊塗。我的數學基礎差，一直影響我，所以數學成績一直都不太好。不過，我求學心切。我那一直務農、隻字不識的母親和我的大哥也一直很關懷與大力支

持我上學讀書。儘管家父早逝（時年39歲），我仍然於1936年和未婚的嫂嫂祖長年一同報考了合肥六女中。可是後來因為盧溝橋事變，日本鬼子到處轟炸，我們讀到初二時學校便搬遷到合肥西部。我們姑嫂二人在家母的勸阻下休學回到了山梅村鄉下。

1938年秋，家兄參加了合肥抗戰宣傳隊，先逃到了長沙，投奔了在湖南省政府的張治中先生處工作的三岳父祖岳衡處。三岳父推薦家兄當了省政府的機要文書。家兄有了工作之後，便寫信回家，要二叔帶我和嫂嫂去長沙，到張治中辦的國立八中上學。後來嫂嫂先隨其二哥到了長沙。我則跟二叔和表弟高永才後來當難民（沿路食住不要錢），1939年春逃到長沙。我們到長沙時，我嫂嫂已經有身孕，在等待分娩。由於沒有請到奶媽，嫂嫂不能隨便走動。家兄便讓我一個人報名去了湘西，當時已是最後一批名額。

我到湘西輪城八中初女部後，插班在初二班就讀，一直到1943年高中畢業。在湘西讀書期間，學校設在一座文廟裏，我們都住在學校，學習生活費都是公費。學校生活軍事化，每個學生都儼如一位軍人，要遵守紀律，勤奮學習。我們學校共有初、高中、師範等11個部，分佈在湘西花垣、保靖、秀山、洪江、麻陽等縣。抗戰期間我們流亡他鄉的幾千個男女青年，唯一的任務就是讀好書，將來好打敗日本鬼子建設新中國。

1943年夏，通過會考高中畢業後，我們很多同學們一道結伴由湘西所里（即吉首）免費乘運軍火的車，到抗戰的陪都重慶考大學。大多數同學在重慶舉目無親，但我還好，有哥嫂及三叔在重慶。考完試後，幸有嫂嫂三叔相助，將我和五十多年來一直有往來的患難之交余淑清同學介紹到重慶三聖宮（國民黨政治部所在地）四維小學任教，總算解決了我們食住問題。其實任教是假的，我們真正的目的是能在重慶等待大學錄取通知書。錄取通知書一到，我們就逃之夭夭了。

我考進了位於江津白沙的國立女子師範學院國文系。女子師範學院是不花錢的學校，而由於我們是難民，沒有經濟來源，學校還給被錄取

的流亡學生們每人匯了200元路費。在湘西八中時，我們是軍事化編制，穿的都是軍裝。離開八中到重慶考大學時，我需要換上便裝，所以向一位留校的同學借了一丈三尺陰丹士林藍布，做了兩件短袖旗袍。我在國立女師讀了一年書後，那位借布給我的同學也快從八中畢業，而我沒錢還她的布。為了掙錢還那一丈三尺布，我決定休學一年去工作掙錢。

1944年，在我的小學同學楊先知的介紹下，我去了歌樂山第一保育院當老師。這裏的數百名難童均是保育會派婦女幹部從戰區搶救出來的，他們有的是失去了父母的孤兒，有的是父母在前線陣亡的烈士子女，也有些是無家可歸的流浪兒。

孩子們進院時按年齡和學業分班。他們剛進院時滿頭滿身長著虱子，還有的身上生了許多膿包瘡。老師保育員們盡心照顧和耐心清洗，使他們恢復健康，成為活潑可愛的孩童。當時院長和老師既是老師又是父母和兄姊，所以孩子們稱院長、老師為「媽媽」。如宋美齡原為保育總會的理事長(李德全、鄧穎超等為副理事長)，所以孩子們稱其為「蔣媽媽」。趙小梅、郭秀儀等院長即稱為「趙媽媽」和「郭媽媽」。

當時保育院的老師既育人又教書，貫徹陶行知先生倡導的「保教合一」思想，還教孩子們熱愛勞動、勤儉節約、堅苦奮鬥。保育院的孩子都學會了種菜、理髮等等技能。我們還教他們唱抗戰歌曲、演戲，從小培養他們的愛國主義精神。所以後來成長起來的保育生，都成為了國家有用之材。這與當年院長、老師的辛勤教育是分不開的。

我在歌樂山一院沒呆幾個月。因為趙小梅院長辭職回江北第八保育院，我便隨之去了八院。可是我在八院也只呆了幾個月，趙院長又辭職離去，我隨後便失業了。後來，我在八中的同學姚毓榮幫了我的忙。姚同學當時在歌樂山扶輪小學教書，但她很快要去遂寧。她聽說我失業後，便帶信叫我去扶輪小學頂替她的位子，教五年級。我在扶輪教到學期結束後，趕快回到白沙女師學院復學。我在八院雖然呆得不久，但我

的老師職位還是被八院同學在《搖籃》（保育院聯誼會刊物）刊物上登出來的。所以後來每次開保育紀念會，我都是作為老師列在前排或台上就座呢！

1945年8月15日，日本鬼子無條件投降了，我們和全國人民一樣無比高興與激動。抗戰結束後，我很希望能回老家安徽，但女子師範學院抗戰結束後沒有遷離重慶。我就繼續留在了重慶完成了我的學業。

陳國鈞

來自有財有勢家庭的女性
1918年生於重慶

抗戰年間，重慶有財有勢的太太們聚會，比以
往任何時候都要積極。我的常規麻將夥伴是中
央銀行兩個副行長的太太和四川大軍閥潘文華
的三姨太。有時大通銀行行長的太太和我姐姐
也來參加。從週一到週五，我們輪流做東，安
排麻將和晚餐派對。每週六晚都有舞會，我們
整晚整晚地跳，一直跳到雙腿不能動彈為止。

我出生在一個有財有勢的家庭，父親是重慶第五區的區長，也是重慶
紅幫的一個大爺。我很小的時候，生母就去世了，沒多久，父親就又娶
了一個太太。雖然父親很愛我，但我和繼母卻無法和睦相處。為了和繼
母搶奪整天繁忙的父親的注意力，我既淘氣又叛逆。

每天，我都和繼母吵嘴鬥氣，關係很緊張。為了緩解我和繼母之間
的緊張關係，父親把我送進了寄宿學校。抗日戰爭爆發的時候，我還是
個19歲的高中生，在重慶一所叫建文的私立學校上學。我在建文念一年
級的時候，學生主要都是來自重慶地區。而在我念二、三年級時，班上
同學大多都是來自被日本人佔領的北方和中部地區，包括東北的難民。

大部分難民學生為了來重慶都經受了巨大的磨難。其中很多人都在
戰爭中失去了自己的家人和愛人，我很同情他們。這些難民學生中有些
是共產黨的地下黨成員，他們在來重慶之前就已經在上大學了。為了擴
張中共地下黨在重慶的組織，動員學生支援抗日戰爭，一些中共地下黨
員便帶著任務回學校重讀高中。

　　我的室友張敏來自東北，也是一名中共地下黨成員。我很喜歡她，建立了很親密的友誼。因為我父親是個區長，學校認為我值得信任，就委派我做了學生幹部，主要負責監察學生們的校園生活。學校分配給我的職責之一，就是協助一個副主任監察學生們的可疑活動。如果發現可疑活動，馬上向學校當局匯報。學校要查看所有學生的信件往來，查看之後再由我將這些信件送到各個宿舍。他們懷疑有些學生是中共地下黨成員，想通過搜查信件發現並抓住他們。

　　張敏便利用我的特殊地位來掩護她的地下黨活動。因為我們是室友，也是好朋友，我也願意幫助她，而不在乎她屬於哪個政治派別。她收到很多用密碼寫成的信件，這些信都要在水裏浸泡之後才能顯示出內容。由於當局很信任我，我總能在副主任查看這些信件之前，就把她的信挑出來，不讓他們看到。晚上，我們就把這些信件浸泡在水裏，然後躲在棉被下用手電筒照著看。我覺得這些事情既冒險又刺激，直至後來學校當局也開始懷疑張敏，因為她和我同寢室，他們就讓我去監視她。我要上課，沒辦法老是待在收信室裏，搶在副主任之前把她的信件拿走。終於，學校截獲了她的幾封信。有一天，我隱約聽見副主任和警察局的電話，他們提到了張敏，我知道她有危險了。我火速衝回寢室，告訴她，她已經暴露了，得盡快離開學校。她要我幫助她，我答應了。

　　我們學校座落在長江南岸，緊鄰一個著名的南溫泉度假勝地。度假區有個游泳池，我們學校的學生經常去那裏游泳。我想到了一個幫助張敏脫身的計劃。那天下午，我邀請了一大群朋友去溫泉游泳，其中就有張敏。校長看見張敏是和我在一起，就沒有阻止我們。我們到達游泳池以後，大多數人都聚集在淺水區嬉戲。我不太會游泳，一般也都待在淺水區。而張敏是個游泳健將，她裝作是在教我游泳，把我帶到了人很少的深水區。南溫泉前面有一個汽車站，張敏早就記下了發車時間表。當下一班車快到時，她裝作要去廁所的樣子，離開游泳池，去廁所更衣後去了汽車站。汽車到站後，張敏就跳上了汽車離開了學校。

　　張敏離開後，前來調查這件事的國民黨官員把我叫去詢問。我堅持說我不知道張敏是中共地下黨的人，但國民黨官員對我還是很生氣。那時，幫助一個中共分子逃跑是個很嚴重的罪名，由於我父親的地位，這些國民黨調查員都沒有對我怎麼樣。但是我還是被告知，我必須得退學，不能留在學校了。我不是一個共產黨員，也不同情共產黨，但我卻忠於朋友，對家庭不滿，對權威不服。我知道我父親很有勢力，不管我做了什麼都不會有什麼大麻煩。我就是一個嬌生慣養的公主。

　　我被學校開除之後，不得不又回到父親家裏。我繼母造謠說，我之所以會被學校開除，是因為做了傷風敗俗的事情。她在暗示我很放蕩，這在當時的中國社會，對於一個未婚女孩兒來說是個很嚴重的罪過。父親覺得我給他丟了臉，也大發雷霆。我在家裏痛苦極了，再也不想和繼母生活在一起了。有一天我在去購物的途中，於市中心的一條繁華的街道上遇到了張敏，我向她訴說了我心中的苦悶。聽我訴說了我在家裏所遭受的不幸後，她提出要我和她一起去延安，我答應了。她指示我，下週六去市中心的一家布店去見一個人，此人會告訴我怎樣去延安。我興奮極了，開始著手準備行程。但我卻並不知道自從我被學校開除以後，父親就派人時刻跟蹤我。我去延安的計劃最終被父親發現了，他把我鎖在一間單人房裏，還威脅說如果我再不聽話，他就要和我斷絕關係。我沒有辦法，只好屈服了。最後，我父親安排我在另一所學校完成了高中學業。

　　在第二所高中裏，一個同學為我介紹了個男朋友，名叫王少雄。此人在警察局工作，是名中共地下黨成員。我們都很喜歡對方，還秘密約會了一段時間。我知道我家裏的人絕對不會贊成我們的男女朋友關係，更別提結婚了。我只好背著家人和他秘密交往。如果我們被發現了，我將被裝進一個竹籠子，連人帶籠子一起被丟進長江裏活活淹死。雖然我處處小心，然而，我繼母還是察覺到了什麼。我高中畢業以後，我的家人，尤其是繼母，都強烈反對我繼續去念大學。她想把我嫁出去，就到處找人為我介紹對象。我堅決不去和那些男人相親。繼母氣急敗壞，又

把我鎖在了屋子裏。我打破窗戶跑了出去，跑到了我舅舅家裏，並告訴他們繼母對我不好。舅舅相信了我的話。在他的干涉下，我父親同意讓我繼續去念大學，但是結婚的事情還是得由家裏説了算。

1939年我成為了重慶朝陽大學的一年級新生。我討厭自己在經濟上對父親的依賴，但沒有錢我又沒辦法生活。為了獨立，我白天上課，晚上就在夜校教書，來賺零花錢。

1939年，日本人開始轟炸重慶。1939年5月3日和4日的大轟炸摧毀了重慶很多建築物，其中包括四川勢力最大的軍閥之一劉湘的府邸。5月3日，我的乾爹，重慶戒煙局的局長，因為辦公大樓被日本人的炸彈擊中而不幸身亡。大轟炸給重慶造成了巨大的物質損失，也給當地人帶來了極大的精神壓力。由於日軍對重慶頻繁的大轟炸，市裏很多學校，包括朝陽大學，都關了門，把學生送回家了。日軍對重慶的大轟炸迫使人們都到附近的鄉下去避難，我的大學生活也就這樣被戰爭破壞掉了。

我姐姐勸我到一個緊鄰重慶的、叫木洞的小鎮去躲避日軍轟炸。為了打發我在這個小地方的無聊時間，她的朋友介紹我去新龍場小學當音樂老師。我會彈鋼琴，也喜歡唱歌跳舞，當音樂老師是再合適不過了。我教孩子們唱了很多抗日歌曲，如：《團結就是力量》、《打回老家去》以及《台兒莊》等。週末，我們還組織學生們去鄉場上動員當地人支持抗戰。我帶領的隊伍總是最受歡迎的，因為我們又唱歌，又跳舞，還表演街頭戲劇。我喜歡熱鬧，喜歡興奮的感覺，凡是熱鬧的活動我都積極投入。我們還參與新生活運動婦女指導委員會的籌款活動，好多個週末我們都要去當地不同的鄉場上去為抗戰籌款。

就在那段時間，我家人為我安排好了婚姻。父母想把我嫁給一位姓劉的先生，他家是當地的染料大王，控制著染料業。最初我對和他見面的事一點興趣都沒有，只要是我家人給我找的對象，我都反感。但是，父親告訴我説，我別無選擇。他説，我想去念大學的時候他讓步了，讓我去了，但是在結婚這個問題上，絕對沒有商量的餘地，如果我不服從

安排，他就和我斷絕關係。同時，他們還悄悄地安排劉先生來和我交朋友。有一個週末，我正在新龍場和靈石地區為抗戰籌款的時候，劉先生來了，為了討我的歡心，他捐了一大筆錢給我們團隊。我們的團隊還因此受到了表揚。之後，他便經常來幫助我做抗戰動員活動。漸漸地，我對他也不再反感了，所以當我父母宣佈我們即將訂婚，並將在1939年底完婚時，我也沒有再反對。

為了防止發生一切意外，繼母命令我辭掉了工作，把我軟禁在家裏。我要出去買東西，繼母總是派好幾個人跟著我，生怕我會一去不復返。我們訂婚時，父母在民生路上的一家大飯店裏為我安排了一個盛大的訂婚典禮，來炫耀他們的財富和勢力。典禮大廳裏佈滿了鮮花籃子，邀請了數百名賓客，宴席極其奢華。後來，我父母又在小什字的另一家飯店裏為我舉辦了盛大的婚禮。婚禮當天，十八頂花轎 —— 包括一架新郎坐的紅色絲綢轎子和一架新娘坐的鮮花轎子，組成了一條五顏六色的隊伍，足足有一里長。兩個樂隊，一個在隊伍前面，一個在隊伍後面，演奏著熱鬧而歡快的曲子。全市數百名要人都出席了我的婚禮：重慶市副市長是證婚人，重慶的商會主席是婚禮的主持，也僱了專業攝影師為新郎新娘、伴郎伴娘以及穿著金色絲綢裙子的小花童們拍照。婚禮是在飯店的入口大廳裏舉行的，我和我未婚夫本來是要在浪漫音樂的伴隨下，各自握著一隻點燃的蠟燭，從一排很長的樓梯上走下來，但是當我們走到一半的時候，我未婚夫手裏的蠟燭突然熄滅了。我和我父母都很尷尬，覺得這是個不祥的徵兆。沒想到這個徵兆還真靈了。我想這就是為什麼我丈夫在我們結婚後十年，年僅40歲時就去世了吧。

我丈夫家極其富有，他們在抗日戰爭期間壟斷了中國西南地區的染料業。我父母，尤其是我繼母，很滿意這段婚姻。為了感謝他們，在婚後我丈夫給我繼母買了一整套昂貴的黃金鑽石首飾，為我父親買了一座新房子。

　　剛結婚時，我仍然時不時地出去聽聽有關抗戰的公開演講，參加一下抗戰支援活動。例如，1939年底我去聽了周恩來夫人鄧穎超做的一次公開演講；我還積極參加了很多次募捐籌款活動，和幾個富有商人的太太一起籌辦了一場京劇表演，來為抗戰籌錢募捐。我很喜歡唱戲，還可以為抗戰募捐，一舉兩得。但是漸漸地，我就和這些政治活動脫離開了，因為我丈夫不想我參加任何政治活動，說那樣會對他的生意不利。

　　那麼，我婚後，在抗戰期間都幹了什麼呢？我的主要「工作」就是參加聚會和打麻將！抗戰年間，重慶有財有勢的太太們聚會，比以往任何時候都要積極。我的常規麻將夥伴是中央銀行兩個副行長的太太和四川大軍閥潘文華的三姨太，有時大通銀行行長的太太和我姐姐也來參加。從週一到週五，我們輪流做東，安排麻將和晚餐派對。每週六晚都有舞會，我們整晚整晚地跳，一直跳到雙腿不能動彈為止。我很喜歡熱鬧，尤其是舞會。我們互相競爭，看誰辦的聚會和宴席最出色。

　　總的來說，抗日戰爭並沒有對我們的生活造成多大的影響，我的生活還是那麼奢華。而一旦有朋友來找我，要我為支援抗戰捐錢時，我也總是慷慨解囊。當然，我們也非常關注抗戰，尤其是在日本人轟炸重慶的時候。只要防空警報一響，我們就得把麻將桌搬到一個私人防空洞裏去，那個防空洞剛好就在我家後面。

　　抗戰初期我們還以為轟炸只是暫時的，當它在1940年至1941年間變成曠日持久的常規事件後，我丈夫就把我們全家都從重慶遷移到了湖南，在那裏我大部分時間都在和我丈夫助手的太太們打麻將。1941年以後，轟炸逐漸消停了，我們才又回到了重慶。

　　在抗戰年間，我有兩部私人轎車，家裏有幾十個傭人。由於我丈夫很有錢，我有車，加上我父親在紅幫的地位，有很多人都想和我交朋友。警察甚至都不敢阻攔我的車，因為我和警察局長的太太是密友。在抗戰期間，很多人都缺乏必需的生活日用品，而我們卻什麼都有。我在

重慶的上流社會裏很出名，對朋友和熟人都很大方。我想，任何人很有錢的時候，也都會變得慷慨大度。

正是因為我友好和慷慨的好名聲，中共地下黨也不時地前來找我幫忙。有好幾次，幾個中共地下黨成員由我的朋友的朋友介紹給我，請求我幫助他們離開重慶。我總是盡我所能地幫助他們，沒有問過任何問題。我喜歡做危險的事情，最主要的是，我喜歡幫助我的朋友們，我也想測試一下我在重慶地區的影響力到底有多大。

曾經有一次，在一個朋友的幫助下，我用汽車把何魯送出了重慶。他是著名的反國民黨激進學者，後來成了重慶大學的校長。當時何魯與國民黨政府在鬧矛盾，國民黨要抓他。我卻把他平安地送走了。

1945年抗日戰爭結束的時候，我的生活也沒有什麼大的改變。我丈夫的生意在抗戰期間一直不錯，在戰後也同樣興旺。

李素華

貧困的農家女性
1913年生於重慶

> 好幾次我剛生完孩子就又得搬家。飢餓和焦慮把我和孩子們都折磨得痛苦不堪，最後，六個孩子中只有兩個活下來。那時候，我根本不知道什麼是節育，女人的身體就是一台生孩子的機器，可悲的是，抗戰中我們的孩子大都死於襁褓之中。

我生於重慶江北的一個貧困農家。1929年我16歲的時候，父親帶著我們由鄉下來到重慶城裏，希望能過上更好的生活。然而，我們家的人都沒有受過任何教育，在重慶城我們能做的只是體力勞動。為了生活，所有的體力活我們都做。我父親用一根竹扁擔和一捆繩子做工具，在碼頭上當搬運工，為商人們搬運從下江運到重慶的重包裹。我和母親則為別人洗衣服。1929年，一個親戚安排我和我丈夫結了婚，他是一個木匠，比我大十歲。

抗日戰爭爆發的時候我已經結婚，並且已經有了一個3歲的孩子。我丈夫沒有自己的木工房，都是靠口碑和口頭協議來接活兒。情況好時，他手上有幾個活兒，但情況不好的時候，他一連好幾天都沒有活幹。

為了養家糊口，我繼續為別人洗衣服，還為重慶城裏的一些私人商家搬運垃圾。那個時候，重慶沒有任何為私人企業提供的公共衛生服務，他們只能僱人用竹籃子把垃圾運到城外埋掉。在1930、40年代，城外一個叫王家坡的荒山區就成了掩埋垃圾和死屍的地方。搬運垃圾是個很惱人的工作，這些垃圾又沉、又髒、又臭。夏天的時候更是糟糕，可

以說是臭氣熏天。王家坡是個城外很荒涼的地方，要把垃圾搬運到那裏，既辛苦又不安全，很少有女人做這種工作。可我不得不做。我沒有文化，沒受過任何教育，根本找不到更好的工作。我和我丈夫拼命地工作，收入也只能勉強糊口。如果我不工作，就沒有足夠的錢來滿足全家的基本的生活需要了。我們的「房子」是個在貧民窟裏用竹竿子和竹席搭建而成的小棚子，勉強可以遮風避雨。我們天天都在為生存和生活而掙扎。

日本人佔領了中國中部、北部和南部大片地區後，很多下江人逃難到了重慶，國民政府也搬了過來。隨著如此多外地人的湧入，這裏的食品和生活必需品的價格比抗戰之前漲了很多。以前我和丈夫賺的錢還能夠讓全家人勉強吃飽肚子，抗戰爆發後我們就完全入不敷出了。

為了養活家人，我不得不盡可能地多幹活兒。除了幫人洗衣服和搬運垃圾之外，我還要幫人縫補衣物。我丈夫除了做木匠，也到處找活兒幹，不管什麼工作，只要能找到他都幹。我總是早上5點就起床了，然後一直工作到半夜。但即使是這樣，我們的收入也無法給我添置一套新衣服。好幾年的時間裏，我都只有一套衣服穿，上面還佈滿了補丁。晚上我把這套衣服褲子洗乾淨晾乾，早上起來又穿上。有時候，衣服被雨淋濕了，我還得回家把它放在灶上烘乾之後再穿上，才能再出門去。

1939年3月我生下了第二個孩子。兩個月後，也就是1939年5月，日本人開始轟炸重慶了，我們的生活完全被日軍的大轟炸打亂了。日本轟炸機第一次來到重慶的時候，我們根本不知道那是什麼東西，我們從來沒見過飛機，貧民窟裏的孩子們還覺得很稀奇。聽到天上轟隆隆的聲音，我們住區的很多人還跑出去，興奮地衝上山頂，觀看那些飛過來的日本轟炸機。直到日本人開始往城裏投擲炸彈，我們才意識到有危險了。第一次大轟炸的時候，我們甚至都不知道要去防空洞躲避。之後，跑防空洞就成了我們日常生活的一部分。

　　我永遠無法忘記1939年5月3日和4日日本人對重慶進行的最初兩次大轟炸。日本轟炸機成群結隊飛過重慶，投擲的炸彈遍佈重慶的各個角落。5月3日，上半城市中心的大部分地方都失火了，大轟炸還延伸到窮人集居的下半城，延伸到了我們這裏。

　　5月4日，日本轟炸機又來了，這次，在轟炸機出現以前就響起了防空警報。我丈夫帶著我們的第一個孩子，跟著鄰居們一起跑進了附近的一個防空洞裏。我覺得一個兩個月大的孩子根本不適合去那種地方，就帶著第二個孩子留在了家裏，事實上這是個錯誤的決定。日本人往城裏投放了大量炸彈後，爆炸發出了震耳欲聾的響聲和非常刺眼的光芒。地面劇烈地震動，到處都開始失火。我們棚區的房子建得都很差，在爆炸中劇烈搖晃著。我害怕極了，不知道我們的房子到底能不能撐住，於是我把孩子裹在懷裏，跑出了房子。我跑到附近的一個小山坡，躲在一塊巨大的岩石下面。在那裏我親眼目睹了日機轟炸帶來的巨大火浪如何把我們的貧民窟吞沒了。

　　1930年代，重慶下半城大多數房子都是用木頭或者竹子框架搭建的，密密麻麻擠在一起，火災的安全隱患很大。更要命的是，大多數的房子裏都沒有自來水，日常生活用水都是挑水工用人力，每天從江邊把水搬運到各家各戶的。一旦失火，根本沒有足夠的水來滅火。日本人的炸彈在市中心地區引發了熊熊大火，很快火浪就燃遍了各個角落。我們貧民窟裏的棚子都是用廉價的易燃材料搭建而成的，日機投彈後，只用了半個小時，我們所在的貧民窟就被大火吞沒了。我就這麼眼睜睜的看著大火燃燒而無能為力，火勢發展得實在是太快、太猛烈了。我抱著嬰兒，根本沒辦法搶救出任何東西。那天，我們和另外至少二百個住在貧民窟裏的家庭都無家可歸了，失去了我們擁有的全部東西。那對我們而言是致命一擊。那間竹棚子就是我們所有的財產。如今沒了它，我們都不知道何處可以安身。

從1939年5月4日開始，一直到1942年，我們一直都在尋找一個可以長期安身的住處，卻不斷遭受挫折。1939年5月4日，我們的棚區被大轟炸引發的大火燒光以後，政府對我們沒有提供任何救濟幫助，我們能夠依靠的只有自己。我們試圖在原址上重新搭建棚子，但是政府卻不同意，他們說用廉價易燃材料搭建起來的棚子在下一輪轟炸發生時很容易再次失火，那樣會造成更加慘重的財產損失。

1939年5月的轟炸之後，市政府派出警察，對市內違法搭建的易燃棚子和房子進行強拆。在抗戰期間，我們根本沒有錢去租房子，更沒有錢按照政府發佈的最低防火要求來建個住所。於是我們加入了其他上千個貧困家庭，成為了城裏的「游擊居民」，我們經常在某個地方違法搭建一個竹棚子來居住，直到被警察發現、驅趕為止。之後，我們又在另外一個地方重新搭建一個棚子。就這樣，我們不停地跑，不停地換地方，像流民一樣誠惶誠恐地過日子。那真是一段痛苦的生活。

抗日戰爭年間，除了每天都要忍受恐怖的大轟炸，我最害怕的就是晚上找不到地方睡覺。從1939年到1942年，我們都處於半流浪狀態，搬了至少五十次家。每天空襲結束了，我們從防空洞裏出來以後，我都在擔憂我們是否又要搬家。在大轟炸中，在市內到處不斷搬家的過程中，我懷孕了兩次，生下了另外兩個孩子。在抗日戰爭中做孕婦，生活太艱難了。我得盡我所能努力工作，為家人換回食物；此外，無論走到哪裏，我都還得就地種菜，經營好我們的菜園子，並從其他人丟棄的垃圾裏撿回可以吃的東西。可是隨著物價的飛漲，我們還是根本無法吃飽肚子。

我在懷孕期間大部分時候都在挨餓，一旦有了吃的，我都得讓我丈夫和孩子們先吃。我的兩個嬰兒都是在日本大轟炸中出生的，所有孩子都是我在家裏，僅靠我丈夫的幫助，自己接生生下來的。抗戰期間，我們甚至連接生婆都請不起。而且我也知道，在大轟炸中我們即使有錢也可能請不到接生婆。

　　1940年，我們的第三個孩子在日軍的狂轟濫炸中出生了。生下他之後，我整整一天都沒有吃到東西，因為在空襲期間都不准生火做飯。由於沒有攝入適當的水和食物，我沒有奶水餵孩子，幾天後他就死了。

　　1941年我又懷孕了，生下了另一個孩子。和上次一樣，因為沒有奶水餵養，她也死在了襁褓中。婦女在生完孩子以後，要坐月子，要吃很多有營養的食物來恢復身體。而我什麼都沒有，我從來都沒有吃飽過，更別說吃上有營養的東西了。

　　1939年我生下第二個兒子後，我又另外生了六個孩子，大都是在戰爭中懷上的。每生完一個孩子，我都只能在家休息一兩天，就又得回去繼續工作，好幾次我剛生完孩子就又得搬家。飢餓和焦慮把我和孩子們都折磨得痛苦不堪，最後六個孩子中只有兩個存活下來。那時候，我根本不知道什麼是節育，女人的身體就是一台生孩子的機器，可悲的是，抗戰中我們的孩子大都死於襁褓之中。

　　1942年，重慶有上千所房子在日本人的大轟炸中被摧毀，很多窮人失去了住所。後來，很多沒有穩定住所的貧困家庭一起聯合起來，最終又在長江沿岸建起了一個緊挨一個的簡陋竹棚子，形成了另一個巨大的貧民窟。由於這個貧民窟太過巨大，政府怕強制拆遷會引起住戶們的大規模反對，而沒有將我們趕走。就這樣，我們終於又有了一個固定的家。

　　我們沿著江邊岩石的天然斜坡，用竹竿子和竹席搭建起了自己的家。我們利用岩石河岸做棚子的後牆，用竹子編成的牆圍成我們「房子」的另外三個面。江邊很潮濕，一年到頭水都會從岩石縫滲出來，我們放在屋子裏的東西都總是很潮濕。冬天，寒風沿著江岸呼嘯著，潮濕的棉被不保暖，我們冷得無法入睡。所以，冬天大多數的夜晚，我都得把孩子們摟在我們懷裏，和我們睡在一起，用我的身體來為他們供暖，讓他們能夠睡覺，而我卻只能醒著熬過整夜。直到快天亮時，我才能眯一會兒，而這時我又該起來去工作了。夏天，潮濕和重慶極度的高溫天氣也使得生活痛苦難耐。在貧民窟裏沒有任何清潔措施，在這裏人與人、野

狗、野貓、老鼠以及其他包括跳蚤和蟑螂在內的蟲子們共居。夏天，潮濕的江岸也是蚊子吸血的好場所。我們房子的竹竿子和竹席間有大量的縫隙，使得蚊子們能夠隨意進出，把我們的血當做豐盛的大餐盡情享用。

寒冷潮濕的冬天和跳蚤蚊子肆虐的夏天相比，我不知道哪個更難以忍受，一年到頭我們都在痛苦中掙扎。我們沒有別的選擇，只能待在這個貧民窟裏直到抗日戰爭結束。我們本來就是一無所有，而戰爭更加劇了我們的磨難。

1945年日本投降的時候，我們都很高興，成千上萬的人在街上遊行、狂歡。我以為生活在戰後會得到改善。但事實並非如此。我們仍舊是窮困潦倒，仍舊那麼痛苦地生活著。直到1949年共產黨建立起了新中國後，我們的生活才發生了實質性的改變，和之前相比改善了很多。

王淑芬

貧困的農家女性
1920年生於四川銅梁

我絕望極了，完全不明白為什麼還要在這個痛苦的世界裏活下去。我漫無目的地朝著市中心外的寺廟慢慢走去。這座寺廟建在一個小山坡上，在要到大門的時候，我實在是走不動了。飢餓佔據了我的身體和靈魂，我坐在地上等著死亡的降臨——要麼被日本人的炸彈炸死，要麼被餓死。

我出生在銅梁一個窮苦農民之家。很小的時候，我就幫著父親幹農活兒、做家務。我從來沒有念過書，連自己的名字都不會讀寫。17歲的時候，在家裏人的包辦下我結了婚。我和丈夫婚前互相都不認識，直到婚禮當天才第一次見面。

就在婚禮前不久，我才聽說了抗日戰爭爆發的消息。因為這場戰爭，四川所有身強力壯的單身男人都在徵兵的範圍之列。我丈夫比我年長九歲，也在名單上。中國人有句古話，好男不當兵。當時在徵兵年齡內的人，都在想方設法地躲兵役。他家裏的人極力要求我們盡快完婚，這樣他就能躲過徵兵，或者至少也能推遲一段時間。所以我們一完婚就從銅梁搬到了重慶城內，躲避徵兵。

我丈夫在重慶城找到了拉人力車的工作。剛到重慶的時候我還待在家裏，後來我丈夫掙的錢不夠家裏開銷，我去了一家有錢人家當傭人，為他們煮飯、做清潔、洗衣服。1939年5月3日那天，我正在主人家裏幹活兒，突然聽見天上出現了很大的奇怪噪聲。出於好奇，我就跑到室

外去看到底發生了什麼。我看見二十多架日本轟炸機向我們飛來。在這之前我從來沒有看見過、也沒有聽說過飛機，直到它們開始投擲炸彈的時候我才明白了它們是在幹什麼。那是一段很恐怖的經歷。重慶城裏大多數人都從來沒有見過轟炸機，很多人都跑到室外，想看明白到底發生了什麼事情。炸彈密密麻麻地從天上落下來的時候，發出了刺耳的巨響，一和地面碰撞，地面就開始地動山搖地劇烈晃動，我以為天都塌下來了。

很多人馬上就被炸死了，身體被炸彈爆得四分五裂，散落得到處都是：有些掛在樹上，還有些被炸飛後散落到了房子的窗台上和房頂上。那些沒有被立刻炸死的人四散逃跑，我也跟著跑，一塊彈片擊中了我的左胸。我感覺到一陣劇烈的疼痛，看見鮮血從傷口流了出來。我一邊哭一邊跑，跑到一條小巷的角落裏停了下來，看見左胸上有一塊彈片。我把它拔出來，從衣服上撕下一塊布把傷口包紮起來。我開始往回家的方向走，路上碰到一個帶著急救箱的男人，他幫我取出了剩餘的彈片殘渣，用酒精幫我清洗了傷口。我沒錢看醫生，也沒錢買藥，幸運的是我的傷口腫了將近一週之後，竟奇蹟般地好了，只在我的左胸上留下了一個大傷疤。

日本人開始轟炸重慶後，我們的生活就像進了地獄一樣了。為了逃避大轟炸，我主人一家都搬出了城，我失業了。每天我們都要忙著往防空洞跑，還要想盡辦法找東西吃。大轟炸開始以後，我丈夫就無法找到穩定的工作了。不管什麼臨時工作，只要能找到我們都做，但有時候我們還是因為沒有錢而一整天都吃不上東西。

1939年夏天，在一次空襲中，上千人因為窒息死在了石灰市附近的一個防空洞裏。市政當局讓過路的群眾去把洞裏的屍體拖出來。事發後的第二天，我和朋友路過那裏的時候被警察叫住，強行讓我們去洞裏拖屍體。我們都害怕不願意去，但是我們的抗議一點用處都沒有，附近的所有過路的人都被警察強迫拉過來做這個工作。

　　我看見防空洞前的空地上到處都擺放著屍體，包括很多小孩子的屍體，他們中有些可能只有幾個月大；有些女屍還是穿著和洋娃娃一樣漂亮衣服的下江女人。我被這些景象嚇呆了，噁心想吐。到了洞裏，一看到那些堆積如山的屍體，我馬上就暈倒了。我不僅沒有拖出來任何一具屍體，反而被其他人給拖了出來。

　　這件事發生之後，我就很害怕出門了。我們在這裏找不到工作，又害怕大轟炸，我丈夫就提議我們回銅梁的鄉下老家去。我們沒錢乘車，只好步行。走了好幾里路到了渡口，才知道所有的渡船都被炸沉了，而且如果沒有政府的特別許可，任何人都不能離城。我們沒有其他的選擇，只能又走回去。由於日軍的大轟炸，很多人都想出城到鄉下去避難，到處都混亂不堪。由於不斷的轟炸和極度的混亂，重慶地區的食物和水變得異常稀罕，只有用金幣和銀元才能買到，由於我們既無金幣也無銀元，只好餓著肚子。我們就這樣不吃不喝地走了整整一天。

　　1930、40年代，很多重慶人都還沒有自來水。人們用水都是靠僱傭挑夫從江裏挑水到家裏。大轟炸之前，五毛錢就能買到兩桶水，而大轟炸開始以後，由於每日空襲警報不斷，下河挑水也很危險，同樣的兩桶水的價格就飆升到了兩塊錢。對我們這種窮人來說，我們已經用不起水了。

　　我對1939年5月發生的第三次大轟炸記憶猶新。就在轟炸的前一天，我們的水就用完了。儘管家裏還有一點點米，但沒有水我也沒辦法煮飯。我餓極了，也渴極了，就到隔壁鄰居家裏去求他們分一碗水給我們。我的鄰居高老太太給了我一碗水，我把它倒進鐵鍋裏準備煮米粥吃。就在粥快要煮沸的時候，一個治安警察小隊出現在了我家門口。他們對我大喊大叫：「你這個笨婆娘，你不知道日本轟炸機來了啊？煮飯的炊煙會把他們引過來啊！」然後他們就氣急敗壞地搶過我的鍋，扔在了我們家屋外的地上。鍋被摔成了三塊，那點珍貴的米湯也灑在了地上，很快被大地吸乾了。我震驚又氣憤極了！整整一天我都沒有吃到任何東

西，也沒喝上一口水，他們卻把我救命的米湯倒掉了！我哭喊著詛咒他們：「你們覺得我們窮就該死嗎？我一整天都沒有吃喝東西了，為什麼你們要把我的米湯扔了？你們這些混蛋！」他們要打我，我就哭著跑了。那時空襲警報的紅燈籠已經掛起來了，意味著日本轟炸機離重慶城很近了。經歷了1939年5月的最初兩次轟炸後，重慶開發了一套報警系統：日本轟炸機到達川東時，就會掛一個綠色的燈籠為人們發出警報；一旦轟炸機離重慶很近了，燈籠就會被換成紅色的。

我實在是太餓太渴了，還很生氣。我絕望極了，完全不明白為什麼還要在這個痛苦的世界裏活下去。我漫無目的地朝著市中心外的寺廟慢慢走去。這座寺廟建在一個小山坡上，在要到大門的時候，我實在是走不動了。飢餓佔據了我的身體和靈魂，我坐在地上等著死亡的降臨——要麼被日本人的炸彈炸死，要麼被餓死。

在那裏我看見了一個有錢的鄰居，他是一個商人，幾天前才大擺婚宴娶了個三姨太。他把太太們和傭人們都帶到了廟裏來，僕人端來一大盆涼麵和好幾份做好的葷菜，準備在這座寺廟裏躲空襲。有傳言說這座廟裏的兩尊菩薩可以保佑人們不受大轟炸的傷害。事實上，這裏住著兩位五十多歲的尼姑，她們稱自己是萬能的菩薩，這樣有錢人就會到那裏去尋求庇護，並帶去豐盛的酒肉供奉她們。

我決定留在那裏。我對自己說，如果菩薩真的能夠庇護那些寺廟裏的有錢人，那麼就一定也能庇護寺廟外面的人。我所坐的這個地方是城裏的一個至高點，在這裏我能看見所有的空襲警報燈籠懸掛點，還能聽到負責防空安全的警察用擴音機放大了的喊話聲。我聽見日本轟炸機沒有來重慶，而是去了四川的另外一個城市南充，不一會就看見空襲警報燈籠由紅色變成了綠色，於是我決定離開寺廟。由於整整一天半都沒有吃喝任何東西，我非常虛弱。我使出最後的一點力氣，開始往山下走。我剛剛到山腳下的時候，七架日本轟炸機又盤旋著飛了回來，準備對重慶做突然襲擊，因為在地面的人們都以為日機已經離開了重慶，已經放

鬆了警惕。為了保命，我開始四處奔躲，最後躲在了一個崖縫下面。我四處張望，希望能找到一點水喝，但是一點都沒有。

就在這時，一對年輕夫婦向我跑了過來。他們打扮得很時髦，那個男的還拎著一個大包。他們都被炸彈嚇壞了，根本無法爬上我所在的這個地方。他們看見我，求我拉他們上去。儘管我已經被飢渴折磨得筋疲力盡了，我還是幫他們爬了上來。他們兩人都嚇得哭，那個女的一直顫抖著說不出話來，也不能動彈。我告訴那個男的，生死有命，富貴在天。如果老天爺決定我們必須死，我們就必須得死。我還告訴他們，我已經整整一天半沒有吃喝任何東西了，我很可能在被炸彈炸到之前就已經餓死、渴死了。

那個男的聽了我的話，就從包裹拿出一個小西瓜，說可以分給我一部分。我抓起一塊尖石頭當做刀，用衣服擦了一下，就把西瓜切開了。我實在是太倒霉了！這個西瓜還是生的，瓜瓤和瓜子都是白色的。我把瓜遞給他們，他們看見我切瓜的工具如此之髒，瓜又是生的，都不想吃。我就狼吞虎嚥地把整個瓜都吃了下去，包括一部分硬西瓜皮。西瓜穩住了我難忍的飢渴，我感覺靈魂又回到了身體裏。這個西瓜救了我的命。

空襲停止後，我不知道我丈夫在哪裏。他一大早就出去找活兒幹去了，也許他也正在找我，我急著想回家。那個女人靠在我身上，央求我留下來和他們待在一起，因為她實在是太害怕了，已經動不了了。我告訴他們，既然他們有錢就應該走回到街上去，僱一輛人力車把他們送回家去。我開始獨自往回家的方向走去。就在我上路後不久，另外一隊日本轟炸機返回了重慶，又投了很多炸彈，其中一個炸彈把那兩個尼姑的寺廟給炸毀了。我看見整個寺廟被淹沒在火海裏。之後不久，我就聽說那兩個尼姑菩薩和那個有錢人以及他的太太們都被炸死了。

當我走回到大街上時，整個重慶城都陷入了極度的混亂中，到處都是火焰和濃煙。我到了兩路口，這裏是重慶城的邊界，治安警察叫住了我。我看見了很多滯留在那裏的焦慮的人們。我們被告知，大轟炸摧毀

了很多電線桿，電線散落得到處都是，要從這裏過去是很危險的。一群工人被叫來清理馬路，修復損壞的電線。我們一直等到半夜，才安全地從這條路上通過了。

我的家離城邊界不是很遠。當我到了住所的街道時，看見所有的房子都塌了，沒有剩下一座完整的。大轟炸把我們所有的東西都摧毀了。我們這個地區住的都是窮人，房子建得都很差，即便炸彈沒有直接擊中這些街區，它們帶來的強烈震動也足以把房子都震垮。我回到家，看見鄰居們都忙著從廢墟裏搶救可以找到的財產物資，我大聲地喊著我丈夫的名字。有個鄰居看見了我，被嚇了一大跳。經歷了一整天的磨難之後，我看起來一定像個鬼一樣。她告訴我，警察砸鍋倒米湯後，有人看見我往寺廟那邊跑了。後來寺廟被炸毀了，他們都以為我也被炸死了。她很恐慌地對我說：「大嫂子，如果你還活著，我們歡迎你回來。如果你變成鬼了，請千萬別來害我們呀！」我哭喊著告訴她我不是鬼，我還活著。她摸了摸我的手，發現我的身體還是暖的才相信了我的話。她告訴我，我丈夫出去找我去了。

我是我父母唯一的孩子。丈夫的家人請求我父母把我嫁給丈夫時，曾答應他得像親生兒子一樣侍奉我的父母。當我丈夫聽說我去了那座寺廟，而且又看見它被炸毀了，也以為我死了。他跑到那裏去找我的屍體，以便向我父母有個交代。在那裏白費力氣地找了好幾個小時後，他回到了我們被炸毀的鄰里，在塌掉的房子前痛哭。我在被炸毀的家門口等他的時候，靠著一根桿子睡著了，突然，我被我丈夫的哭喊聲和呼叫我名字的聲音驚醒了，大喊著：「我在這裏！我沒有死！我還活著！」我丈夫被嚇壞了，以為聽見鬼在說話。等他確定了我確實還活著，而且一點都沒有受傷後，我們抱在一起大哭了一場。我告訴他我餓極了，他急忙拿出兩個在身上揣了一整天的芝麻餅。我吃掉了一個，還留了一個給他。後來，他又找了一碗涼水給我喝。就在吃完這些東西後，不知道為

什麼，我突然暈了過去，失去了知覺。聽見我丈夫的尖叫，鄰居們都趕過來救我，有些幫我掐穴位，有些嘗試著用民間偏方把我弄醒。

當我再次醒來的時候，我感到身體上和精神上都徹底崩潰了，一股很強烈的傷感席捲了我全身。我意識到，我差一點就死了。我想念我的父母，情緒很激動。我想到如果我死了，他們會傷心死的。抗日戰爭中的生存、生活實在太艱辛了，我們每天都在掙扎。正因為如此我們一直到戰爭結束後才有了孩子，抗戰期間我們連自己都養不活，更別說再多養一個人了。

你們這些年輕人完全想像不出我們是怎麼過來的。每次轟炸，我都能看到很多很多死人，讓人傷心欲絕。每次看見這些死人我都會哭。你們知道這些死人都是怎麼處理的麼？他們被人用鐵鏟子鏟進卡車，然後運到南岸的一個巨大的墳坑裏埋掉。我親眼看見，1939年的一次空襲中被炸毀的那個防空洞裏，死了好多好多人，那些從屍體上取下來的金戒指、金手鐲以及手錶，足足裝了兩大筐。你可以想像一下，單就在那一個事件裏就死了多少人。

抗日戰爭從始到終我都待在重慶，因為日本人的侵略，我們這些窮人受盡了磨難。為什麼我們要受這麼多苦？就是因為我們沒有錢。在抗戰年間，紙幣完全沒用，什麼都買不到。從大米到水，再到衣服布料，每樣東西都要用真金白銀才能買到，而我們什麼金銀都沒有。那時最常用的貨幣，是刻有袁世凱頭像的銀元。在抗日戰爭爆發以前，我們雖然窮，但還能依靠雙手勤奮工作，勉強糊口。而在抗戰期間，我們找不到任何工作，賺不到銀元，也就買不到食物和水，天天忍飢挨餓。不僅如此，我們還常常被治安警察欺負，經常被他們用皮帶抽打。最初我害怕這些警察就像害怕空襲一樣。隨著時間的推移，我不再害怕他們了，常常詛咒他們！一個朋友告訴我，人的生死是由命運決定的，如果你的期限到了，你是跑不掉的；如果你的死期沒到，即便是你想死也死不了。

知道一個人的命運是被預先注定的以後，我感覺好多了。我們這些窮人也只有讓命運來決定我們的未來了。

1941 年以後，日本人對重慶大規模的頻繁轟炸逐漸減少了。我們開始賣零售的蔬菜和水果。我丈夫到附近鄉下去進蔬菜和水果，然後再挑回到重慶來賣賺點差價。那時的生活很困難。由於抗戰帶來嚴重的通貨膨脹，靠賣蔬菜和水果很難維持生計。我得承認，正是抗戰帶來的這些痛苦，使我和我的丈夫的關係更加親密了。為了生活下去，我們不得不互相依靠、互相扶持。

我知道抗日戰爭的結束。當我們戰勝了日本的消息公佈出來後，整個重慶都沸騰了，很多人上街遊行。我一直都很喜歡看熱鬧，也上街去看遊行。除了遊行以外，還有人演街頭劇。我看見一個街頭戲劇裏，有幾個中國人扮成日本人的樣子被繩子綁著，縮在槍口下面。我們很高興我們能打敗日本人。然而抗戰的結束並沒有為我們的生活帶來多大的改變。在抗日戰爭期間我們掙扎著活下來，在戰後我們繼續掙扎著，直到今天我都還在掙扎，還是貧窮。對於我們這些窮人來說，簡直就沒有真正意義上的生活可言。

蔣素芬

貧困的農家女性
1931年生於四川江津

> 每年交了租後，剩下的糧食從來都不夠吃。我
> 小時候從來沒吃過一頓飽飯。我們根本就沒有
> 米飯吃，盡是吃雜糧、紅薯和菜稀飯。我記得
> 我們還吃過觀音土。觀音土就是白糁泥，是一
> 種瓷土，吃了可以讓人有一段時間不感覺餓，
> 但吃了以後連大便都解不出來。

我出生於偏遠貧窮的山區農民家庭。我們家在江津地區，但遠離江津城。抗日戰爭爆發時，我才7歲。我們家窮，我沒有上過學，對什麼是抗日戰爭完全沒有概念。我們住在山區裏，所以日本人對重慶的大轟炸也沒怎麼影響到我們。我8歲時母親就去世了，我從小就要從早到晚幹活幫助家庭。我們家沒有自己的田地，都是租地主的地種。我的家鄉在山區，沒有什麼水田，只有乾田，地很薄，種不出什麼莊稼。每年交了租後，剩下的糧食從來都不夠吃。我小時候從來沒吃過一頓飽飯。我們根本就沒有米飯吃，盡是吃雜糧、紅薯和菜稀飯。我記得我們還吃過觀音土。觀音土就是白糁泥，是一種瓷土，吃了可以讓人有一段時間不感覺餓，但吃了以後連大便都解不出來。我們家太窮，沒有飯吃，實在餓得不得了，就吃些觀音土充飢。抗戰期間，我們也知道中國和日本在打仗，但是我們沒有太關心。抗戰時期，我們太窮，每天都在為生活掙扎，加上我年紀小，所以我也不太曉得抗戰動員的事情。我14歲時，也就是抗戰勝利那年，我父親也去世了。我們家在抗戰勝利以後還是很窮。我後來跟著我叔叔和嬸嬸過日子。

第二部分

抗日戰爭，女性與經濟

序

　　現存西方和中國對中國抗日戰爭時期的經濟，以及其對國民黨統治地區的影響的研究，主要集中在宏觀層面，因為此類研究多以檔案資料和統計數據為依據。如，根據抗戰時期重慶市政府編印的統計資料，1937年至1942年重慶的基本生活必需品物價瘋漲。以大米為例，1937年6月每石大米的售價是13.03元國幣，而到1942年6月，每石大米的售價則漲到了531.70元國幣，是1937年的43.9倍。1937年6月，重慶每市擔豬肉的售價是24元國幣，而1942年6月，每市擔豬肉的售價漲到了900元國幣，是1937年的37.5倍。1937年6月，重慶每疋蘭亭陰丹士林布的售價為13.70元國幣，而1942年每疋蘭亭陰丹士林布的售價為1161.70元國幣元，是1937年的84.8倍。[1]

　　除了物價飛漲之外，普通重慶人的實際收入也大幅度下降。大陸學者周春與蔣和勝指出，根據抗戰時期重慶市各行業人員實際收入統計資料，1937年至1945年間，雖然城鎮居民的工資收入一直有所增長，但是同期生活費用價格的增長卻比這大得多。他們的研究顯示，如果將1936

1　重慶市政府，《重慶市躉售物價指數月報》。1942，第1期，第106–123頁。

年7月至1937年6月的實際收入指數設為100，到1943年，重慶教職員的實際收入下降了85%，公務員的實際收入下降了91%，產業工人的實際收入下降了58%，一般職工的實際收入下降了26%。[2] 這種研究可以幫助我們了解抗戰時期的宏觀經濟，卻無法展示抗戰經濟的微觀層面，特別是其對弱勢人群日常生活的影響。根據統計數據得出的研究成果固然可以得到一個抽象的概念，知道抗戰期間普通民眾經受了巨大的經濟考驗，生活受到了物資短缺和高通貨膨脹的深遠影響，但我們卻不清楚他們日常生活的基本境況、抗戰經濟對普通人的生活到底有哪些具體影響，以及人們是如何應對這些經濟困難的。

本書婦女的戰時故事則提供了豐富而具體的信息。比方說，我採訪張慎勤時，她告訴我，1943年她高中畢業準備考大學時，問同學借了一丈三尺陰丹士林藍布做衣服。為了還這一丈三尺藍布，她不得不休學一年去保育院工作掙錢。如果我們不知道抗戰時期重慶的通貨膨脹有多厲害，特別是陰丹士林藍布的通脹率（1942年陰丹士林藍布的價格比1937年升漲了84.8%），我們不會理解為什麼僅僅為一塊藍布，她得休學一年。如果我們不把通貨膨脹率和普通老百姓的生活聯繫起來，我們也無法知道抗戰時期的經濟困難到底對人民的生活有哪些具體的影響。這些信息不僅涉及到重慶地區經濟生活的細節，還涉及到普通婦女的經濟地位，以及她們到底對抗日戰爭時期的經濟作出了何種程度的貢獻，又因戰時經濟受到了何種程度的影響。這些細節都是難得的寶貴資料，如將口述資料與文獻資料相結合，我們可以更深入地了解抗日戰爭時期重慶的經濟和社會情況，以及普通婦女與抗戰經濟的關係。

書中婦女們的抗戰經歷告訴我們，正規經濟只是抗日戰爭時期經濟的一個部分。抗戰期間，由於國民政府的主要目標是用有限的資源消耗

2　周春、蔣和勝編，《中國抗日戰爭時期物價史》。成都：四川大學出版社，1998，第194–195頁。

來保存國家，維持國家機器和戰爭機器的運轉，在國民黨統治地區，政府並沒有制定幫助普通民眾應對戰爭的經濟政策及相關措施。在很多情況下，普通民眾都只能依靠自己求生，因而非正式經濟在維持普通民眾的日常生活方面發揮了重要作用，重慶地區的婦女們就成了非正式經濟的生力軍。抗戰時期，哺育後代、照顧家人仍被視為婦女們的天職，而戰時經濟又異常困難，所以很多重慶婦女很大程度上都是依靠非正式經濟來維持自己和家人的生存。她們發明、參與了很多非正式的經濟活動，譬如：她們在前庭後院種植糧食蔬菜、從田地和垃圾堆裏搜尋食物、在街頭賣自製的手工藝品，以及買賣水果蔬菜或者熟食來賺取微薄的收入等等。這些經濟行為看起來很不起眼，也沒有被記錄在統計資料之中。如果用貨幣價值計算，它們可能只是中國整個抗戰經濟中很小的一部分，但是如果沒有婦女們的這些發明和參與，她們的家人，即絕大多數的普通人，就無法生存，而重慶，乃至中國全國，都根本無法挺過八年艱苦的抗戰。因此，如果要研究和了解抗日戰爭時期中國大後方的經濟，就必須把學術注意力放到研究非正式經濟，並注意婦女們在其中所扮演的重要角色。

在強調非正式經濟的重要性的同時，我們也應該注意，抗日戰爭同樣為重慶地區的婦女參與正式經濟生活創造了機會。烏淑群的例子就揭示出，自從重慶成為戰時陪都以後，一些新式的職業也逐漸向女性開放，像烏淑群一樣受過一些教育的年輕女孩就可以找到電話接線員這類的新式工作。徐承珍以及其他幾位紡織廠女工們的故事則告訴我們，抗戰時期，戰爭帶動了軍需，所以生產軍備、軍服的工廠增多，也為重慶地區的婦女們提供了外出工作的機會。

二戰時期，在歐洲和美國，男人們紛紛參軍上前線打仗，後方的婦女們因而有機會從事許多以前不能從事的工作。歐美婦女參加戰時生產，為國家及社會提供服務，也為自己創造了話語權，推動了政治及社會經濟環境的發展，使婦女得到進一步解放。儘管西方學者們都承認，

歐美婦女參與戰時經濟生產增強了婦女爭取自身權利和解放的機會，但他們仍為這種機會到底有多大、是否在戰後依然持久而爭論不休。那麼，中國在抗日戰爭中的狀況又是如何呢？婦女們所參與的戰時經濟活動有沒有持續提高她們的地位呢？本書這些婦女的故事告訴我們，這個問題並沒有一個簡單的答案，因為婦女的抗戰經歷會因各自的社會、經濟以及政治背景的不同而大相逕庭。我們必須認識到抗戰經濟與婦女的關係這個問題的複雜性，而不應簡單地套用西方學者的思維模式。

本書記錄了幾位紡織女工的口述史。她們的口述史還不足以概括出抗戰時期重慶工人階級婦女的基本情況及相關信息，但我希望，本書能激發中外學者們研究屬於她們的婦女史。抗戰時期重慶的女工史無疑是抗戰史中一個有意思的課題，如果把對其的研究與關於其他婦女的研究結合起來，我們可以更全面地理解重慶地區的抗日戰爭和社會性別對經濟產生的影響。

抗日戰爭期間，像徐承珍這樣的中國婦女和一戰、二戰期間上百萬歐美婦女一樣，走出家門到工廠裏去工作。英國一戰時期有很多婦女在軍需品生產單位工作。對那些英國未婚年輕女性來說，在工廠工作的經歷將她們轉變成了「現代女孩」。因為脫離了家庭和父母的管束，她們獲得了社會自由和人身自由，賺取工資也使她們獲得了經濟上的獨立，有了購買能力，在工廠裏學到的專業技術更為她們帶來了莫大的愛國感和自豪感。然而，徐承珍的故事告訴我們，抗戰期間她雖然也像許多歐洲婦女一樣在軍需品生產單位工作，卻並沒有享受到西方婦女享有的解放和獨立。對她來說，在工廠裏工作只是出於無奈，因為抗戰帶來的家庭經濟困難使她不得不到工廠工作。儘管徐承珍姐妹都有工資，但走出家門、參加工作卻並沒有給她們帶來人身自由和解放。相反，在戰火紛飛的日子裏，每天出門工作對她們而言是一段異常恐怖的經歷，因為她們得每天清晨摸黑走路上班，然後在工廠裏做很長時間的活兒。學者們通常認為，走出家門、外出工作可以為傳統上只局限於做家務事的婦女們

帶來人身、社會以及經濟自由，而徐承珍的故事迫使我們重新審視「內部」(家庭私領域)和「外部」(公領域)劃分的意義。徐承珍姐妹對自己賺的工資也沒有任何控制權，這些錢都是由廠裏直接支付給她們父親的，她們連過手的機會都沒有。對她們來說，參加戰時生產根本沒有改變已有的社會性別關係和勞動力劃分格局。所以，抗戰期間婦女參加生產、外出工作與婦女解放的問題不能一概而言。

而在烏淑群的案例裏，由於她在成為電話接線員後，有能力靠自己的工作來賺錢過上獨立的生活，個人眼界得到了極大拓寬。她覺得自己的工作很有意思，而且能為抗戰作貢獻。在工作中，她建立了朋友圈子，與同事們的關係也很好，過著一種相對較滿意的生活。然而，正是她的經濟獨立和相對的人身獨立使她的未婚夫感受到威脅和不安，很快他就哄騙她放棄了這份工作。顯然，婦女們參加抗戰生產的確對當時的社會性別關係和勞動力劃分格局構成了威脅和影響。在重慶成為戰時陪都以後，很多像烏淑群這樣的女性陸續踏進了生產領域和工作崗位。1943年的重慶市政府職業統計數據告訴我們，在351,514位重慶婦女中，72%從事著非農業性的工作。如果加上農業性的工作，那麼有79%的婦女在工作。[3] 由於大量婦女參加戰時生產工作，1939年到1943年間，國民黨統治下的重慶地區掀起了一場關於婦女到底應該待在家裏還是走出家門參加工作的激烈論戰。當時重慶地區的許多人，不論男女，不管是來自中國共產黨、國民黨還是第三黨派，都積極加入這場大論戰中。這場論戰不僅為該地區婦女運動的興起作出了貢獻，也對政府施加了壓力，要求政府承認和保護婦女們的憲法權利，讓女性在政治、經濟、教育以及就業方面得到平等的機會。論戰迫使國民政府於1942年頒布了一項法令，規定政府部門和機構在其控制地區內不能隨便找藉口開除女性員工。儘管這項法令頒布之後，在中國，對女性平等就業權利的歧視依

3　重慶市政府秘書處，《重慶市政》。1944，第1卷，第1期，第39頁。

然存在，但法令確實是中國婦女有史以來在就業權利方面取得的第一次實質性勝利。[4] 更重要的是，抗戰時期關於婦女經濟權利的論戰和運動，使婦女就業問題成為了戰後中國政治論壇上的一個永久性話題，還延伸到了中華人民共和國及台灣的戰後政治舞台上。要研究抗日戰爭以及社會性別的經濟影響，我們必須得跳出「戰爭給婦女們及中國社會帶來了怎樣的影響」這一問題及思維方式，也應當考慮婦女們參與抗日戰爭為抗戰和戰後中國社會及政治帶來了怎樣的影響，以及這些影響能否持久。

抗日戰爭對重塑重慶地區的經濟結構及生活也扮演了重要的角色。西方現有研究中國抗日戰爭歷史的著作，比較注重揭示這場戰爭給中國整個國民經濟所造成的損失，但專門研究重慶歷史的大陸學者卻比較注重抗戰對重慶經濟發展所作出的貢獻。不少重慶地方史學術專著都強調，在成為戰時陪都以後，隨著中國主要工業向該地區的遷入，重慶逐漸從主要的地方性商業樞紐轉變成了與國際接軌的工商業中心。[5] 然而現存有關抗戰時期經濟轉變的中西方學術著作，還是聚焦在宏觀層面，很少提到關於這場經濟轉變對重慶地區普通老百姓的影響的微觀信息。本書記錄的戰時故事，就為我們提供了相關的微觀信息。

譬如，龔雪的故事就告訴我們，並不是所有重慶本地人和他們的生意都從抗戰時期的經濟轉變中獲益。龔雪丈夫的裁縫生意就因為大量下江裁縫的湧入以及日軍對重慶的大轟炸而破產。但是松溉婦女們的故事卻展示出，抗日戰爭時期的生產動員，確實重塑了當地一些地區的經濟結構。1938年，新生活運動婦女指導委員會在重慶地區的永川縣一個叫松溉的小鎮上建立了一個紡織實驗區，用來動員人們，尤其是婦女，參加戰時生產。從1938年到1945年，新生活運動婦女指導委員會在這個實驗區內陸續建起了一家紡織工廠、一個農場、一個醫療診所、一家圖書

4　丁衛平，《中國婦女抗戰史研究》，第121頁。

5　周勇，《重慶通史》，第3卷；隗瀛濤，《近代重慶城市史》。

館、一個消費合作社、一所難民兒童學校、一所女工學校，以及一所為當地居民服務的普通中小學校。其中，紡織工廠就僱了八百名工人，大部分都是女性，有五百人都是來自松溉社區。在抗日戰爭年間的松溉，實驗區管理當局實際上取代了當地政府，負責起當地各項事務。[6] 1980年後，改革開放時期的中國經濟特區及其對中國經濟改革所作出的貢獻，吸引了全世界的高度關注，然而幾乎沒有人知道抗日戰爭年代裏，重慶地區的中國婦女已經開創了經濟特區的先鋒。松溉案例不僅向我們揭示出，重慶地區的婦女參與了抗戰時期的經濟轉變，並為其作出了卓越貢獻；而且還喚醒我們，在對中國抗日戰爭的研究中必須包括婦女們的經歷，這樣才能對抗日戰爭歷史有更加全面的認知。

更重要的是，松溉的案例提示我們，要理解中國大後方的戰時經濟，必須要把注意力放到農村地區的經濟發展上來。從中部和沿海地區遷移過來的大量工業企業，如軍需品工業和紡織工業等，都只是中國大後方戰時經濟的一部分。農業、農村手工業、以及小工業生產，是抗戰經濟的重要組成部分，應當得到學術界的重視。國民政府於1938年發佈的戰時工業發展計劃，明確強調了農村工業生產在中國戰時經濟中的本質地位，並鼓勵發展農村工業和農村手工業生產。[7] 在抗日戰爭期間，農業和工業、農村和城市之間的劃分已經不是那麼清楚。抗日戰爭中，尤其是重慶地區所遭受的日本大轟炸，迫使成千上萬的城市居民和難民，包括來自上海、北京等大城市的人們，都逃到附近周邊農村去了，很多中小工業也被迫遷到了鄉下去。

大量城市人口流入農村，加上抗戰時期經濟對農村地區的依賴，使大後方的農村地區受到前所未有的關注。抗日戰爭時期曾居住在四川的

6　蔣宋美齡、新生活婦女指導委員會松溉紡織實驗區編，《新運婦女生產事業》。重慶：松溉紡織實驗區，1940。

7　浙江省中共黨史學會編，《中國國民黨歷次會議宣言決議案匯編》，第2卷。杭州：浙江省中共黨史學會，1985，第341頁。

西方學者David Graham留意到，抗戰期間許多以前生活在城裏的政客、學者、學生以及商人都搬到了鄉下，和當地的農民生活在一起，以躲避日軍的轟炸。這種和農民的近距離接觸，促使這些城裏人學習正確評價農民，關注「農村問題」，並為「農村問題」尋找解決辦法。[8]在抗日戰爭年間，在四川的農業和工業之間、農村和城市社會之間，發展出一種重要的新型互依共生的城鄉統籌關係。Frank W. Price在1942年時指出，中國大後方的戰時經濟大體上就是一個「農村－工業經濟」。[9]四川的農村，尤其是重慶地區，不僅僅作為地域空間為中國大後方的戰時工業輸送物質和人力資源，其自身的農村工業也在抗戰中得到了極大的發展，並且從戰時經濟發展中獲益匪淺。松溉就是抗戰時期在農村建立工業經濟的範例。紡織廠的建立使紡織實驗區裏的公共教育、醫療保健、文化生活以及鎮上的生活條件等都得到了極大改善，當地人尤其是婦女的經濟生活狀況也都提高了。雖然松溉實驗區只是個例，不一定能代表整個重慶地區的情況；也不管宋美齡及松溉紡織實驗區的負責人當時的動機如何，當地的普通民眾在八年抗戰中受益於紡織實驗區這一事實足以贏得學者們的注意力。松溉的例子也告訴我們，抗日戰爭期間的婦女組織在農村工業和社會發展中扮演了重要的角色，為之做出貢獻。

研究重慶地區的抗戰史，一定得關注北碚。本書中常隆玉的故事為我們提供了關於抗戰時期北碚的個人陳述。雖然北碚是重慶的一個地區，但抗戰時期它是民生船運公司的創始人盧作孚的地盤，有相當大的獨立性。在抗日戰爭年間，一個相對獨立的北碚能在國民黨統治下的陪都裏生存發展是很能説明問題的。它的存在，向人們揭示出重慶地區政治勢力結構的複雜性以及思想信念的多樣化。儘管蔣介石的國民政府一

8　David Crockett Graham, "Some Sociological Changes," in *Wartime China as Seen by Westerners*, ed., Frank W. Price. Chungking: China Publishing, 1942, pp. 24–30.

9　Frank W. Price, "The War and Rural Reconstruction," in *Wartime China as Seen by Westerners*, ed., Frank W. Price. Chungking: China Publishing, 1942, pp.131–139.

直希望利用抗日戰爭擴張其政府的權勢，盧作孚這樣的地方勢力龍頭卻可以利用抗日戰爭來削弱國民黨中央政府的影響力，建立、擴大自己的影響和勢力範圍。抗戰期間，盧作孚提出的諸多理念，如發展工業和科學救國的見解，以及他要把中國西部地區發展成為中國現代化的重要紐帶的設計，都被證實為極富遠見卓識的想法，因為現今中國政府也提出了用科學技術觀和開發大西部來推動和發展經濟改革。常隆玉提到的抗戰時期北碚的故事提醒我們，研究中國抗日戰爭的歷史要把注意力放到重慶地區戰時經濟、政治、歷史的多元性上來。

烏淑群

教師、接線員
1923年生於四川江北

這份工作給了我一份不錯的穩定收入,工作量也比之前教書的工作輕鬆了不少。大多數同事都是和我年齡相仿的年輕女性,我們不僅在工作中有很多樂趣,而且還在下班以後一起打麻將,一起逛街,一起玩。那真是我生命中的一段快樂時光啊!

我出生在四川省江北縣的隆鑫場。原本我們一家都住在鄉下,靠種地為生。我父親吸鴉片把家裏的土地、錢財全都吸光了,死後什麼都沒有給我們留下,我們在鄉下沒有辦法生存,母親就帶著我們搬到了重慶城裏。到重慶後,哥哥在城裏的聚興城銀行找到了做學徒的工作。那是抗戰爆發前的事。

到重慶後,我姐姐也嫁了人。我們在城裏的窮人集中居住的地方,用竹竿子搭建了一個簡陋的棚子,作為我們的家。哥哥還只是一個實習生,掙錢很少,只夠維持他一個人的生活。母親不得不賣菜,還用籃子把做好的髮網和鞋子裝起來拿到街上去賣。從我懂事起,印象中我們的生活就過得很艱辛。即便是這樣,在鄉下的時候我還念過幾年私塾,還在江北的治平中學受過兩年中學教育。我還記得讀書期間,只要我一從學校回到家,就得幫母親做鞋底和髮網。然後她走街串巷,到處去賣自製的手工小商品。

1937年戰爭爆發時我14歲,我們家已經都搬到重慶去了。直到現在,我都對抗日戰爭時期日軍對重慶的大轟炸記憶猶新。日本人的轟炸

機一來，防空警報就會拉響，我們就得往附近的避難防空洞跑，離我們家最近的一個防空洞在東水門附近。日軍開始轟炸重慶的頭兩年，通常一天內會有好幾次空襲。有時候正當我們走出防空洞、以為空襲已經完了，防空警報又響起來了，我們又得跑回防空洞。

在空襲期間，任何人都不准生火做飯，因為大家都認為炊火和炊煙會把日本人的轟炸機引過來。有錢人可以從商店和餐廳裏買到成品帶到防空洞去吃。我們窮，買不起商店裏的食物。因此，對我們來說，跑防空洞有時意味著一整天都得不到吃喝。重慶人多，防空洞裏總是擠滿了人。過分的擁擠再加上日本轟炸機發出的震耳欲聾的響聲，總是把小孩子們嚇得哭鬧不停。小孩子一哭，防空洞裏的人就不耐煩，怕小孩的哭聲會招引來日本轟炸機，所以防空洞裏的人情緒都很緊張。我記得有好幾次小孩子一哭，防空洞裏恐慌的人們都憤怒地要求母親們讓自己的孩子安靜下來。有些母親沒辦法，只得用毛巾捂住孩子的嘴，有些孩子就這樣活活地悶死了。因為只有這樣人們才會允許她們待在防空洞裏。這實在是太殘忍，太可怕了！我還記得有一次空襲，我家附近的一個防空洞塌了，成百上千的人死在了裏面。

最初日本人開始轟炸重慶時，只要警報一響，我們就跟著其他人一起往防空洞跑。過了一段時間以後，我母親決定不再跑了，因為我們沒有錢買吃的，在防空洞裏既沒吃的，又沒喝的。她說，如果要死，我們就死在一起。在那之後，我們就待在家裏，日本轟炸機一來，母親就用棉被把我們蓋起來，還叫我把耳朵塞住，只要聽不見聲音，就沒那麼害怕了。

雖然我們從大轟炸中倖存了下來，家裏沒死人，家人的身體也沒受到傷害，但大轟炸卻徹底摧毀了我母親的小生意。大轟炸期間人們每天都在不停地往防空洞跑，根本沒人來買我母親做的髮網和鞋子。加上食物和其他日常生存的必需品也很難買到，誰還顧得上買髮網和鞋子。在抗戰年月裏，大米及其他生活必需品都由政府限量配給，很難買到。普

通人只能買到平價米，這種米總是參有大量穀倉裏的稗子、沙子、老鼠屎及其他一些雜質，而且還有股強烈的霉味。重慶人都開玩笑說，我們每天吃的是「八寶飯」，裏面什麼都有。

抗戰期間我們的生活實在太艱難了。為了幫助家裏，我16歲的時候在沛豐小學找到了一份教師工作。沛豐小學位於嘉陵江對岸的江北，是一所農村學校。雖然我只接受過兩年中學教育，但我之前學過好幾年國學經典。我們家有八個親戚都是老師。經親戚們的推薦，我被沛豐學校聘請了。

在抗日戰爭期間教書也是很艱難的職業。有一個說法是，教師都是可憐蟲，工作時間那麼長，卻只有那麼少一點報酬。我每個月的工資原本應該是四斗米，由學校在每學期期末發放給我。但是校長和他一家五口人，強橫地把應該分給我們四個老師的米拿去維持他們自己的生活。所以這些米最終分到我們手裏的時候，就遠遠沒有當初承諾的四斗那麼多，校長至少貪污了一半。我得到的工資連我自己的支出都無法滿足。但是，我當時別無選擇，就待在那裏教了四年書。除了教書我還能做什麼？在沛豐小學教了四年書後，我實在受不了校長的剝削欺壓，就辭職了。

後來，在親戚的幫助下，我很幸運地在江北電信局找到一個電話接線員的工作。抗戰期間，重慶成了全國的戰時陪都，這裏的電話通訊系統得到了極大發展。一些新型職業應運而生，女生也可以報考。因為我受過一些教育，再加上有親戚的推薦，就和其他幾個年輕女性一起被僱為接線員。

我們的工作就是把通過我們局的電話接通，其中大部分都是政府官方的業務。有時候我們還要為江北當地的官方送信，他們會把給下屬的通知用電話傳達到電信局，然後由我們送下去。我很喜歡這個工作，我得到了一份不錯的穩定收入，工作量也比之前教書的工作輕鬆了不少。大多數同事都是和我年齡相仿的年輕女性，我們不僅在工作中有很多樂

趣，而且還在下班以後一起打麻將，一起逛街，一起玩。那真是我生命中的一段快樂時光啊！但是，這樣的幸福沒有持續多久，在我快過21歲生日的時候，我的家人們決定我應該出嫁了。

在抗戰中，我們家的經濟一直處於危機的狀況，母親一直想我能嫁給一個有能力養家糊口的男人。我滿21歲以後，很多人開始為我安排婚事。親戚、鄰居還有些同事們都想當我的媒人，而我卻對自己的婚姻一點發言權都沒有。

雖然在抗日戰爭中我們這些家境不好的年輕女孩兒除了靛染的旗袍外，就再沒有漂亮衣服穿了，但我在年輕的時候長得很漂亮，有好幾個年輕男人都很喜歡我，但是我自己卻沒有選擇和想與誰約會或者結婚的自由。最後，有人把一個姓劉的先生介紹給了我。劉先生沒有受過多少教育，但卻是個在一家銀行的郵件收發室裏工作的老實人。在1930、40年代，銀行的工作公認是相對安全穩定的。就在劉先生開始和我見面後，我還收到了另外一個姓王的警官的三封求愛信。王先生住的地方離我母親家很近，除了直接給我寫信外，還請了一個媒婆到我母親家裏去向我提親。那個媒婆曾經三次前往我家，想代表王先生向我母親提親。但是不知道為什麼，三次我母親都不在家。其中一次來我們家的路上，她還把自己的夾衣給弄丟了。她認為這是一個不祥的預兆，就覺得這樁婚姻不值得追求了。

我本來並不怎麼在乎劉先生，但是他老是來看我，弄得大家都以為他就是我的未婚夫了。在那個時候，一個年輕女人一旦定了親事就不敢再和其他人見面了。我感到在電話局上班的時候與劉先生一起外出很有壓力。我工作得很愉快，從來沒有想過要為了結婚而辭掉工作。然而1944年的一個週末，在沒有經過我同意的情況下，劉先生比以往提前來到了我的工作地點，他把我的東西都打包起來，告訴我，我母親已經同意讓他把我帶回家了。我根本不想搬回家去，不想丟掉我的工作，但我也不能當著我所有同事的面和他大吵大鬧。很顯然，他覺得我在工

作、能賺到錢、有獨立的經濟能力，感到很不安。他想斷掉我的經濟獨立，好讓我別無選擇地成為他的妻子，對他產生依賴。我氣壞了，為失去我的工作和自由痛哭不已，但是我卻無能為力。所有的親戚朋友都告訴我，工作對一個未婚年輕女人來說只是暫時的，而找到一個好丈夫才是一輩子的大事，一個女人的最好歸宿就是找到一個好丈夫。我想拒絕這樁婚姻，但家裏卻沒有一個人支持我。在巨大的壓力下，我很快就和劉先生完婚了。

結婚以後我成了一個家庭主婦，不到一年就當上了媽媽。我每天的生活都是在努力為填飽全家人的肚子、為在抗戰中存活下來而忙碌著。儘管到1943年日本對重慶的轟炸已經明顯減少，我們也不用老是往防空洞跑了，但是生活還是很艱苦。

在抗日戰爭持續的那幾年間，重慶地區的所有東西都貴得要死，生活必需品的價格基本上是每小時都在上漲。靠我丈夫那點固定工資，要養活家裏越來越多的人口很不容易，我每天都在為下一頓飯發愁。我沒有出去參加任何支持抗戰的活動，聽說蔣夫人和其他人在重慶婦女界籌款，我也沒有去參加任何一場集會。我既沒錢拿去捐，也沒時間參加這些活動。這並不代表我不恨日本人，也不是我不愛我們的國家；只是對於我們這些普通人來說，我們得靠自己努力工作，才能在戰爭中生存下去。

當抗日戰爭最終於1945年結束的時候，很多重慶城裏的人都走上街頭去參加遊行。政府也組織人們遊行，慶祝中國的勝利，有些人還放了煙花。我們看著人們在我們家門前慶祝狂歡。

我希望隨著戰爭的結束，我們的生活也能變得好一些，但是我的願望根本沒有實現。抗日戰爭的結束並沒有給我們的生活帶來多大變化，我們仍然很窮，仍然在為生存而苦苦掙扎著。

徐承珍

小販的女兒
1923年生於四川涪陵

我在家門前開了一個小賣攤，零售香煙和火柴等小東西來補貼家用。在抗戰年間裏，一個窮女人想做點小生意也不容易啊。有時候，國民黨政府徵的兵痞不付錢就要把我的香煙、火柴拿走。有一天，有個士兵又想這麼幹，我氣壞了，咒罵他，追著要他付錢。他把我打了一頓，還把我的小攤子給掀了。

我出生在重慶地區的涪陵。1937年戰爭爆發的時候，我們全家都已經搬到了川東沿江縣城萬縣。我父親是個街頭小販，賣一些針線麻頭和扣子這樣的小東西。我母親是個家庭婦女，前後一共生下了九個孩子，但是只有我和兩個弟妹三個人留了下來，其他的要麼病死在了襁褓中，要麼就是因為父母太窮養不起送人了。

抗日戰爭爆發後，很多人都從下江逃亡到了萬縣地區，因為萬縣是個沿江城市，也是四川緊鄰湖北的地區。我對戰爭的最初記憶還是1939年日本人對萬縣的大轟炸。大轟炸以前，這個地方的大多數人從來沒見過飛機。1939年5月3日，當二十多架日本轟炸機飛到萬縣來時，很多人還走出家門去看這些飛機是什麼東西、為什麼噪聲這麼大。我弟弟那時才只有9歲，還是當地一所小學的學生。日本轟炸機來了的時候，好多學校裏的孩子都跑出教室來看熱鬧。突然，這些飛機開始往下面丟炸彈了，才有人反應過來到底在發生什麼。很多人都在這場突襲裏喪生了，其中很多還是學校裏讀書的孩子。

　　我弟弟的學校被一個炸彈擊中了，整座教學樓都坍塌了，死了很多孩子，有些是被坍塌的教學樓埋住了，有些被炸彈碎片擊中而死。我弟弟當時正在外面看飛機，逃過了教學樓坍塌這個劫難。但是，一塊彈片還是擊中了他的大腿內側，還傷到了生殖器。學校離我們家很近，我母親一看見教學樓倒塌，就衝到學校去找我弟弟。我們到達那裏的時候，整個學校全亂套了。許多絕望的家長都在發瘋似地搜尋自己的孩子，有些人用他們的雙手在廢墟上挖，想把孩子的屍體拉出來，其他的則不停呼喊著自己孩子的名字。透過濃煙和飛揚的塵土，我們看見到處都是孩子們的屍體，很多受傷的孩子也在哭喊著尋求救助。我弟弟正在院子裏忍著劇痛哭喊著，他的傷口足足有幾寸長，傷得很深，血流不止。母親把他的衣服撕成布條，把傷口綁住減緩出血，然後和我一起把他抬到了附近一家診所去。等我們到達診所的時候，這裏已經擠滿了受傷的人，醫生只能根據傷員的受傷程度來確定醫治順序。輪到弟弟的時候，醫生剛把他放到手術桌上，準備為他縫合傷口，日本轟炸機的第二輪轟炸又來了。我們全都得躲到桌子底下去。由於之前沒有任何人收到日軍大轟炸的警報，萬縣的診所和醫院都被如此多的傷員給擠爆了，他們被弄得手足無措，輪到我弟弟時，藥品和醫療用品都全用完了，醫生只得為我弟弟的傷口打個繃帶了事。

　　第二天，也就是1939年5月4日，萬縣經歷了另一場慘烈的大轟炸，整個城市陷入了癱瘓。因為事先毫無準備，醫院的藥品和醫療用品短缺，傷員都得不到任何醫療救助。為了逃避轟炸，並為我弟弟治傷，父親把我們送到了附近的鄉下。鄉下沒有西醫，我們只能靠一個中醫開的中藥來為弟弟療傷。由於沒有消毒措施，也沒有抗生素，弟弟的傷口開始感染了，感染還延伸到了小腿。那位中醫花了好幾個月的時間才把他的感染情況控制住。這個傷讓我弟弟成了殘疾人，不僅僅是腿殘了，而且一生都無法生育孩子。

抗日戰爭，尤其是日軍對重慶的大轟炸，讓我父親的小生意很快就做不下去了。差不多每天人們都忙著往防空洞跑，根本沒人再理會針線麻頭和扣子這樣不重要的小東西了。為弟弟治傷花了家裏很多錢，我們很快就再也沒錢為他支付醫藥費了。

1939年秋，我弟弟的傷勢穩定後，父親又把我們接回了萬縣。沒了自己的生意，父親只能到處去找臨時工做，母親則讓我去給別人洗衣服、納鞋底。不久之後，我和13歲的妹妹在一個製造軍裝被服的工廠裏找到了工作。為了躲避日本人的大轟炸，工廠建在萬縣城市外圍，離我們家有好幾里遠。每天早上我們5點鐘左右就要起床，不管天晴下雨都得把午飯打好包，在黑夜裏步行好幾里路趕去上工。我們都沒睡醒，都很害怕在黑暗裏長途跋涉，但是一想到家裏的經濟情況，想到家裏需要我們的幫助，特別是弟弟需要得到醫療救治，我們就不得不堅持忍受這些磨難。

我們在廠裏的工作是給軍裝縫扣眼，一般每天都幹12到13個小時的活兒。每到完工交班的時候，我們的右手腕都痛得要死，拇指和食指都麻木了，但得到的報酬卻少得可憐。我們的工作被認為是沒有技術含量的，那些操作縫紉機的人的報酬比我們高得多。我已經記不得那時的報酬到底是多少了，工錢都是直接支付給我父親的，我們連過個手的機會都沒有。我們只知道我們的工作對一家人的生存很重要。

我們下班回家，還要幫助母親洗衣服，有時候還要幫她納鞋底。弟弟的傷勢恢復後，也和我們一起來到制服廠上班來了。他年紀小，就做些零碎的雜事賺點錢。

抗日戰爭讓我們的生活變得異常艱難，每一分錢都很珍貴，只要能賺到錢，我們都會努力去做。隨著抗戰升級，大米和蔬菜這樣的生活必需品的價格也在飛速上漲。1941年後，這些價格漲得實在太快，錢更是每天都在貶值。儘管家裏每個人都在工作賺錢，但我們的收入還是無法

應付支出。我知道母親常常都不吃飯，把食物省下來留給我們。我們都還在長身體，但卻從來沒有吃飽過一頓飯。軍服工廠裏的工作讓我們一天到晚都餓得要死，晚上回到家的時候，我發誓我餓得簡直可以吞下一隻大象！母親知道我們需要食物，就自己挨餓省下吃的留給我們。

1943年，萬縣軍服廠裏的工作沒有了，我們又找不到其他工作，父親決定把全家帶到重慶城裏去試試運氣。父親的姑姑家已經搬到那裏了。我們搬過去以後，她家幫我、我妹妹和我弟弟在一家服裝製造廠裏找到了工作。我和妹妹的工作最初是往冬天的夾克裏填棉料，車間隨時都棉絮飛塵，黏在我們的頭髮和皮膚上。在炎熱的夏天，汗水與這些塵屑夾雜在一起，弄得我們的皮膚又痛又癢，難受極了。之後，我們又被調去縫扣眼。我在重慶的這家廠裏工作了一年左右，到1943年我就20歲了，到了該嫁人的時候了。父親的姑姑為我安排了一椿婚事。那個男的比我大七歲，是個搬運工，靠幫人們從江裏擔水到各家裏賺錢謀生。那個時候，重慶城裏很多家庭都沒有自來水，都是靠挑水夫從江裏擔水到各家各戶來滿足用水需求。我父母覺得此人老實，就答應了這椿婚事，一點也沒有跟我商量。於是，我就在1943年底嫁給了他。

我丈夫是個很強壯、很勤奮的人。為了從江裏擔水，每一趟他都要上下幾百步台階，然後用明礬把污濁的江水淨化乾淨，再將水送到客戶家裏。他每送一桶水只能賺兩分錢，他掙的錢加上我幫別人洗衣服的錢，勉強可以維持我們的基本生活。

當我們的第一個孩子出生以後，僅靠他挑水掙的錢就無法養活我們一家了。在抗日戰爭的最後兩年裏，重慶的物價暴漲，我們的房租也跟著漲。我們租的是間臨街房，靠近一個碼頭，每天都有很多搬運工和苦力經過。有了孩子以後我就不能外出工作了，我在家門前開了一個小賣攤，零售香煙和火柴等小東西來補貼家用。在抗戰年間裏，一個窮女人想做點小生意也不容易啊。有時候，國民黨政府徵的兵痞不付錢就要把我的香煙、火柴拿走。有一天，有個士兵又想這麼幹，我氣壞了，咒罵

他，追著要他付錢。他把我打了一頓，還把我的小攤子給掀了。我們只能把傷痛和損失吞進肚裏。我們這些窮人要想做生意根本不受保護，而抗日戰爭更是加深了我們生活的痛苦。

抗戰期間我聽說過蔣夫人的籌款活動，還有其他支援抗戰的活動，但我卻既沒錢也沒時間去參與這些活動。每天我都在為如何找到足夠的食物來養活家人而忙碌著。

1945年得知抗日戰爭結束的時候，我看見人們在街上遊行、放煙花來慶祝勝利。我們也為抗戰的結束而高興，希望能因此而過上好一點的生活，但是，戰爭的結束並沒有為我們的生活帶來多大變化。戰後，重慶的物價還是高漲，我們還是繼續在掙扎中度日。

范明珍

木工的女兒
1927年生於重慶

> 日本人對重慶的大轟炸使得我們沒法做小生意。空襲警報一響，大家都得放下手中的活，朝防空洞跑。經常一跑警報就是一天，誰都沒時間和心情做生意。很多做小生意的人完全掙不到錢。

我是重慶石橋鋪人。我父親是個木工，媽媽擺了個小攤做點小生意。我父母都是文盲，我也從來沒讀過書。我是家裏的老二，本來我上面有個哥哥，但我出生不久他就死了，所以我實際上成了家裏的老大。

抗日戰爭爆發時，我剛好10歲。雖然人小，還是曉得抗戰的事情。我對抗戰最深的記憶就是日本人對重慶的大轟炸。1939年日本人開始轟炸重慶，我們差不多天天都要跑警報。當時的警報是掛燈籠，紅燈籠一掛就說明日本飛機已經快到重慶了。紅燈籠是掛在山洞石的土石堡的坡上。我那時雖然年幼，但還要在家裏照顧兩個妹妹。每次空襲警報響了，我就一隻手把最小的妹妹抱起，另一隻手把大妹妹牽起，跑防空洞。通常空襲期要掛三個燈籠，掛第三個燈籠時，日本飛機已經到了重慶。我最怕的就是空襲。只要一掛燈籠，我就嚇得哆嗦，手腳無力。那時我們經常吃不飽，營養不良當然沒有力氣。我人小要帶妹妹，所以跑不快。有時候我們還沒跑到防空洞，日本飛機就到了。我只好帶著妹妹躲在路邊的土溝裏頭。

　　除了在家照顧妹妹外，我還要做其他的事掙錢來幫補家計。我經常要出去背菜、背柴、背橘柑賣。有時我也到冷水場去買草鞋回重慶來賣。抗戰對我們的經濟生活有很大的影響，日本人對重慶的大轟炸使得我們沒法做小生意。空襲警報一響，大家都得放下手中的活，朝防空洞跑。經常一跑警報就是一天，誰都沒時間和心情做生意。很多做小生意的人完全掙不到錢。此外，抗戰開始後，特別是空襲開始以後，重慶的物價不斷高漲，窮人的日子很不好過。我們家基本上是掙一口飯，吃一口飯。今天吃了飯，不知道明天有沒有飯吃。抗戰對窮人的生活影響很大。

　　抗戰期間重慶的社會治安也不好，經常有軍隊路過，也有很多散兵游勇。我們做小買賣的，最怕當兵的。他們見啥拿啥，從不給錢。如果你問他們要錢，他們就會打人。只要軍隊一過路，我們做小本生意的連本錢都會掉完。

　　因為我們家只有三個女孩，沒有男孩，我父母親在社會上常常受歧視，連錢都借不到。我父親去問別人借錢，人家不借，說你家連兒子都沒有，以後誰來還債？女孩最後都是嫁到別人家去了，不能幫你還債。

　　我們真是混日子，過一天算一天。抗戰期間生活困難，我們經常吃豆渣、包穀，吃不起米飯。躲空襲警報時更慘。經常是餓起肚子等警報解除。抗戰時期我們經常餓肚子，日本人轟炸重慶時我們連喝水都困難。白天躲空襲後，晚上還要出去找水。很多有錢人在重慶附近的鄉下租了房子，所以不怕空襲，也不擔心沒飯吃。我們住地一帶的窮人聽到空襲警報響了後，就朝李子林跑，因為防空洞離我們很遠。每次空襲都是我帶起妹妹們跑，我父母親留在家裏看家。日本飛機來之前，我們就背靠石岩坐著。日本飛機開始丟炸彈了，我就和妹妹們跑到土溝裏，讓大妹趴在地上，然後讓小妹撲在大妹身上，最後我用自己的身體蓋住兩個妹妹。如果空襲是在晚上，我們就躲在我們房子周圍的田坎旁邊。我

們還算很幸運，住的房子沒有被炸到，只是瓦片被震掉很多。我父母從來沒有自己的房子，住的都是租來的房子。離我們住家不遠的街區，很多房子都被炸彈的飛片擊垮了。有時日本飛機還會丟毒瓦斯，大人們告訴我們汗腳的臭鞋子可以防毒瓦斯，所以我們經常帶著臭鞋跑空襲。如果日本人的飛機丟了毒瓦斯，我們就把臭鞋拿來當口罩用。這樣我們聞到的只是鞋子的汗臭，而不是毒瓦斯。

我父親做木工，主要是在重慶城望龍門幫人修黃包車，我媽除了幫人縫補衣服之外，還賣點菜酒。我父親30歲時就得了黃腫病和哮喘，其實就是營養不良和勞累過度引起的。現在這種病不算啥病，但在抗戰期間我們連飯都沒有，得了病也沒錢去看醫生，黃腫病在當時是很厲害的病。我父親後來病得全身腫得發亮。抗戰還沒結束，我大女兒出世之前他就死了。他死時還不到40歲。

抗戰時我在街上看見過宣傳動員，但是我自己從來沒有參加過。我們成天忙著生活，別說沒有時間參加宣傳動員，就連看熱鬧的機會都沒有。我父親管我們也管得嚴，不准我們出去看熱鬧，因為我們窮人住的地區社會治安也很亂。

我每天都有很多工作要做。白天要背著背簍出去買桔柑回來，晚上賣。我們一群年紀差不多大的女孩子，常常邀在一起，走幾十里路到中梁山的冷水場去買東西，一個女孩是不敢走那麼遠去趕場的。天不亮就出發，走到場上才天亮。背回桔柑後，晚上我們把門開一個縫，點一盞油燈，在門口搭了一塊木板賣桔柑。晚上有些吸鴉片的人和玩麻將打牌的人喜歡來買桔柑吃。我們通常把桔柑剝皮抽筋後，把皮和筋賣給藥鋪，果實用碗裝起來賣一分錢一碗。

我還沒滿16歲，父母就把我嫁出去了。我的丈夫在報社印報紙，婚姻完全是父母包辦的，結婚之前我們連面都沒見過。我父母早早把我嫁出去是因為家裏太窮，生活實在是沒有辦法。少一個人，少一張吃飯的嘴。我們家沒有男孩兒，連錢都借不到。結婚時，我自己還是個孩子，

什麼都不懂。我連結婚穿的衣服都沒有，只從親戚那裏借了一件衣服。結婚儀式一完，我就趕快把衣服脫下來還了。我們兩家都是窮人，也沒擺酒席。我們連吃飯的錢都沒有，哪有錢辦酒席。

我丈夫比我大幾歲，最初是在報社做勤雜工，後來才當學徒印報紙。我們結婚後和他父母住在一起，我和他媽接了二十幾個人的衣服來洗。我公公在一家銀行當勤雜工。抗戰期間，我丈夫和公公的單位不發錢，每月只是發點米、一點鹽和一斤菜油，就算是一個月的工資，所以我和我婆婆不得不接衣服來洗。我每天把衣服洗好晾起來後，就出去揀煤渣。我每天都背了一個背簍，時時刻刻都在做事。就是這樣，我們還吃不飽穿不暖。

我生了我的大女兒三天後，日本人就投降了。全城的人都跑到街上去慶祝，看放鞭炮。抗戰結束後我們的生活也並沒有好轉。1949年解放後，我的生活才好起來，至少我不用擔心沒飯吃了。

賓淑貞

女傭人
1919生於重慶

我以為把錢放在銀行就能生錢。那曉得抗戰期
間物價飛漲，有時一百塊錢頭天能買十斤米，
第二天可能就只能買一斤了。我把幾年的工錢
全存在銀行，希望可以賺點，結果到頭來物價
飛漲，幾年的工錢最後只能買一碗小麵。

我出生於一個農民家庭，父母親都是農民。我8歲時，父親就去世
了，當時母親正懷著我的小妹妹。小妹妹出世之前，我已經有一個姐姐
和一個弟弟。父親死後，我母親無法養活三個孩子。沒多久我的弟弟就
活活餓死了，小妹妹生下來沒多久也夭折了。母親沒辦法養我們，我13
歲時就被送給別人家當了童養媳。後來我母親沒法養活自己，也只得改
嫁給我父親的弟弟。他沒錢娶老婆，兩個窮人就走到了一起。

我當童養媳的那家人對我很不好。我每天不僅吃不飽飯，還要幹很
多活，差不多天天挨打受罵。我婆婆不僅不讓我吃飽，還每天要我上山
打柴。如果婆婆認為我柴打得不夠，我就要挨打。這就是為什麼我15歲
那年，我便從婆婆家逃走去了重慶，到埗後我一直在有錢人家裏當傭人。

1937年抗日戰爭爆發時，我19歲，在重慶當時四川銀行行長家裏做
傭人。我從老闆家人的談話中聽到了抗戰爆發的事。我在行長家時，行
長每天都和朋友一起打麻將。我記得日本人第一次轟炸重慶時，行長正
在家裏打麻將。我們突然聽到天上轟隆隆的響聲，但都不知道發生了什
麼事，還跑出去看熱鬧，後來看到日本飛機丟炸彈才曉得仗打到重慶了。

　　從日本人第一次轟炸重慶之後，我們每天都要看空襲警報，這樣行長和他的家人好跑防空洞。當時重慶的空襲警報是掛燈籠，第一道警報是說日本飛機出發了；第二道警報是說日本飛機在路上，快要到重慶了；如果第三道燈籠掛起來了，就是日本飛機在投彈了，所有防空洞門都會關閉，人們也不可以再跑防空洞了。所以我們每天要注意空襲警報，好讓老闆在第三次警報之前去防空洞。等空襲警報解除後，我們才能回去吃飯，而行長和他的家人又繼續打麻將。有時我們半夜三更還要跑防空洞，我記得有一次，半夜空襲警報突然響了，我從夢中驚醒，然後糊里糊塗地往外跑。我實在是太睏了，起床後只知道要往外跑，卻不知道在往哪裏跑。我以為我是在朝防空洞跑，但實際上是在朝河邊跑，而且跑進了河邊的一個大垃圾場裏。垃圾場又滑又臭，費了很大力氣才逃了出來。我對抗日戰爭最多的記憶就是跑空襲警報，有好幾年我們差不多天天跑。有一次我跑到四川銀行的防空洞，門口的守衛不讓我進去，後來我告訴他們我是行長家的傭人，他們才讓我進去了。

　　在四川銀行行長家當傭人之後，我換過很多老闆。我給一位姓袁的醫生當過傭人。在袁醫生家時，空襲警報響了，我們就跑十八梯的防空洞。我個子長得太高，很多時候在防空洞裏站不起來，經常都是等別人進去之後，我才進去坐下。好多次差點進不去，因為人太多。我要擠進去，在裏面的人就會喊：「沒有地方了，太擠了！」有一次我差不多又是最後一個擠進防空洞，我挨牆坐下。半個鐘頭後空襲警報解除了，大家開始朝防空洞外移動。我在最外層，警報一解除我就出來了。在我身後的人急著想出來，就開始推推搡搡，結果造成了恐慌，很多在防空洞裏層的人被踩死踩傷，死者留下的珠寶手飾都裝了幾大籮。政府用大卡車裝起死人運到河邊，埋在河邊的大坑裏面。河水一漲，屍體都被沖走了。之後，我還在開大商店的王先生家、開餐館的下江人處和財政局長家裏當過傭人。

　　1941年，我在財政局長家當傭人時，局長的老婆把我嫁給了一個在財政局當警察的人。結婚之前我們都不認識，婚姻是局長太太包辦的，她安排我們見過一面。見面後彼此覺得還可以，後來我未婚夫就找了幾個朋友，大家一起吃了頓飯就算是結婚了。那時候不興耍朋友，我們也都是窮人，沒錢辦酒席。

　　我結婚那年23歲，婚後做起了賣菜的生意。我每天天不亮就去重慶附近的鄉下買菜，然後背回重慶城裏來賣，賺點辛苦錢。婚後一年，我生了第一個孩子，但是孩子生下來七天就病死了，我們都沒錢帶孩子去看醫生。更不幸的是孩子死後不久，我丈夫也病死了。我們不知道他得的是什麼病，因為我們根本沒錢讓他去看醫生。我只知道他死的時候全身都乾枯了。直到現在，我都不知道他得的是什麼病。

　　窮人的日子本來就不好過。抗戰時期窮人的生活更是難上加難。我在銀行行長家當傭人時，老闆管我吃住，此外每個月有五十塊錢的工資，但是我的工作十分繁重。抗戰時期大部分重慶人都是靠從河裏挑水吃，我每天要來回幾次走很長的路下河去挑水，回來的路上要爬幾百步石梯坎。此外，我每天還要打掃清潔、洗衣服、買菜做飯。我每天天不亮就起床，半夜三更才能睡覺。抗戰期間我一直都有老闆幫，就是因為我勤快老實。

　　在行長家幫工的時候，我把所有的工錢都存起來放在銀行裏，想以後可以買間房子或是一塊地。我沒讀過書沒有文化，只看到行長經常一箱一箱地提錢回家，我以為把錢放在銀行就能生錢。那曉得抗戰期間物價飛漲，有時一百塊錢頭天能買十斤米，第二天可能就只能買一斤米了。我把幾年的工錢全部存在銀行希望可以賺點，結果到頭來物價飛漲，幾年的工錢最後只能買一碗小麵，也怪我自己貪心想賺錢。我有個親戚就比我聰明，他也在重慶幫人，但是他拿到工錢就買米。幾年下來，他買了三百斤米。我做了幾年苦工只掙了一碗小麵錢。

　　抗戰期間我在很多有錢人家裏幫過工，見過各種各樣的人。我親眼看見，抗戰期間，如果你是有錢人，那麼你的生活變化不大，戰爭對你

的影響也不大；但如果你是窮人，你會受很多苦，遭很多難，最主要是看你有錢沒錢。抗戰期間重慶什麼人都有，鴉片煙鬼到處都是，很多年輕女人抽鴉片煙。街上的妓女也多，滿街都是，也時不時看得見妓女死在街頭。我在一家妓院打過工，妓院老闆曾經想勸說我去當妓女，說當妓女你可以不用工作那麼辛苦，還可以多賺錢。我不願意當妓女，很快離開了那家妓院。

抗戰期間我可以說是吃盡了苦頭。我的第一個孩子和丈夫死後，我開始給有錢人家當奶媽，前後在不同的老闆家當了六年的奶媽。我的第一個老闆很兇惡，對人刻薄。第二個老闆要好得多。我在第二個老闆家當奶媽時，我的主人把我介紹給了我的第二個丈夫，他在重慶一家眼鏡店賣眼鏡，之前也結過婚，但老婆死了。我們認識時，他和他的老母親及8歲的兒子住在一起。他也是個窮人，和我差不多，我們結婚時只有一間租來的又黑又髒的房間。我從來都沒有自己的房子，都是租房住。結婚時，我們只是買了點竹子籬笆，把房間隔修了一下兒，就算安家了。

我和第二個丈夫結婚後，除了當奶媽，還繼續賣菜。抗戰期間重慶的道路大部分都不是水泥路。天一下雨，路上全是齊膝深的爛泥巴，行走十分困難，又濕又滑。下雨天出去賣菜，我的褲管都會黏滿稀泥，又濕又重。抗戰期間我只有一套破衣服，衣服褲子被雨水泥水打濕了也沒有替換的。我通常就是讓自己的體溫把衣服烘乾，然後把泥巴搓掉，等天晴了才洗衣服。衣服洗了後，我就把濕衣服穿在身上，到太陽下走路，讓太陽把衣服烤乾。現在的人簡直無法想像我們在抗戰時期吃了多少苦。

抗戰最後一年，我在一個上海來的下江人老闆開的牛肉餐館幫工。我沒有覺得下江人老闆和重慶本地人老闆有多少區別。下江人、重慶人老闆都有兇和不兇的。我在下江人老闆的牛肉館幫工時工作很辛苦，每天早晚要走好幾次，把一大背簍幾十斤重的牛肉背到三樓的儲藏室，每天都背得精疲力盡。

　　抗戰期間，我是曉得有抗戰動員活動的。從我主人家樓上的窗戶，我看見過婦女募捐的活動。很多婦女在街上遊行，並由四個人牽著一條布單子的四個角，邊走邊喊口號，叫人捐錢支援抗戰。有些街上看熱鬧的人就把錢丟進布單子裏。我自己是窮人，沒有時間，也沒有錢，所以沒有參加過那些活動。

　　抗戰勝利時的情形我記得很清楚。當抗戰勝利的消息傳來重慶後，差不多全城的人都跑到街上去慶祝去了。很多人放鞭炮，大家跳啊叫啊，慶祝抗戰勝利。抗戰勝利對我們窮人的生活並沒有多大影響。我們還是受苦受累，還是要給有錢人幫工。

龔雪

裁縫的太太
1913年生於重慶

> 如果他的裁縫店還能像戰前那樣效益穩定，我
> 們省吃儉用也還有能力逐步把錢還清。但是重
> 慶成為陪都之後，很多下江人逃難到了重慶，
> 很多下江裁縫也來了。下江裁縫為顧客做的服
> 裝要時尚新穎得多，本地裁縫店很難和下江人
> 競爭。本地裁縫店的生意大減，我丈夫的生意
> 也受到了很大的打擊。

1937年盧溝橋事變爆發的時候，我24歲，已經結婚，是個家庭婦女，和丈夫一起住在重慶。抗戰前，我丈夫是個裁縫，有自己的店鋪。他的手藝不錯，為顧客訂製各種中裝、西裝。作為一個家庭婦女，我的生活很單調，就是整天忙著做飯、洗衣服、帶孩子。西安事變和盧溝橋事變我都聽說了，但都沒有怎麼關注過。我當時只不過是一個整天忙著操持家務的家庭婦女，所以很少關心政治。

但是抗日戰爭爆發沒多久，我們的生活就開始受到戰爭的影響了。抗日戰爭爆發以後，尤其是國民政府1938年初將戰時陪都搬到重慶來以後，很多政府的企業也跟著搬了過來。在國民政府的各項運行機能完全重新建起來以前，它將一些與抗戰相關的業務分包給重慶本地人做。我丈夫的兄弟是個地方小官員，在他的幫助下，我丈夫拿到了一個為抗戰將士製作軍裝的政府合同。抗戰初期軍裝的需求量很大，我們得到的訂單也非常大。我丈夫原來的店鋪無法承接如此大規模的訂單，就傻乎乎地去找親戚朋友借錢，擴建了一家縫紉廠，完成這批政府訂單。此外，他還僱了他的侄子來管理裁縫店。

然而，他想發戰爭財的夢並沒有持續多久。很快，很多外地商人和工商企業陸續成功地遷移到重慶，國民政府開辦了自己的軍需工廠為軍隊生產制服，並於1939年終止了與我丈夫簽訂的合同。這樣，我丈夫的生意蒙受了巨大的損失，他為擴張業務而投資的那些錢就無法收回了，但還得歸還從別人那裏借來的錢債。本來，如果他的裁縫店還能像戰前那樣效益穩定，我們省吃儉用也還有能力逐步把錢還清。但是，重慶成為陪都之後，很多下江人逃難到了重慶，很多下江裁縫也來了。下江裁縫為顧客做的服裝要時尚新穎得多，本地裁縫店很難和下江人競爭。本地裁縫店的生意大減，我丈夫的生意也受到了很大的打擊。

除此之外，1939年5月日本人還開始了對重慶的狂轟濫炸，全城的人幾乎每天都得往防空洞跑。在日本人頻繁的空襲下，人們根本沒有心思考慮給家人置辦新衣服。我丈夫的裁縫店基本上是慘淡經營，無生意可做。這樣，我們不僅沒有收入，還欠了很多的債，面臨著嚴重的財務危機。

我永遠也不會忘記日本人對重慶無止境的大轟炸。我記得當日本轟炸機1939年5月第一次來到重慶的時候，好多人都還不清楚危險即將降臨。很多人，特別是小孩子，還興奮地跑出去，看成群結隊的日本轟炸機。突然，飛機開始往地面丟炸彈，人們才驚恐萬分地從街上撤回來。沒一會兒，空襲警報就拉響了，我們開始找地方躲空襲。我把孩子們抱起來，一起跑到附近的一個防空洞去。那裏已經擠滿了驚恐的人們，裏面僅靠幾盞微弱的煤油燈照明，很黑又擠滿了人，空氣糟糕透了。沒有光線，又沒有新鮮空氣，人待在裏面難受得要死。孩子們哭著想要出去，他們的母親費盡力氣要讓他們安靜下來，其他人咒罵著這些哭鬧不停的孩子，要求孩子的母親們快點讓他們安靜下來。整個狀況混亂不堪。

從1939年開始，日本人對重慶進行了長達三年的轟炸。除了冬天有霧的時候，跑防空洞已經成了我們每天的例行公事。為了避免被日本人當成轟炸目標，地方政府要求我們把所有白色房子和建築物都漆刷成深

色。在空襲期間，所有人都不准生火做飯，人們深信炊煙會為日本轟炸機提供信號，把他們引過來。全城流傳謠言，說城裏有日本間諜，專門給日本轟炸機提供信號，為他們確定轟炸的目標。還有人說看見長江南岸山上有信號燈在閃。就連晚上我們也不敢生火做飯，生怕炊煙會將日本人引來，或被誤當做日本間諜。

跑空襲警報的日子真是不好過。一旦跑到防空洞去躲避，我們通常就大半天都得不到吃喝。在1930、40年代裏，重慶的普通人都沒有冰箱。我們也不知道空襲什麼時候會發生，所以根本沒有辦法準備吃喝應對這種狀況。我們成天都處於驚恐狀態，那種沒完沒了的恐懼和擔心對我們來說實在是太艱難了，尤其是孩子們。有錢人可以買到成品食物帶到防空洞裏去吃，但我們家正在經歷財務危機，沒有錢買食品帶到防空洞，所以很多時候只好忍飢挨餓了。

在抗日戰爭中，重慶的空襲避難所都是地道或地洞。由於帶著三個孩子，我們總是比大多數人晚半步抵達防空洞。1939年的一個夏天的早晨，我們一聽到空襲警報就像往常一樣往防空洞跑。等我們到那裏的時候，洞裏已經擠滿了人，我們差一點就被關在門外沒擠進去。那天日本人丟的炸彈離我們的防空洞很近，不僅造成了大地的劇烈震動，連洞裏的燈都被震碎了，防空洞裏頓時漆黑一片。洞裏緊張的人們，尤其是那些在中間的人，開始互相推擠，有些還試圖往大門的方向移動。沒一會兒，黑暗中的人們就開始猛推猛擠了，孩子們開始嚎哭，女人們也尖叫起來。這樣的推擠一開始就沒有人再能讓它停下來，驚慌失措的人們只是盲目地往大門有光亮的方向擠，期間很多人都跌倒在地上，而後面的人群就踩在他們身上繼續往前擠推、移動。黑暗的地道變成了一個大規模的人擠人的暴力騷動。幸運的是我們就在門口，騷動開始後沒一會兒我們被擠了出去。好多人，尤其是女人、孩子和老人，都被推倒在地，被活活踩死了。我和我的孩子們也被這個慘狀給嚇壞了。

　　日本人在1939年5月3日和4日對重慶的大轟炸，使這座城市遭受了嚴重的損失。炸彈爆炸引起的大火燒掉了半個市中心區，我丈夫的裁縫店也在這場大火中被徹底燒毀掉了。我們失去了最後的希望，連維持生計的辦法都沒了。到1939年，日本人頻繁的大轟炸和成千上萬下江人的到來使重慶人的生活變得異常艱難。生活必需品的價格飛漲，我們不但失去了收入來源，而且還欠很多人一大筆錢。得知我丈夫的店鋪沒了後，債主們都想在第一時間來我家瓜分我們剩下的財產。每天都有債主到我們家來要錢，我丈夫賣掉我的首飾還了幾個債主。首飾賣光了，沒有拿到錢的債主還是跑到我家來要錢，我丈夫沒辦法只好離開這座城市躲到其他地方去了，只剩下我和孩子留在家裏應付那些債主。每天他們都要到我們家來要錢，我只能求他們可憐可憐我們。當他們最終意識到我丈夫已經不在家裏的時候，就開始搬我們家的東西，包括家具、衣服，有什麼拿什麼。曾經一度我只剩下一套衣服，連一雙能在雨天穿的鞋都沒有，下雨的時候門都出不了。我雖然受過幾年教育，但除了當家庭主婦之外沒有任何其他技能。為了養活孩子和自己，我賣掉了家裏所有可以賣的東西。到最後，東西賣完了，我就帶著孩子們一起回到了我丈夫鄉下的老家。

　　我丈夫離開重慶城後逃過去很多地方，大多數時候都是在他的親戚朋友那裏。由於他們大多數人也都經歷著財務困難，他不能在某一家人那裏待得太久。我們回到鄉下以後，全家人才最終團聚在一起，但我們卻無法維持生計。直到我丈夫的兄弟把家搬回鄉下，躲避日本人的轟炸時，他們才收留了我們。我就在他們家裏當傭人，幫他們看孩子、做飯、洗衣服。但是沒過多久，羞愧、內疚和絕望就把我丈夫的身體和精神拖垮了，之後他就在抗日戰爭中因病去世了。

　　我因為要忙著應付生活中的種種問題，沒有參與抗戰支援活動，但這並不意味著我不知道或不關心抗日戰爭。我很清楚這場戰爭的狀況，恨透了日本侵略者。在抗日戰爭期間，到處都在廣泛開展全民抗戰的宣

傳活動，就連在鄉下，學生們也經常參加抗戰宣傳活動。我的孩子也跟著學校出去，到處做抗戰宣傳。我還很愛聽他們唱抗戰歌曲、聽他們喊在學校學的抗戰口號。放學後，男孩子們總要在院子裏玩遊戲，裝成在打日本鬼子的樣子。

　　我丈夫去世之後，我得很賣力地幹活兒來養活我的孩子和自己。我給有錢人家當傭人，給他們洗衣服，根本沒有時間和機會去參加任何與支援抗戰有關的活動。這場戰爭不僅把我們的生活徹底搞亂了，還讓我丈夫丟了性命。我恨死了日本侵略者，恨死了戰爭。

曾永清

被拋棄的家庭主婦
1916年生於四川成都

一個被拋棄的女人帶著孩子經歷抗戰實在是太
艱難了。我靠著給別人幹活兒來維持生計，同
時也試圖尋找為何自己生活不幸的答案。我學
著觀察眼前發生的事情，想弄明白為什麼人活
在世上要遭受磨難。我為不幸的婚姻、為日常
生活吃盡了苦頭，最後皈依了佛門。

我 1916年在成都出生，是家中獨女，父親原來是開當鋪的。在我11歲
那年，父母都去世了，叔叔和他老婆收留了我。我父母去世時，家裏還
有些財產。原本我父親的財產是留給我作嫁妝的，但父親死後，叔叔不
僅掌管了他的全部財產，還把他留給我的東西全給賣了，並把錢全花掉
了。到我要結婚的時候，我才發現父母留給我的錢一分錢都沒有剩下，
全被我叔叔給揮霍完了。

　　我18歲的時候結了婚，婚姻是父母包辦的。還在我只有4歲的時
候，我母親就給我和一個遠房親戚的兒子定了娃娃親。我丈夫也是來自
成都地區的，他14歲的時候就來到重慶幫一個開飯店的叔叔打工。在
1930年代，很多飯店都是賭徒、娼妓、歹徒和吸毒者們的聚集所。我丈
夫當時年紀輕，一和這些人接觸，就染上了很多壞習氣。後來我才知道
他在14、15歲的時候就開始嫖妓了。我們都滿18歲的時候，家族裏的長
輩就要求我們結婚，以尊重雙方父母安排的這樁婚姻。我叔叔和嬸嬸也
不想我再和他們住在一起了，而讓我嫁人就正好能擺脫我，少一個人，
少一張嘴吃飯。但我丈夫卻一點都不想娶我，因為他在重慶已經和好幾

個女人攪在一起了。再加上雖然我們從小訂婚，但我們之間從無往來，更談不上有感情。然而那個時候，家裏的長輩對晚輩還是有很大影響力的，他們都堅持要我們結婚，特別是因為我的父母已經過世，家族的長輩們認為完成這樁婚事是對我父母的遺囑的尊重。他在重慶的那些有錢的親戚甚至威脅他說，如果他不服從他們的意願，就會被逐出家門，還會丟掉他在飯店的工作，這才逼迫他娶了我。可是長輩們不知道，強迫的婚姻哪裏能長久。

在舊社會，女孩兒一旦結了婚就得搬到丈夫家裏住。我跟我丈夫搬到重慶後，卻發現他仍然和很多女人纏在一起，對我完全不理不問。我們完婚後不久，我就懷孕了，九個月後生下一個女兒，之後我就幾乎再沒見過我丈夫的影子。儘管我們的婚姻延續了很多年，直到1951年才離婚，但我們在一起過夫妻生活的時間還不到一年。雖然我們都住在重慶，但他的時間都是和那些女人在一起混過的，我們連面都很少見。我一個人根本沒有能力負擔家裏的開支和養女兒，只好搬去和他父母住在一起。但和他們同住並不是無償的，我得自己賺錢吃飯，還得伺候他們。我織布紡絲，還為別人做衣服，做的一切都在公公的控制之下。他和人談定之後就把錢收了，然後把活拿回來給我做，完全不和我商量。我從來沒有見到過我賺到的錢。每個月，他只給我和我女兒三十斤大米，我連買鹽的錢都沒有。為了能活下去，只要能賺到錢養活我女兒和我自己，我什麼活兒都幹。我幫商人們把大米從江邊的碼頭搬到市裏的店鋪去。每搬四十斤大米，我只能得到四分錢，就為了這四分錢，我得爬幾百步石台階，走上好幾里路。我還在街上賣米糕，抗戰期間生活中需要的所有物質都很匱乏，只要一聽到店鋪在賣米糕，我就會去排上好幾個小時的隊，買來後再賣出去，賺幾分錢。那個時候，一個女人帶個孩子實在是太難了。

我記得在抗日戰爭期間重慶因為大米還爆發過暴亂，但具體是在哪一年我忘了。戰爭使幾乎所有的東西都出現了短缺，政府配給的平價米

就成了窮苦百姓的生命線。不幸的是，這種廉價米卻總是很難在商店裏買到，一旦聽說某個地方正在出售政府配給的平價米，人們就會狂奔過去盡一切可能地購買。有一次，衝到米店去的人實在太多了，人們互相推擠，爭先恐後想要擠到前面去。在這個過程中，有些人被擠倒在地，給活活踩死。有幾次運米的船一到重慶，人們就發瘋似地衝到江邊去，從船上搶大米。人們都生活在絕望中，要想盡辦法求生存。

在抗日戰爭年月裏，我們住在一個叫雞冠石的非常貧窮的地區，那裏連一個防空洞都沒有。一旦日軍開始轟炸，我們就只能跑到附近廢棄的煤礦洞裏躲避空襲。那確實是一段恐怖的經歷，礦洞裏面積了至少一尺深的黑髒水。大轟炸的時候，我們都只能站在這冰冷惡臭的髒水裏，往往還得不到吃喝。好多次都是在我們剛要上桌吃飯的時候，空襲警報響了，我們就得往防空洞跑。一旦空襲警報響起來，任何人都得丟掉手裏正在做的事情，往可以躲避的地方跑。還有好多次，我們整整一天都吃不到東西，也喝不到水。日本轟炸機飛到重慶來除了投放炸彈外，還用機關槍掃射地面上的平民。子彈像暴雨一般傾瀉下來，炸彈像轟雷一樣落下來。好多人都死在了日本人的炮火之下。

我記得在1939年5月3日和4日的轟炸中，重慶市中心的一家大飯店被徹底炸毀了。事實上，整個市中心都被日本人給炸毀了。為了應對如此規模的狂轟濫炸，重慶人只得自己挖防空洞。整場抗日戰爭下來，整座重慶城都被挖空了。我曾經數了一下，至少有四十個這樣的防空洞。它們在地下把整個城市的各個部分都連接了起來，你從一個洞口進去，就能從城市另一邊的另一個洞口走出來。日本人的轟炸非常精確，我都懷疑有奸細住在城裏專門為日本人通風報信。有一次，當人們剛剛跑進一個很大的防空洞，日本人的炸彈就正好落到了那個洞口，把整個洞子都炸塌了。成千上萬的人被埋在了裏面，死得好慘。好多人把自己胸口的皮都抓掉了，就為了能呼到最後一口氣。後來從這些死人身上搜下來的金戒指、手鐲、腳箍等足足裝了好幾大竹筐。政府派出好多輛卡

車來運送這些屍體，但我不知道這些屍體最後運到哪裏去了。我親眼看見過那個垮塌的防空洞，也親眼看見過洞裏慘不忍睹的屍體，直到很多年以後，每當我想起那些人、那些場面，我還是會覺得毛骨悚然。

日本人開始轟炸重慶後，很多住在「下半城」的人都以為跑到長江裏去會比較安全，因為江岸很開闊，而且離日本人的主要轟炸目標——上半城的繁華中心也很遠，但他們卻不知道日本人連江上的船隻都要炸，尤其是那些裝著燃料的船。有一次，日本人把一艘裝滿煤油的船給炸了，整個江面都成了一片火海。很多逃到江裏去的人，都被活活燒死了，其中很多人還帶著裝有值錢東西的箱子。直到1950年代，還有膽兒大的人潛到江底下，搜尋當時遺留下來的那些值錢東西。日本人轟炸重慶的時候，像我們這樣的窮人根本沒地方去。無論走到哪裏，我們看到的都是恐怖的死亡和災難性的毀滅。

1939年9月，我在一個法官家裏當傭人的時候，親眼目睹了重慶抗日戰爭史上最為慘烈的一場大火。那個法官的家在上半城的一個高點上，從那裏我能很清楚地看見下半城發生的情況。我看見日本人投下的炸彈把下半城一個貧民區給點著了，那裏的房屋大多數都是用像竹竿子這樣廉價易燃的材料搭建起來的，因此火勢蔓延得很快，不一會兒，整個下半城都被大火吞沒了。成千上萬的窮苦百姓瘋狂地四散逃命，消防員們也在奮力救火。但是，這樣的大火一旦燃起來，連消防員也無能為力，因為在重慶的貧民窟裏根本沒有自來水。我親眼看見，在很短的時間裏，整個下半城就被燒成了灰，我不知道下半城那些失去房屋和住處的窮人後來是怎麼過的。這場戰爭毀掉了太多人的生活和生命。

在抗日戰爭裏，日本人的大轟炸還給我們這些在重慶的窮人帶來了嚴重的用水問題。我們住的地方，大多數都沒有自來水，都是有專門的挑水夫從江裏把水擔來，賣給城裏的居民使用，我們要用水也得花錢從那些搬運工那裏買。日本人開始大轟炸後，待在防空洞外面都是一件很危險的事情，更別說想從江裏去擔水了。有錢人還能出高價買到水，而

對我們這些窮人來說，水就成了一種異常珍稀的商品，能喝上一口乾淨水都成了一種奢侈。直到重慶被共產黨解放以後我們才用上了自來水，而在抗日戰爭時期，我們把每一滴能接到的雨水都存起來，反復用，直到用得不能再用為止。

一個被拋棄的女人帶著孩子經歷抗戰實在是太艱難了。我靠著給別人幹活兒來維持生計，同時也試圖尋找為何自己生活不幸的答案。我學著觀察眼前發生的事情，想弄明白為什麼人活在世上要遭受磨難。我為不幸的婚姻、為日常生活吃盡了苦頭，最後皈依了佛門。佛學信仰幫助我度過了人生中最艱難的歲月。

我知道抗戰動員活動。在抗日戰爭的時候我還很年輕，很好奇，喜歡唱歌，還參加了一些抗戰歌曲演唱活動。那些活動都是有組織的，但具體是哪個組織我已經不記得了。除此之外我就再沒有參加過其他任何抗戰支援活動了。要我怎麼去做那些事情呢？我根本沒有時間啊！我得不停地工作，賺錢養活我女兒和我自己。我還記得抗日戰爭結束時的情景。當消息傳到重慶來時，許許多多的人都到街上去放煙花慶祝。然而戰爭的結束並沒有給我們的生活帶來多大的影響，由於實在無法再繼續忍受這樁痛苦的婚姻，抗日戰爭結束後我帶著女兒回到了成都，靠給人當傭人為生。

常隆玉

民生公司員工
1912年生於四川江安

在民生工作的那段經歷使我精力充沛，能力也
得到很大的提高，我很喜歡這份工作。我能夠
學有所用，運用自己的知識為公司、為中國的
抗戰事業做出自己的貢獻，我也終於明白了為
什麼學習經濟學可以拯救中國。我在民生公司
工作了三年，這三年也是我一生中最美好的一
段時光。

我出生在四川江安一個富裕的家庭裏。我父親考中過科舉，但1895年
甲午戰爭，中國敗給日本後，因為清政府在保護中國不受帝國主義列強
侵略方面的無所作為，他產生了莫大的挫敗感。他意識到，若要救國，
必行革命。後來他加入了同盟會，希望救國救民。同盟會是一個革命組
織，是孫中山先生為了推翻清政府建立起來的第一個中國革命政黨。[10]

由於他的反清立場，中舉後他拒絕謀求任何政府公職，而是將畢生
的才能和精力都用在了創辦新式教育上。他在我的家鄉江安創建了一所
新式學校，堅信現代化的教育才是拯救中國的關鍵。他把自然科學、數
學、地理學以及世界歷史都加入學校的課程安排，還讓學生使用新式教
材。他還從上海買來風琴、世界地圖以及一些科學實驗器材，供學校教
學之用。由於我父親積極通過學校提倡和傳播反清反帝思想，這所學校
很快就成為了傳播新思想的中心，也成了激進的改革者和革命家的活動

10　同盟會於1905年在孫中山、宋教仁領導下成立於日本東京。

總部。也就是因為這樣，在1911年武昌起義之前，我母親懷著我的時候，我父親就被清政府給殺害了。

在我出生之前，我父母已有了兩個兒子和一個女兒，他們都比我大很多。我父親去世之前，他就把兩個哥哥分別送到北京和上海去念書了，其中一個哥哥畢業於北京大學地理學院。由於哥哥們都接受先進的新式教育，思想很開放，他們希望我也能得到良好的教育。我在父親創辦的那所學校裏念完了小學。在我14歲那年，哥哥們就把我送到了江安縣，進了江安師範學校念書。1929年我從師範學校畢業後，在當地一所小學教了一年書。之後，我二哥建議我走出四川，繼續深造，因為那時候好的學校都不在四川，而在中國的其他地方，於是我就去了北京。我在那裏念了高中，之後進了北京朝陽大學，攻讀經濟學專業。哥哥們勸我說，經濟學有助於把中國從帝國主義列強的殖民統治下解救出來。儘管我還不能完全理解經濟學怎麼能夠救中國，但我深愛並敬仰我的哥哥們，從來沒有對他們的智慧產生過懷疑，於是我成了經濟學院的一名學生。在1930年代，中國大學很少有女學生，我們經濟學院也只有兩三個女學生。我能夠上大學，是很幸運的事。

1937年7月7日盧溝橋事變爆發的時候，我還在朝陽大學念大四。儘管早在1931年九一八事變爆發後，我們就已經知道了日本人在中國搞侵略活動，但當日本發動全面侵華戰爭的時候，我們還是很震驚，還是對日本侵略者感到很憤怒。我和很多同學一樣，最初的反應也是想加入中國軍隊，到前線去打日本鬼子。但我知道，女孩子很難進入作戰部隊，參軍的唯一辦法就是去當前線醫護人員。於是我立刻參加了北京協和醫院舉辦的護士夜校培訓班。在我學完培訓班的課程之前，日軍就已經打進了北京。為了避免讓師生們成為日軍俘虜，學校決定關閉所有學院，解散學生，讓學生自行回家。校方還叫我們把書和學生證件全部燒掉，因為萬一我們被日本軍抓住，學生身分會引起麻煩，所以我們都把學生證件燒毀了。

　　由於北京附近找不到可以投奔的安全地方，我和幾個四川同學都決定回家鄉去。1937年7月底，戰爭已經中斷了中國北部幾乎所有可以送我們回家的交通線路。原來我們還天真地以為可以騎自行車回四川，但很快我們就意識到那完全不現實。1937年8月，一聽說北京到天津的鐵路恢復運營，我和一個同學就衝到火車站去，想買火車票離開北京。當我們到火車站的時候，那裏簡直混亂極了，根本沒有人買票、賣票。成百上千的人，不論男女都拼命往火車上擠。我們也加入了浩大的隊伍，擠上了火車。車上實在太擠了，我們全都被擠成了罐頭肉，一個緊挨著一個地站著，連彎一下膝蓋的餘地都沒有。就這樣，背著一個小包，手裏拿著幾套換洗衣服，我們離開了北京。

　　當我們到達天津火車站的時候，看見出口兩邊各站著一排日本武裝士兵，一面日本國旗正在迎風飄揚。我又氣又怕，屏住呼吸、加快腳步走出了火車站，一直到再也看不見那些日本士兵和那面太陽旗為止。我同學的家在外國租界裏，還算相對安全。我在她家和她家人一起生活了二十天。在她們一家的幫助下，我買到了一張外國輪船的船票，路線是從天津到上海再到重慶。上船的整個過程也是異常混亂，人們都爭先恐後往船上擠，又是推又是攘，好多人都被推進了水裏。有些有錢人還賄賂船員，用吊貨物的網把他們吊上船去。我的朋友們把我推進擁擠的人群中間，我就跟著人群擠上了船。

　　一上船，我就遇到了好幾個在北京念書的四川老鄉同學，還有很多想要逃出戰區的難民。儘管我們中好多人都暈船，但還是覺得能夠在當時離開北方真是太幸運了。但我們高興得太早了，船根本沒有抵達上海。航行到一半的時候，我們得知上海也成了戰區，我們的船只能被迫在山東青島靠岸。在青島我一個人都不認識，非常焦急，為怎樣能回四川發愁。所幸船上和我一起的那幾個四川學生中，有一個人在青島有親戚，熱情地接納了我們。就這樣我們在青島困了好幾個月，直到1937年底淞滬會戰結束，我們才搭上了另外一艘外國輪船，於1938年初回到了重慶。

　　回重慶的旅程極其凶險。日軍對中國中部和北部的大舉進攻，迫使許多人都往南方逃難。船每次停靠都沒有人下船，卻有很多人上船。我們到重慶前，船上的每一寸空間都被新來的旅客給擠滿了，甲板上、飯廳的桌子和地上全都是人。最初我們還有自己的艙位，每個人都有一張床。隨著旅行的推進，越來越多的人上船，我們的空間也就越來越少。剛開始的時候我們還可以兩人睡一張床，之後一張床上要坐四、五個人，其他人則坐在床與床之間的地板上。比起甲板上的那些人，我們的境況已經好多了，我們至少還在室內有艙位。很多後來上船的人擠在室外，不得不忍受天氣變化，經受風吹雨打。船經過武漢時，大批難民蜂擁而上，船上停止了食物供應。人太多，船員已經無法給如此多的超載旅客提供飲食了，我們只得在每次靠岸的時候自己出去找吃的。只要船一靠岸，成百上千的乘客就衝下船去，見到食物就買，岸上的物價也跟著瘋漲，那些窮人和身體比較弱的人根本沒辦法得到食物。即便是我們有錢，又年輕力壯，每到一個停靠點都輪流衝下船去買吃的，但有時候我們還是買不到吃的，大部分時間都只能挨餓。通過陸路和水路湧向四川的難民實在是太多了，當地人根本無法為如此大量突如其來的人流提供足夠的食物供給。

　　我能平安返回重慶可把我母親給樂壞了，哥哥們也在我之前平安回到了家。我還有一年大學學業沒有完成，於是決定到成都的四川大學去，繼續把後續課程念完。由於抗日戰爭的原因，四川大學接受所有難民學生入學。1930年代，只有一條柴油汽車線路往返於成渝之間。從重慶到成都有一天一夜的路程，只是半夜的時候在內江停靠一下，我就坐著那路車去了成都。到四川大學以後，我遇到了很多老朋友，有些是江安的老鄉，有些北京朝陽大學的同學。在川大我和幾個來自江安的女孩子住在一起。

　　在川大的時候，我還遇到了我的表哥兼密友常華之。和我一樣，華之在盧溝橋事變以前也在北京朝陽大學讀書，他還是一名中共地下黨

員。我們還在北京的時候，週末和假期都經常在一起過，他還不時地找我幫他送信。盧溝橋事變爆發前幾個月，他和政府當局惹上了麻煩，大概是他的地下黨身分被發現了，被關了起來。由於我是在北京唯一和他有往來的親人，我還去監獄裏看望他，給他送過吃的和乾淨衣服。他曾經試圖遊説我參加中共地下黨組織，但我告訴他我很害怕那些國民黨特務，之後他就再也沒有對我提出過這種要求了。當我們在川大的校園裏重逢的時候，他告訴我，在國民政府當局因為戰爭爆發而撤離北京之後，他出獄了，然後回到了四川。和我一樣，他也想在川大完成自己的大學學業。我在學校的時候，華之是一名積極的學生領袖，負責抗戰宣傳，我也參加了很多由他組織的活動。我知道川大其實也有一個活躍的中共地下組織。

1939年我大學畢業，通過一個朋友的關係在營山縣高六中找到了一份教書工作。在1930、40年代的中國社會，社會關係對一個人的生存有很大的影響。去營山教書時，我一個人都不認識。對於一個單身女人來説，這種背井離鄉又無親無靠的生活實在是太難了。一年後我就辭掉了工作，回到了重慶，回到了我的家、有朋友和人脈的地方。

我二哥常隆慶，是著名的地理學家。自從船運實業家盧作孚先生將西部科學院建起來，[11] 他就一直想聘請我哥哥去領導該研究院地理方面的工作。盧先生的民生船運公司在抗戰之前就成功打敗了外國船運公司想稱霸長江上游航運業的企圖，控制了長江上游的船運業務。當全面抗戰爆發的時候，盧先生動員自己的所有資源，幫助中國中部和北部的工業企業順利實現了遷往四川的歷史性大撤退。盧先生還是一個社會活躍分子和有遠見的愛國者，他堅信實業和科技發展以及社會文明可以拯救中國。1938年初我二哥一回到重慶，盧先生就馬上聘請他去主持中國西部科學院的地理工作去。

11　中國西部科學院由中國近代著名實業家盧作孚於1930年建立於重慶北碚。

　　盧先生的勢力主要集中在重慶西北部一個叫北碚的鎮上。盧家控制著那個地區，而國民政府對那裏的影響卻很小。盧作孚的開明思想，使北碚在抗日戰爭年間被建設成一個極其吸引人的地方，得到了無數從戰區逃亡到重慶來的進步知識分子的青睞。在中國西部科學院，我二哥領導並參與了很多個重要項目，這些項目都是盧作孚發展中國西部地區宏偉藍圖的一部分。其中一個項目是研究長江的支流，另一個是開發四川西南部一個緊鄰雲南的叫攀枝花的地方。攀枝花有豐富的自然資源，包括木材、石灰、鐵礦石、煤礦等。我哥哥領導的小組做了大量的調查工作，還出版了一系列有關該地區的國有資源的論文和書籍，並提出了一些有關該地區開發的前瞻性建議。儘管如此，隨後爆發的抗戰和內戰，使得該地區一直未被開發出來。在1980到90年代，這裏才開發成了中國重要的鋼鐵工業中心，中國的航天工業中心也建立在這裏。抗戰時期中國西部科學院的研究和考察為攀枝花後來的發展奠定了重要的基礎。

　　1941年我從營山回到重慶以後，也被民生船運公司僱用了。民生公司僱了很多年輕人，不論男女，都畢業於中國的一流大學，如北大、清華，還有些是從國外留學回來的。我在民生公司的統計局做財務分析師。在1940年代，很多中國企業都不會考慮聘用女性職員，民生公司看中了我的教育文憑，並不介意我是女的，就僱了我。盧先生崇尚以才用人，決心在公司裏建立以才德為基礎而用人的企業文化，並希望將其作為樣本供其他中國企業學習借鑒。我開始在民生公司上班後，由於日軍的狂轟濫炸，我所在的民生統計局被迫從重慶的市中心遷往了北碚。民生公司的文化氛圍很有活力，公司根據規章制度進行很好的組織和管理。與當時在重慶的其他大多數中國公司相比，民生公司很少有失職的情況發生。所有的新員工，不論是清潔工還是專家，都要集中起來參加培訓，學習公司的各項規章制度。我們被灌輸的思想是，個人的利益是和公司的利益聯繫在一起的，而公司利益又是和中國社會的繁榮富強聯繫在一起的。每個週一的上午我們都要集中起來討論近期的戰事，以及

本週的工作計劃。盧作孚先生會做一個演講，激勵我們為支援抗日戰爭
而勤奮工作，作出自己的貢獻。我們還高唱抗戰歌曲，盧先生也和我們
一起唱。我們對盧先生崇拜到了極點，以至於我們都堅信盧先生的信
念，即實業和科技可以拯救中國，我們的工作也一定會為中國戰勝日本
作出貢獻。這種信念使我覺得能與這麼多優秀的大學畢業生一起工作實
在是太好了，而且我也堅信我們正在為祖國的抗戰以及未來做貢獻。在
民生工作的那段經歷使我精力充沛，能力也得到很大的提高，我很喜歡
這份工作。我能夠學有所用，運用自己的知識為公司、為中國的抗戰事
業做出自己的貢獻，我也終於明白了為什麼學習經濟學可以拯救中國。

我在民生公司工作了三年，這三年也是我一生中最美好的一段時
光。除了民生以外，在抗日戰爭期間很多教育文化機構也遷移到了北
碚，我的母校北京朝陽大學最終也搬到了北碚，我也得以和以前的一些
老師、朋友重逢。盧先生還在北碚創辦了一所建善中學，聘請了一個江
安人擔任校長。這所學校開設的都是非常自由、現代的課程，教師中還
有好幾位是中共地下黨員。盧先生還在北碚創辦了中國西部博物館，修
建了一個現代化的大禮堂，他還邀請了很多中國名人到北碚來做公開講
演或講座。我記得我曾參加過一個陶行知關於他在海外的經歷的講座。
在盧作孚禮堂裏開展有形形色色、各種各樣的與抗戰動員有關的娛樂活
動，如話劇、音樂會等等。由於抗戰時期很多著名演員都逃難到了重
慶，我有機會欣賞到中國最傑出的戲劇表演和音樂演出。盧作孚利用他
在經濟和政治上的勢力，將北碚建設成了大後方一個相對現代化、獨立
並富有文化元素的地方，實在是太神奇了！

1943年我結婚了。我丈夫的家族很有錢，是做五金生意的。由於我
們的父母都是好朋友，我們也已經認識多年，這樁婚姻是由我哥哥為我
安排的。我的未婚夫畢業於北京大學，他的家族在重慶從事五金生意，
做得很成功，但是他本人的脾氣卻不怎麼好。在1940年代，大家（包括
那些受過良好教育、思想相對開明的人）普遍認為女人最好的出路就是

找個可以在金錢上有依靠的丈夫。加上我丈夫又受過很好的教育，我哥哥認為他和我很匹配。出於這樣的美好願望，我二哥極力勸說我和我未婚夫結婚。結婚後我也從來沒有想到過要辭掉工作，直到我的第一個孩子出生前幾個星期才請了產假。我原以為生完孩子後幾個月，就又可以回去上班了，但是在第一個孩子出生幾個月後，我又懷孕了，而且害喜害得很厲害。就這樣我不得不一直待在家裏休息，直到1950年新中國成立前都沒有再回去工作了。

我婆家也不喜歡我外出工作，勸我辭掉工作，婚後我隨丈夫搬進了他家裏。儘管有一大堆僕人料理家務，但由於我是大兒媳婦，公公婆婆還是希望我能盡到一些職責，譬如幫著管家之類的事。我婆家很富有，不希望別人覺得他們的兒媳婦還要自己賺錢。為了保護家族的「臉面」，我只能待在家裏。我未婚的大部分時間過的都是現代女性的生活，也總是認為可以一直保持這樣的獨立生活。但我卻不知道，一旦辭掉了工作，我的社會活動和關係也就跟著被切斷了，我感到無比的失落和苦悶。我想脫離丈夫家的大家庭，去建立自己的家。但我丈夫是長子，他的父母堅決反對我們分家獨立生活。

成為家庭主婦以後，我投入很多時間參與抗戰動員活動。盧作孚先生對支援抗戰的投入，使得參與抗戰動員活動成了北碚的時尚。我婆家的社交圈子對支持抗戰動員活動都很積極熱心，甚至還捐了一大筆錢為重慶的空防辦公署買了一架飛機。我也代表婆家參加了很多抗戰動員的募捐活動，還通過提供住處及資助財物幫助了很多難民解決困難。在抗日戰爭期間，我們也經歷了很多次日軍對北碚的轟炸。但與大多數重慶人遭受的痛苦相比，我們所受的苦難要小的多。由於我婆家很富有，即便是在抗戰時期我們也能過上比較好的物質生活。

1945年8月15日抗日戰爭結束的時候，北碚變成了一個巨大的狂歡廣場。我們白天在大街上歡呼、跳舞、遊行。晚上，焰火把整個天空都照亮了。我們希望能有一個好一點的未來，但那個好一點的未來卻根本

沒有到來。相反，抗戰結束之後不久內戰又爆發了。在戰後北碚仍然是一個相對穩定的地方，因為這裏是盧作孚的地盤，而且他的弟弟盧子英和共產黨有關係。

葉清碧

工廠女工
1930年生於四川涪陵

我們是兩班倒，每個班組都得工作12個小時。每天早上鈴聲一響就得起床，洗完臉就排成兩排隊伍，到食堂吃飯。有個監工跟著我們，只要我們醒著就一直監視我們的一舉一動。在食堂裏，每張桌子坐八個人吃飯，互相不能交談，誰要是違背了規定就會被罰不准吃飯。

我1930年生於四川省涪陵縣，父母都是農民。我14歲那年父親去世了，母親成了寡婦，她沒有受過任何教育，也沒有什麼技能，根本沒辦法養活我們。父親家裏有個叔叔在重慶做生意，母親就帶著妹妹和我到重慶去找工作。我們步行到重慶，在叔叔那裏過了一夜，第二天我就和妹妹一起到裕華紡織廠去找工作去了。等我們到達那裏的時候，已經有好幾百個年輕的農村女孩兒排成一排，等著面試了。他們對應徵者的身高有個最低要求，而我和妹妹從小營養不良，都是又矮又小。我踮起腳尖才勉強達到要求，被錄取了，我妹妹卻沒有達到要求，只能回家去了。

在抗日戰爭期間，紡織廠都只僱用未婚婦女，我們大多數都是童工，都得接受為期三個月的無薪培訓。之後，我被分配到了細紗車間工作。1943年到1944年間，日軍還是會不時地轟炸重慶，日本轟炸機一來我們就得往防空洞跑。整個重慶都是警報聲和驚慌失措的人們。那段經歷實在是太嚇人了。

裕華紗廠裏的工作條件很惡劣，我們每天都要工作12個小時。工廠車間採用軍事化管理，要求工人們一起住、一起吃、一起工作。我們的

班次是從早上6點一直工作到晚上6點，我們稱之為「六進六出」。我們是兩班倒，每個班組都得工作12個小時。每天早上鈴聲一響就得起床，洗完臉就排成兩排隊伍，到食堂吃飯。有個監工跟著我們，只要我們醒著就一直監視我們的一舉一動。在食堂裏，每張桌子坐八個人吃飯，互相不能交談，誰要是違背了規定就會被罰不准吃飯。好在我們每天至少都能吃到三頓飯，到上夜班的時候還有米粥作為加餐。但廠裏的食物卻很糟糕，都是些長蟲的蠶豆、爛白菜和發霉的大米。但是我們也只有吃這些，因為我們別無選擇，有飯吃已經不錯了。

很多工人都是十幾歲的小姑娘。由於我們每天早上很早就要起來，我總是感覺很睏。我很喜歡空襲警報，因為警報一響我們就要往防空洞跑，然後就能在那裏睡覺了。有時我們跑到附近的農田地裏去躲空襲警報，還能偷到農民種的番茄。大多數時候我們都是跑到附近的一個防空洞去。有一天在防空洞裏躲警報的時候，我和我一個最好朋友都靠著牆坐在地上睡著了。我們一定是太累了，以至於解除警報以後我們都還沒有醒。其餘的同事都回去開工後，工頭發現我們不在，就派了一個保安帶著槍來找我們。我突然被他的槍桿弄醒，一睜開眼睛就看見他滿臉憤怒地盯著我們。他朝我們吼著：「你們這些懶骨頭，快回去工作！」我被嚇得腿都軟了，不斷打顫。當我們回去的時候，活兒都堆起來了，我們只得一直加班到把活兒幹完為止。

我在裕華紡織廠裏工作了一年半左右，在這期間我們基本上都是被關在廠裏的，除了休息日之外都不准出來。我們每上十天班可以有一天休息時間，在休息日，如果得到生活監工的書面允許就能出廠去。由於我是從農村來的，根本沒有錢，所以大部分時間我都待在廠裏，包括休息日也是一樣。

由於早上上班很早，我們都總是感到又累又睏，在操作機器的時候打瞌睡是很危險的。廠裏的生活很艱苦，但工人們都很善良友好，盡量互相照顧。我們在車間後面找到一個可以睡覺的角落，就輪流到那裏去

睡覺。看見監工或檢查經理來了，我們就通知每個人回到工作崗位上去。一旦被發現上班時睡覺，是會被開除的，但我們相互之間配合得很好，從來沒有人被捉到過。

我在裕華紗廠期間，儘管每天能吃到三頓飯，在宿舍還有一張床，但卻從來沒有得到過一分錢的工資，工廠說我賺的錢還不夠付我的食宿費。廠裏的生活條件很惡劣，八個女人住在一間寢室裏，到處都是臭蟲。在抗日戰爭年代，重慶的臭蟲很厲害，每天晚上都有幾百隻臭蟲出來咬我們，沒人可以在晚上真正能睡一個好覺。如果天氣還可以，我們就把席子、被子抱到院子裏去，鋪在地上睡覺。外面雖然沒有臭蟲，但地上又冷又潮，在那裏睡覺把我的身體都拖垮了，我患上了嚴重的風濕性關節炎。

1945年初，我病得實在太厲害，都不能再工作了。我向廠裏請假，想回家去調養一下，但廠裏的管理當局不但拒絕了我的請假要求，還告訴我說我幹的活兒還不夠支付我的食宿費，如果我想走，必須得先把錢付清。最後，我只有向親戚借錢來還清賬務才得以離開。我在家裏待了六個月，我母親找了很多草藥來為我治病。1945年8月15日日本投降後，我又回到了重慶，又進了這個廠裏工作。抗戰結束後，我們在廠裏的生活得到了一點點改善，以前每天要工作12個小時，抗戰勝利後只用工作10個小時了。

我從來沒參加過與抗戰動員有關的活動。我猜想在工廠裏工作應該也是支援抗戰的一部分吧。我們被關在工廠裏，根本不知道外面發生了什麼，加上工作時間又長，每天下班後根本就沒有精力再去做其他事情了。我也不記得在我們廠裏有沒有做過任何抗戰宣傳活動。

楊坤慧

工廠女工
1924年生於重慶巴縣

> 廠裏招工的人還把每個去應聘的女孩子的手翻來覆去的看、摸。手上有老繭的女孩很多都被錄取了，手上沒有老繭的一個都沒錄取。長期做事的人的手才會長老繭，不做事的人手上不會有老繭。裕華紗廠只招能吃苦耐勞、能做事的女孩子。

我1924年生於重慶巴縣的一個農民家庭，我父母生了六個孩子，我是老大。我家很窮，從我記事起，父母就沒法掙夠錢讓我們吃飽飯。15歲那年，有人告訴我重慶的裕華紗廠在招年輕女工，我馬上趕去應聘，拿到一份工作。我記得招工時廠裏要檢查身體，還要查視力。除此之外，廠裏招工的人還把每個去應聘的女孩子的手翻來覆去的看、摸。手上有老繭的女孩很多都被錄取了，手上沒有老繭的一個都沒錄取。長期做事的人的手才會長老繭，不做事的人手上不會有老繭。裕華紗廠只招能吃苦耐勞、能做事的女孩子。我1939年進裕華廠時，很多工人都是從鄉下來的，都是只有十幾歲的女童工，抗戰時期裕華不僱結婚的女工。

在裕華紗廠工作時，我是知道抗戰的。我進裕華的頭幾年，日本人的飛機差不多天天來轟炸重慶，我們常常要跑防空洞。我們通常是朝塗山的老君洞跑，到了老君洞，我們就躲在石岩底下。

裕華的新工人有三個月的培訓期。這三個月期間，我們得天天上班、學技術，但是領不到工資。如果我們順利地通過了培訓期，下一步就是三個月的試用期。只有通過了使用期之後，我們才能被分配到車間

去，正式當班工作、拿工錢。那些沒有通過培訓期或試用期的女孩子還得回去培訓和試用，也就是說她們還得為廠裏免費工作六個月。我是一次就通過了培訓和試用期。但是和我同時間進廠的女孩子很多都要培訓兩次，有的甚至三次。

我進車間以後上的是12小時制的班，工作量很大，也非常辛苦。每天上完12小時的班後，我都覺得精疲力盡。下班後儘管我很餓，可是我太累了，有時就連飯都不吃，餓著肚子倒床睡了。有時我的好朋友看見這種情況，會偷偷地給我帶點吃的回寢室。但是這樣做非常危險，如果被工頭發現了，我們兩人都會被廠方開除掉。

抗戰時期在裕華廠上班我們每天可以吃三頓飯，但是飯菜的質量很差。我們天天吃的是同樣的東西——長了蟲的胡豆、爛蓮花白和霉米稀飯。儘管如此，在工廠裏有三頓飯吃的日子，還是比在鄉下家裏沒有三頓飯吃的日子好得多。在鄉下家裏，如果我們每天能喝到一點點清湯寡水的菜稀飯，已經很不錯了，有時我們連菜稀飯都喝不上，所以儘管裕華紗廠的工作很辛苦，我還是留在了廠裏工作。由於我年紀小，工作又累，在裕華時我常常想回家，想我的父母。但是回家不僅不能掙工錢，反而還要花路費，所以抗戰期間我只回過家幾次。每次回家看見父母和兄弟姐妹，我都要哭，而且不想再回工廠，但當我看到家裏那麼窮，我也只能擦乾眼淚回工廠去做工。我雖然掙錢不多，但是還是可以多多少少地幫助家庭。

在裕華紗廠，女工都是八個人住一間寢室。工廠的制度是軍事化的，每間寢室都要選一個室長，工作生活都是集體行動，廠方還僱有專職職員看管監視我們。幸運的是分管我們宿舍的那位職員是個善良的女人，對我們還算是不錯。廠方每週都要派人來檢查各個宿舍的清潔衛生，還要對每間寢室的整潔狀況打分。

雖然抗戰期間我們都盡力把寢室弄得整齊乾淨，但還是沒辦法防止臭蟲的襲擊。抗戰時期重慶的臭蟲是出了名的，一到晚上便成群結隊地

出來襲擊我們，讓我們無法睡安穩覺。儘管每天下班後我都累得要死，但是只要我一上床，臭蟲就來了。每天晚上就是睡睡醒醒，睡一會就要起來打臭蟲。我身上全是被臭蟲咬的包，奇癢無比，一抓破後就容易感染，流黃水，傷好之後會結疤。抗戰那幾年我在裕華工作時，我全身都是被臭蟲咬後結的疤。我們工作本來就很辛苦，加上睡不好覺，我一天到晚都覺得累。有人告訴我核桃樹葉可以驅臭蟲，有一次回家時我就特意帶了些核桃樹葉回廠裏的宿舍，把樹葉放在床單下面，還真有幾天我的床上沒有臭蟲，可以睡好覺了。可能是臭蟲不喜歡核桃樹葉的氣味，幾天之後，核桃樹葉的氣味淡了，臭蟲又爬回了床上。工廠附近沒有核桃樹，我又不能常常回家，所以只能和臭蟲共存。

抗戰期間廠裏的制度很嚴格。我們要連續工作十天才能有一天休息，工作期間我們不能出廠，只有休假日才可以。廠方規定，休假日出廠要事先得到生活管理處頭頭的批准。我很少在休假日出廠去玩，大部分的休假日我都是用來洗衣服、補衣服和做鞋。

有一次休假日我需要出廠，我到生活管理處辦公室請處長給我開出門條子。我進門後，處長教訓我，説我進門沒有給他行禮，對他不禮貌。如果我想要他寫條子，我應該先敬禮。我是鄉下孩子，不懂城裏人的規矩。從此以後，我就怕去處長的辦公室。有一次，我的表兄碰巧在我休假日來看我，我沒有去生活處長的辦公室拿條子，就和我的表兄出去了。處長發現之後，大發雷霆並説要往上面匯報開除我。我嚇壞了，天天跑去給他磕頭道歉。我本來就是個害羞的人，這件事情發生之後，我很長時間不敢出廠門。

1943年，我得了皮膚病，背上長了一個大包，可能是臭蟲叮咬和車間的灰塵引起的。剛開始時只是很癢，後來紅腫起來，慢慢地包的中間生了一個洞，開始流黃水，又癢又痛。因為包長在我的背上，晚上我沒辦法平睡，白天穿上衣服也很不舒服。我們宿舍的管理員知道以後，帶我去看了一次醫生，但是醫生開的藥沒有什麼作用。廠方隨後就把我送

回了家，我在家呆了六個月，我媽找了一個草藥醫生用草藥為我治病，慢慢把我的病醫好了。

我在家裏那六個月沒有工錢。家裏經常吃了上頓沒下頓，我們常常餓肚子。所以儘管我背上長了一個大包，我還要每天到附近的山上去找野山菇。採到山菇之後，我就把它們拿到場上去賣，但是光靠採野山菇是不能養活我自己的。我父母實在沒有辦法養我，我的病好了以後就不得不回重慶了。我走的那天，我的二弟來送我。我們邊走邊談，邊談邊哭。我們不明白為什麼我們辛勤地勞動工作，卻連飯都吃不飽。為什麼我們的命這麼苦。

回重慶後，我到裕華紗廠去要求復工。但是人事處的人說我是自願離廠的，不能隨便復工。我後來找到管我們宿舍的高女士求她幫我向廠方說情。高女士把我帶到經理的辦公室並告訴他，我是個工作認真又聽話的人，經理才同意我復工，此後我一直在裕華工作到退休。抗戰結束後，裕華的工作條件有所改善。我們不再上 12 小時制的班，而是上 10 小時制的班了。1949 年解放後，我們每天只工作 8 小時。

抗戰期間我是知道抗戰動員的。日本人的飛機轟炸重慶時，曾經把我們的宿舍炸壞過一次，我們大家都很怕空襲。但是我沒有參加過有組織性的抗戰活動，每天都在工廠裏忙著做工作，和外界的聯繫很少。我也不太記得廠裏是否組織過抗戰動員活動。

梁易秀

工廠女工
1923年生於重慶

> 我母親每天晚上都要到場上去撿小販們丟掉的東西。我們把所有可以吃的東西挑出來吃，人不能吃的就拿去餵豬。我記得有時我們四個小孩每人吃半條黃瓜就是一頓飯。我們經常餓著肚子，穿的衣服也都是親戚朋友不要的舊衣服。

我的父親是個搬運工，靠幫別人搬運東西謀生。我們家一共有四個孩子，兩男兩女。我是我們家的老大，老二也是個女孩子。我們家有兩塊小薄地，種了些菜和糧食。我很小的時候父親就去世了，母親一個人沒法養活四個孩子。舊社會像我媽那樣的窮苦女人，沒有文化，沒有技能，是沒有辦法養家糊口的。我們那兩塊薄地種的糧食和菜根本就不夠我們吃，我母親每天晚上都要到場上去撿小販們丟掉的東西。我們把所有可以吃的東西挑出來吃，人不能吃的就拿去餵豬。我記得有時我們四個小孩每人吃半條黃瓜就是一頓飯。我們經常餓著肚子，穿的衣服也都是親戚朋友不要的舊衣服。

我6、7歲大的時候，媽媽就把我和我妹妹送出去給別人家當丫頭，她自己也在有錢人家裏幫工當傭人。白天，我們母女三人都出去在別人家做工。黃昏時，我媽回家做飯做家務，我和妹妹還要到附近的山上去打柴、採野山菇，好在趕場天拿到場上去賣。我們過的是飢寒交迫的生活。

我和我妹妹從來沒上過學，父親在世時認為女孩子讀書沒用，不讓我們讀書，我的兩個弟弟倒是上過幾天學。

　　抗日戰爭爆發後我們附近有些工廠開始招女工，我去應招應中了，進了一家軍服廠當了工人。後來我轉到一家火柴廠工作，做火柴盒。這家火柴廠的老闆是個下江人，抗戰時把工廠從湖北遷到四川來的。我們做的是記件工，做得多，工錢就多。廠裏不要求和限制每天每個工人要上多少個小時的班，反正是多做多拿錢。抗戰時期，重慶的火柴大部分是手工做的，只有火柴棍是機器壓的。廠裏招的工人大部分都是沒結婚的年輕女孩子，付給我們的工錢很低。這家火柴廠沒有工人宿舍，我們都是住在父母家裏。抗戰時期，我們住地就有七個女孩子在這家火柴廠上班。每天早上，我們七個一起走路去上班，下午又一起走路回家。雖然做火柴盒的工作很枯燥，工錢也少，但是我掙的每一分錢都很重要，都可以幫助我的家庭。在工廠裏工作比在別人家當傭人強，當傭人我從來沒拿到過工錢，老闆只給我吃點剩菜剩飯而已。

　　抗戰後期，經別人介紹，我結了婚，丈夫就住在同一個街區。但是結婚前，我們從來沒有往來過。那時候，沒結婚的女孩不能和男人交往。我在這家火柴廠一直工作到抗戰結束，戰後火柴廠的老闆把廠遷回了湖北，我就進了裕華紗廠。

　　抗戰期間我是知道抗戰動員和宣傳的。我也學了些抗戰的歌曲，譬如說《松花江上》，我到現在都還會唱。抗戰時我是個年輕女孩，喜歡熱鬧。我喜歡看抗戰宣傳隊的街頭劇，聽他們唱歌。我自己沒有參加過有組織性的抗戰活動。我們窮人要做工掙錢吃飯，沒有時間去參加那些活動。

高忠賢

松溉實驗區女工
1923年生於重慶松溉

多數情況下，商店都沒有大米的存貨；一旦有貨了，米價每小時都在瘋漲，買米的人排成長隊。我們從廠裏得到的那些大米可是幫了大忙，那些大米成了我們家在抗戰年間的主要食物來源。我們才能每天都吃上加了蔬菜和雜糧穀物的米粥。

我出生在松溉，父親是個木匠，母親是個大門不出的家庭婦女。我是家裏最小的孩子，也是唯一的女兒。從小我就得幫著母親做家務事，還幫著家裏織布。我10歲那年，父母都去世了，我就跟著已經結婚的哥哥和他老婆過活。在哥哥家裏，我除了繼續織布外，還從一個火柴廠接些做火柴盒的零活兒，賺些小錢補貼家用。松溉的家產布匹很出名，幾乎每家每戶都要織布。在鎮上還有一個布匹集市，每五天開一次市。每到開市的日子，人們都把自家織的布帶到市場上來賣，還有很多外地的商人，尤其是貴州商人，專門到松溉來買我們手工紡的布匹。

我16歲那年，哥哥和嫂子給我安排了親事，嫁進了一個織布世家。婚後，我也成了他們家的織工。1938年蔣夫人在松溉建立了戰時紡織業實驗區，並開始為織廠招聘織工，這對松溉來說簡直是個大事。工廠公佈了招聘程序和條件，還為應聘者們做體檢。由於很多當地人本身就是技術熟練的織匠，工廠在很短時間內就招聘到了一大幫員工，松溉的人對蔣夫人都非常感激。

　　1937年抗日戰爭爆發後，很多難民從日軍佔領地區逃亡到了松溉。在蔣夫人的紡織廠開業之前，松溉是一個小鎮，根本就沒有大規模的工業企業。突如其來的大量外來人口的湧入，把這裏的日常用品價格抬得好高，使大多數人的生活都變得十分艱難。紡織實驗區工廠的開辦，為很多當地人和難民們提供了急需的就業機會，救了好多人的命，也為松溉帶來了繁榮。在抗日戰爭年間，松溉鎮比永川縣城更有活力、更加繁忙。松溉臨江，抗戰期間好幾個新碼頭修建在長江邊上，每天都有很多貨船在松溉進進出出。隨著大量下江人的到來，前所未有的旗袍、裙子以及新式髮型都被引入到松溉的當地社會中來了。

　　紡織實驗區工廠裏的女主管都是下江婦女，她們都穿著旗袍，梳著漂亮的短髮。下江人的到來還豐富了松溉的飲食文化，帶來了上海菜和湖北菜，本地人也開始吃上海和湖北口味的飲食。實驗區的建立還為改善松溉的環境、清潔衛生以及區容區貌發揮了重要作用，把松溉變成了一個更富吸引力的小鎮。實驗區當局還想方設法美化松溉，在公共場所栽種綠色灌木叢和五彩花卉。蔣夫人很喜歡花，也命令實驗區當局廣為栽種。一輛輛大卡車滿載著樹苗和花苗，從外地運往松溉，我們工廠的所有開闊空間地帶都裝扮成了花的海洋。

　　通過招聘測試，我和我丈夫都被工廠僱了。我丈夫在生產花布的車間工作，而我起初是在搖紗車間，後來調到了毛巾生產車間。工廠採用的是軍事化組織形式，我們都要佩戴專門的徽章才能進廠。廠裏雖然沒有給我們發放制服，但有一條白色的棉布圍裙。每個車間也都設有監工，她們大多數都是下江婦女，對我們也挺和善。我們每天早上在排隊進入車間開工以前，都要舉行朝會和舉行升旗儀式。在朝會上，實驗區主任潘先生經常都要對我們講話，告訴我們現在的抗戰發展形勢，並向我們灌輸抗戰「新生活運動」思想。

　　紡織工廠為我們每個人都規定了一個最低生產指標，多產多得。我丈夫的指標是每天織十匹花布；我在搖紗車間的時候，指標是每天要將

20斤棉紗搖到梭子上去。我們每天工作8個小時，每個星期工作6天，那些經理和監工也都一樣。早上我們從8點鐘幹到12點，下午從2點幹到6點。我和丈夫通常在中午用來吃飯和午休的那兩個小時都不休息，而是回到各自的車間去加班加點地幹活兒，這樣我們就能掙到更多的錢。廠裏付給我們的現金很少，每月只有兩三塊錢，但每月都要發大米。我們有兩個選擇：要麼一日三餐都在廠裏的食堂裏吃，要麼就把我們的大米帶回家去吃，我和丈夫都選擇把米帶回家去與家人分享。抗戰年間，通貨膨脹相當嚴重，即使有錢也很難買到大米。多數情況下，商店都沒有大米的存貨；一旦有貨了，米價每小時都在瘋漲，買米的人排成長隊。我們從廠裏得到的那些大米可是幫了大忙，那些大米成了我們家在抗戰年間的主要食物來源，我們才能每天都吃上加了蔬菜和雜糧穀物的米粥。

紡織廠裏有將近八百名員工，其中有三百名是外地人，五百名是本地人，大多數員工都是女性。男性大多從事機械和彈花車間的工作。機械車間的工人多來自重慶城，紡織廠會為家不在松溉的員工提供宿舍。我們本就是來自松溉的，所以都住在自己家裏，上班的時候才去廠裏。抗日戰爭期間，松溉沒有電，所有的織布機都是用腳踏驅動的，廠裏使用的織布機都是當時性能最強的腳踏驅動機器。廠裏請了重慶城的技師來松溉，幫助我們把以前的老式織布機改裝成了新式的。工人們要用腳踩踏一個踏板帶動機器的轉輪旋轉，用手來調整紗線梭子，這些新機器極大地提高了產量。之前這裏的那些老機器只能生產寬一尺二寸左右的窄布，而使用了這些新機器後就能生產出寬兩尺四寸的布了，生產率提高了一倍。

實驗區還建有一個農場、一個醫療診所、一所針對女性職工的學校，以及一所針對難民兒童的學校。所有職工都能在診所裏享受到免費醫療，這在實驗區以外是聞所未聞的。工廠還有圖書館，不僅對本廠職工開放，也對當地居民開放。松溉之前從來沒有公共圖書館，這實在算

得上是個新鮮事。當地一個姓張的婦女被聘為圖書館管理員。針對女職工的那所學校在晚上開有識字課程，教婦女們讀書寫字。我只去聽過幾次課，因為我已經結婚了，還有家人需要我照顧。下班回家後，我得忙著做家務，沒有很多時間去女工學校聽課。偶爾我也會參加廠裏在週末開辦的抗戰動員活動，我們列隊遊行，高喊「打倒日本鬼子」這樣的口號。我還參與過唱抗戰歌曲的活動，但現在已經記不起來當時唱什麼了。儘管工廠和當地學校組織了很多抗戰動員活動，如舉著火把慶祝國慶節的遊行，但我並不像那些未婚年輕婦女參加得那麼多，因為我已經結婚了，又是個文盲，還得照顧家人，負責家務雜活。直到1949年以後，政府開展掃盲運動，我才比較有系統地學會了讀書認字。

婚後我們和公婆住在一起。1941年我生下了第一個孩子，廠裏准了我一個月產假。寶寶剛滿月我就回去上班了，孩子由婆婆精心照顧著。我公公婆婆都是很善良的人，對我都很好，允許我在廠裏工作。雖然我掙的錢都是交給他們的，但只要我要用錢，我婆婆都會同意我使用。我很幸運，沒有像我們鎮上其他那些媳婦那樣受那麼多苦。我和婆婆之間的關係一直都很好。

儘管松溉沒有被日本人炸過，但好多年來我們都擔驚受怕，擔心會被炸到。那些去瀘州的日本轟炸機都會經過松溉，只要它們一飛過來，我們就得往外跑，找地方躲空襲。那段經歷實在是很嚇人。只要防空警報一響，所有人都得放下自己手裏的事情找地方躲避。為了不被日本人當成轟炸目標，當地人都用爐灰把各自的房子刷成深色。松溉只有幾個防空洞，裝不下所有人。大多數時候，我們都只能跑到附近的森林裏去躲著。有了第一個孩子以後，我都是抱著孩子一起跑。每次跑空襲警報，我都膽顫心驚。這樣的日子持續了好幾年。

抗戰期間發生在松溉的最有影響力的事情就是蔣夫人的來訪。1939年她到松溉來參觀視察實驗區和我們的工廠。她是坐飛機來的，和一隊太太們一起參觀，視察了我們的工廠。她們都穿著清一色的白色旗袍領

裙子，戴著大白帽子。我不知道到底哪個才是蔣夫人，直到有人指著她告訴我，那七個女人中最後那個就是她。蔣夫人早上8點左右抵達的松溉，直到晚上7點才離開。除了參觀工廠和實驗區裏的其他設施以外，她還在我們工廠外面的空地上發表了公開演講。我和其他同事都參加了這個集會，還有很多當地人也都受到了邀請。她向我們宣傳了實驗區對於抗日戰爭的重要性。

我們都很感激蔣夫人在松溉建立了實驗區，為我們提供了就業機會，才使我們能夠應對八年抗戰的艱苦生活。1945年日本投降的時候，松溉舉行了一場盛大的慶祝活動。人們自發來到鎮中心放煙花，又是唱歌又是跳舞，從白天一直狂歡到晚上。我帶著孩子們去觀看了慶祝活動。

然而抗日戰爭的結束並沒有使我們的生活得到多大的改善，對於松溉的很多人來說，抗戰的結束事實上還使我們的生活變得更糟糕了。抗戰結束後，這個實驗區被撤銷了，下江來的管理人員和工人全都陸續離開了松溉，工廠最後也轉交給了當地政府。可是工廠一到地方官員的手裏，他們就視其為中飽私囊的肥肉。不到幾年，那些腐敗的當地官員們就把工廠給搬空了。他們把能賣的東西都賣掉了，錢都進了他們的腰包，工廠也被他們搞垮了。我們這些本地工人在抗戰結束後全部都失了業。

游清雨

松溉實驗區婦女
1927年生於重慶松溉

織布時，織布工要用腳用力踏板，帶動機器輪子轉動，手要控制織布梭。由於軍用帆布很厚，織這種布的機器與其他機器相比也大一些、重一些。因為我個子小，操作帆布機非常困難，但是我自己要求做帆布機，因為這樣我每月可以多掙些米幫助我的家庭。

我出生在松溉一個很貧窮的家庭，父母都是文盲。我父親是個挑夫，幫別人把東西從河邊的碼頭挑到指定的地方去，我媽媽則幫別人織布。松溉的人很多都織布，有些人是自己織布賣，有些人是幫人織布。我們家沒有本錢，買不起原料，我媽只能幫人織布。因為我父母的工作都不穩定，有時有活幹，有時沒有。有活幹時，我們才有飯吃。我們家是整個松溉鎮最窮的人家之一，一家六口，兩個大人，四個孩子，擠在一間租來的房間。家裏什麼家具都沒有，只有兩床破被子和幾件煮飯、吃飯的破舊餐具。從我懂事起，我們家就窮得吃不起米飯，只能吃菜和一般人都不喜歡吃的雜糧，像高粱、蕎麥、稗子等。我5歲起就開始幫我媽的織布機倒線倒印。那時候，窮人的孩子都是很早就開始做事。

1937年抗日戰爭爆發時，我剛好10歲。我是從鎮上大人們的擺談中知道抗戰爆發的。1938年，蔣夫人在松溉搞了一個紡織實驗區，在松溉開了一家紡織廠，建了一個農場，還建了一所婦女學校，目的是吸引本地婦女參加抗戰生產建設。很多松溉的婦女在紡織廠工作。1939年，我

剛好虛歲13歲。我父母覺得我應該出去掙錢幫補家計，就叫我去紡織廠申請工作。

　　我記得我去報名時，紡織廠門口已經站滿了前去報名的人，排了一條長隊。負責招工的是潘太太，她是松溉實驗區主任的老婆，同時又是實驗區幼兒院的院長。潘太太看見我時，問我多大啦。我從小就吃不飽，營養不良，長得又瘦又矮，看起來比實際年齡還小。我怕潘太太看我個子小不收我進廠工作，就哭著求她，並告訴她如果我拿不到一份工作就會餓死。潘太太很同情我，就把我收下了。之後，潘太太還專門到我家來看我。當她看見我們家裏家徒四壁，僅有的財產就那兩張床和破被子時，她很同情我，並提出要幫助我。她告訴我父母她可以通過新生活婦女指導委員會把我送到重慶去免費上學讀書，我不用進紡織廠去做工作。我高興極了。我從小就沒有進過一天學校，總是羨慕那些可以上學的孩子，可是我的父母堅決不同意我去重慶上學讀書。他們要我去工作，掙錢幫助家庭，也覺得女孩子遲早要嫁人，讀書沒有用。我傷心極了，但是沒有辦法改變我父母的決定。我很不情願地進紡織廠當了工人，可能成了實驗區紡織廠年齡和個子最小的工人。

　　我進廠後最初的工作是倒印，就是把棉紗繞到梭子上。由於倒印的工作不需要什麼技術，所以我的工資也很低。抗戰時期生活必需品匱乏，米是精貴物品。紡織廠發工資不是發錢而是發米。如果我不在廠頭吃飯的話，我每月的工錢是五升米。如果我在廠頭吃飯，那麼我只能拿到兩升米。為了幫助我的家庭，我決定不在廠頭吃飯，這樣我可以和家人共享我每個月發的米。每個月我領到米後，我就把它背回家交給我的媽媽。抗戰期間，我們全家主要就是靠我每月領的那點兒米為主要糧食。我媽把米同菜、雜糧混起煮稀飯，這樣可以吃得久一些。

　　進廠幾個月後，我發現在織布車間工作的工錢要高些，就請求廠裏把我調到了織布車間。當時紡織廠有好幾個織布車間，我調進了軍用帆

布車間。抗戰時期松溉沒有電，紡織廠所有的機器都是手工操作的。織布時，織布工要用腳用力踏板，帶動機器輪子轉動，手要控制織布梭。由於軍用帆布很厚，織這種布的機器與其他機器相比也大一些、重一些。因為我個子小，操作帆布機非常困難，但是我自己要求做帆布機，因為這樣我每月可以多掙些米幫助我的家庭。

我在帆布車間工作時，蔣夫人曾來松溉看實驗區，參觀了我們的車間。蔣夫人是和七位女士一起來的，她們都穿的是樣式差不多的白旗袍，戴著漂亮的白草帽。蔣夫人來的前一天，我們車間的工頭就告訴了我們蔣夫人會來，還警告我們如果蔣夫人來車間，不准盯著看，不准隨便與來客説話。蔣夫人還真來參觀了我們車間，她來的時候我們車間共有17位年輕女工在車間工作。蔣夫人在我的機器面前停了下來和我説話，我既緊張又害怕，根本不敢看她，也完全沒聽懂她説了些什麼。蔣夫人只在我們車間停留了幾分鐘就走了，我們則繼續做自己的工作。後來我聽説蔣夫人是坐水上飛機來的，在松溉呆了一天就回重慶了。1949年解放後，很多次政治運動中，上級都盤問過我關於蔣夫人訪問松溉之事。每次他們問我，宋美齡來松溉時你見到過她嗎？我都回答我沒見到。我説的也是事實，因為她來我們車間時，我緊張得不敢看她。1949年以後，全松溉的人都怕承認見過宋美齡，説見過她就會惹很大的政治麻煩。

我只在帆布車間工作了幾個月，那裏的工作對我來説太困難。我人小，氣力不夠，我在那裏才工作了幾個月就開始吐血。我媽知道後就請求廠裏把我調回了我原先的倒印的工作——把棉紗繞在梭子上。

抗戰期間在松溉實驗區紡織廠，我們每天只工作8小時。1949年以前，工廠很少是8小時工作制的，我們能有8小時工作制主要歸功於蔣夫人，因為松溉是個實驗區。此外，我們實驗區還有農場、農場工人學校、醫療所，紡織廠的工人看病不要錢。

實驗區的管理人員都是外地來的，負責人潘先生、他的妻子潘太太及其他管理人員都是下江人。潘先生、潘太太人都很善良，對我們窮苦人很好。解放後我才知道潘先生和潘太太都是共產黨的地下黨員。因為我來自松溉最貧窮的家庭之一，加上我又是廠裏最小的工人，潘先生和潘太太都很關心我，特別是我的教育。我媽不准我到重慶去讀書，潘先生和潘太太就鼓勵我參加松溉的女工學校。很多女工都進過女工學校學習基礎文化，我也上過，但我不是讀書的料。我除了上班之外，還要幫家裏做事，天天都很累。我記不住在女工學校學的東西，在學校裏學了一些字，但是很快就忘了，所以至今還是個文盲。

實驗區紡織廠實行軍事化編制，都是按軍事化規則分成小組。每十個人組成一個小組，每天早上我們按小組排隊列進廠上班。我是一個小組的組長，管十個人。潘太太有意要培養我的領導能力，每天早上我們要在廠房前面舉行升國旗儀式，我的責任是動員我們小組的成員，參加每天的升旗儀式及廠裏的其他活動。升旗儀式時我們要唱歌，我就是在抗戰期間學會了唱國歌的。我們也慶祝五一國際勞動節和10月10日的國慶節，每到那些節日，廠裏都會組織我們唱歌跳舞。我參加過廠裏組織的很多活動，當時年輕喜歡熱鬧。松溉是個臨江小鎮，長江沿著松溉彎了幾個彎。每年夏天一到，下午下班後，潘太太就會把女工們組織成兩隊然後喊著口號踏著步伐，把我們帶到一個河灣去洗澡。實驗區建立以前，松溉的婦女是不准大白天下河洗澡的，只有男人可以在河裏洗澡。而潘太太帶我們下河洗澡，本地人不好、也不敢批評，慢慢地就把它當成了我們例行公事接受了。

抗戰期間雖然松溉沒有直接遭受日本人的轟炸，但我們知道日本飛機對重慶和瀘州的大轟炸。抗戰期間我們都不准穿白衣服和在頭上包白帕子。在頭上包白帕子是松溉長期以來的風俗習慣，本地人抗戰以前男男女女都在頭上包一塊白帕子。但日本人開始轟炸重慶以後，本地人都

不敢包了，當時的說法是白頭帕會吸引日本飛機的注意力，會來松溉丟炸彈。飛去炸瀘州的日本人轟炸機要途經松溉，所以每次日本飛機來松溉之前，廠裏就會組織工人撤離廠房，躲到附近的松樹林子裏去。好幾次，我都看見日本轟炸機在松溉上空盤旋後飛走了。聽人說，日本人是計劃要炸我們紡織廠的，只是不知什麼原因沒有成行。

我從1940年初進廠後，一直工作到抗戰結束。1944年我18歲時父母要我結婚。我真不想結婚，我看到我媽結婚後過的是什麼日子，也看到我父母結婚生子後根本就養不活我們。我們家有四個孩子，我是老大，有一個弟弟和兩個妹妹。我小時候從來沒吃過一頓飽飯。由於飢餓，我和弟弟不得不從別人家的地裏偷東西吃，因此落下了個偷東西的壞名聲。我們肚子餓啊，沒辦法啊。我告訴我媽我不願意結婚。我想如果我在廠裏長期工作上班，我老了做不動了，廠頭會管我。我媽堅決不聽我的意見，拿出一隻大麻布口袋告訴我，如果我不聽話，就把我裝在麻布袋裏，丟進長江去淹死。我知道我媽的脾氣，她是做得出這樣的事來的。我們小時候犯點小錯誤，我媽都會把我們朝死裏打。我怕她，只得同意了她的要求。但我心裏還是不願意，總是想找機會解脫。

我媽為我找的男人比我大四歲，也在紡織廠工作，是彈棉花的。雖然我們在同一個廠上班，但我們相互並不認識。一次他邀我和他一起去重慶耍，在路上他佔了我的便宜，強迫我和他結了婚。我在實驗區紡織廠工作了七年，一直到廠關閉。

趙桂芳

松溉實驗區婦女工
1928年生於重慶松溉

> 每到趕場天，布販子會從四川各地，還有雲
> 南、貴州來松溉，買我們的土布。我很小就開
> 始幫父母親織布，幫他們把棉紗繞到梭子上。
> 松溉的孩子都是圍著織布機長大的，大部分都
> 從小就幫家裏織布。

我是松溉人，父母親都是織布的。我們家有一台老式的織布機可以織土布。19世紀和20世紀初，松溉的土布是出了名的。每到趕場天，布販子會從四川各地，還有雲南、貴州來松溉，買我們的土布。我很小就開始幫父母親織布，幫他們把棉紗繞到梭子上。松溉的孩子都是圍著織布機長大的，大部分都從小就幫家裏織布。

1942年我滿了14歲，一位親戚就建議我媽，把我送到實驗區的紡織廠去做工作。她說，反正我喜歡織布，到紡織廠去工作正合我的胃口。抗戰期間物價高，我們家生活很困難，如果我到實驗區的紡織廠工作，可以掙錢幫助家庭。在我進紡織廠之前，很多松溉婦女已經在廠裏做工。我媽和我姨媽都已經是紡織廠的工人。

我是在蔣夫人來松溉之後才進廠的。進廠後，我被分到生產紗布的車間，裏面有幾十部織布機和幾十位女工。紗布車間的工作和帆布車間相比要輕鬆得多，因為紗布比較輕薄，織布時工人不需要用力蹬踏板轉動織布機。抗戰時期松溉沒有電，所有的織布機都是人力腳踏的。織布

時，我們用腳踏帶動機器，用手動梭子織布。我1942年進廠，一直工作到抗戰結束。我先在紗布車間工作了一段時間，後來又在發料科工作。

抗戰時期，實驗區紡織廠實行軍事化，要求每個員工都參加早上的升旗儀式。每天早上我們在廠房門口集合舉行升國旗儀式，然後，大家唱著歌列隊去各自的車間、單位上班工作。實驗區紡織廠實行8小時工作制，我們早上8點鐘上班到12點，中間有兩個小時的午飯休息時間，下午2點又上班，工作到6點下班。每個車間都有三個女監工，都是外地來的下江人，我們喊她們先生。我車間三個女監工都是善良的人，對我們都很好。實驗區主任潘先生是個很好的人，對我們工人是真心地關心和照顧。抗戰期間，潘先生幫助過廠裏很多工人解決各種各樣的工作和生活問題。

抗戰期間，我們有兩種工資選擇，一種是在廠裏吃飯，然後領少量的米；另一種是不在廠裏吃飯，每個月可以領五升米。當時，廠裏監工每月的薪水夠買高級細布做兩件衣服，而我們一般工人每月的工資只夠買粗布做一件衣服。我剛進廠時，在廠頭吃飯。廠裏的餐廳提供三頓飯，都是管吃飽。通常是米飯加一道蔬菜，十個人一桌，大家坐在一起，共吃一盆當地出產的時令蔬菜。最常吃的是南瓜和冬瓜，因為這些菜可以放很久，不容易壞。說實話，廠裏的菜一點都不好吃，油很少，只是鹽放得多。我之所以願意在廠裏吃飯是因為飯可以隨便吃，抗戰時期物資匱乏，物價高漲，很多人連飯都沒得吃。我們可以隨便吃米飯，很不容易。

1943年松溉舉行過盛大的實驗區成立五週年慶祝活動。宋美齡沒有來，但是派了新生活婦女指導委員會的一個姓張的和一個姓戴的主任到松溉，參加我們的慶祝活動。慶祝活動的場面很大，很熱鬧。除了搭台的音樂表演和舞蹈表演，紡織廠還搞了一個盛大的宴會，所有的員工都被請去參加慶祝會和宴會。宴會上有九道菜，道道都鮮美可口，那頓飯可能是我有生以來吃過的最好吃的飯菜。

　　新生活婦指委的張主任、戴主任到我們車間來參觀過。她們看到了我，我當時又瘦又小，看上去比實際年齡還小。她們問我年紀多大，當聽說我才15歲時，說我太年輕，個子也太小，不應該操作紡織機。隨後，她們把潘主任叫來，叫他為我換個輕鬆點的工作。這樣，我就被派到發料科去工作了。在發料科，我每天的工作是稱每天要發到各個車間的棉紗。在織布車間，要是你布織得多，你每月的工資就多；要是你織不夠定額，你會被開除掉。但是在發料科，每個人都只拿固定的工資。每月的工資就是兩斗米，比我在織布車間的工資少些。

　　抗戰期間一般的重慶人只能買政府提供的平價米。那種米混有很多老鼠屎和沙石，而我們從實驗區紡織廠領到的米通常都是不長霉的好米。實驗區的建立給松溉的老百姓帶來了很多好處，比如紡織廠的工作機會讓我們在抗戰時期少受了很多罪。紡織廠有自己的診所，是位姓黃的醫生給工人免費看病。實驗區也建了消費者合作社，參加了合作社的人可以享受商品折扣和在店裏賒賬的權利。每年新年那一天，合作社的成員還可以分到兩丈白布或者黑布。

　　日本人開始轟炸瀘州以後，日本轟炸機一定要經過松溉。為了避免日機轟炸松溉，我們把所有的房子都漆成了黑色。只要日本飛機快飛臨松溉，就有人會敲響銅鐘向大家發出警報，所有人都會放下手中的活兒跑去躲空襲。通常松溉的人都是躲在附近的樹林子裏，整個抗戰期間松溉一次也沒被轟炸到。

　　抗戰期間，紡織廠的文化生活還是很豐富。廠裏經常組織年輕女工唱歌跳舞。我們不僅在廠裏慶祝國慶節、新年及其他重要的節日和假日，也走出廠房到鎮上去慶祝。我記得有一年，我們舉行過火把遊行慶祝國慶。還有一年為慶祝新年，紡織廠舉行過盛大的慶祝活動。紡織廠為了那次慶祝活動，專門用一部發電機發了幾小時的電。松溉的老百姓從來沒看過電燈，所以那次活動吸引了很多老百姓前來觀看。實驗區的潘主任還給前來參加慶祝活動的人發了糖果和點心。平時，潘主任也帶

我們青年女工到松溉鎮上去唱歌跳舞，做抗日宣傳。紡織廠建了一所女工學校，學校的老師都是下江人，教我們唱了很多抗戰歌曲，比如《松花江上》、《磨刀殺敵》等。我參加了紡織廠的舞蹈隊，多次在廠裏廠外演出。我也參加過女工學校的夜校，學習識字和寫字，那裏的學生基本上都是沒結婚的年輕姑娘，結了婚的女工下班後都要快快趕回家，做家務事，很少參加夜校的活動。

實驗區主任潘先生是個好人，他常常給我們講有關抗戰的事宜。比如說在早上的升旗活動上，潘主任就時常講解抗戰進程。我記得有一次升旗儀式上，潘主任給我們講日本人攻打了貴州，他非常激動，還在我們面前哭了起來。

1945年日本人投降時，松溉的人也很激動，很多人跑到街上去放鞭炮慶祝。日本人投降那天我沒有出去慶祝，而是在廠裏上班。抗戰結束後，紡織廠被交給了地方政府，很快那些貪官污吏就把廠拆了賣掉。以後，我就留在了家裏幫我父母親織土布。

第三部分

抗日戰爭，女性與政治

序

  從1980年代初期開始，研究中國抗日戰爭史的西方學者們已經開始關注抗戰對中國現代化國家建設的影響。他們的研究也逐漸從注重蔣介石的個人獨裁統治和國共兩黨的對立和抗衡，演變成了注重現代國家政權的建立，以及眾多不同觀點的政治派系怎樣參與現代國家建設和角逐政治權力的鬥爭。雖然如此，西方現有關於中國抗日戰爭時期政治的著作，大都還局限於主要講述男性的政治角色，也就是政府和政治黨派在抗戰中扮演的角色，而很少涉及婦女在抗戰時期政治生活中的作用。在中國大陸，有關婦女參與抗戰政治的學術著作也不多見。但是我們都知道，中國婦女自辛亥革命以來就一直不斷地為自身和民族的解放而努力奮鬥。香港大學研究中國婦女的女學者 Louise Edwards，在她2007年出版的關於中國婦女選舉權運動的研究中指出，在抗日戰爭年間，女性積極分子有意識地參與政治，並成為了重慶地區國民政治中的有力競爭者。因為抗戰之前的三十年中，中國婦女為爭取選舉權的運動為抗戰時期婦女的參政搭建了政治舞台。[1]

---

1 Edwards, *Gender, Politics, and Democracy.*

　　Edwards的研究旨在探討中國婦女爭取選舉權的歷史，所以她的著作主要揭示出了少數精英婦女領袖們在抗戰時期的政治參與和表現。而本書記錄的這些婦女的故事則主要是展示重慶地區的普通婦女，特別是草根階級的婦女們，如何在抗日戰爭時期，自覺地將政治覺悟轉變成實際的政治行動，把抗戰動員與政治參與結合起來，積極參與抗戰時期的抗日救國政治活動。

　　1937年盧溝橋事變之後，中國的抗日戰爭需要所有中國人的支持。為了得到人們的支持，也為了贏得國際社會的同情，國民政府發動了大規模的全民抗戰動員運動。整個抗戰動員工作不僅把中國的精英們推向了公眾領域、參與政治競爭，普通群眾也被捲入了抗戰政治運動之中。這樣，包括傳統上一直處於邊緣地帶的團體，如普通婦女這樣的政治團體，也成為了抗戰政治舞台的生力軍。婦女團體參與政治，使國統重慶地區的政治參與度極大地高漲，也使抗戰時期的重慶政治的氣氛更具有包容性和參與性。任再一、白和蓉、朱淑勤、羅自榮以及陳國鈞的口述材料都向我們證明，婦女們參與抗戰時期政治不僅積極度是真實的，而且她們的參與度也還遠遠超出了城市中心裏各個政治黨派和精英婦女領袖們。抗戰時期的政治動員活動很多都是學校裏的學生和包括婦女組織在內的其他民間社團開展的。學生和婦女團體組織抗戰宣傳隊活躍於重慶周圍的鄉場上，使抗戰動員活動觸及到上百萬重慶周邊農村地區的普通婦女群眾。

　　一位抗戰時期住在四川的外國學者，注意到年輕女學生們為動員城區周邊農村人民支援抗日戰爭所作出的貢獻，曾這樣評論道：抗戰期間，「數以萬計的婦女和兒童平生第一次得到了學習讀書、寫字的機會，很難估計這個數字到底有多大。這些機會都是由一些（學生）團體或較大的組織派出的一些熱情洋溢的年輕女性提供的。她們向這些偏遠農村的普通群眾解釋造成抗日戰爭的原因以及新中國的建設問題。這樣，女青年們用她們的智慧支持了全國的抗戰救國，中國的抗戰救國力量也得以

增強。」[2] 本書中那些在抗戰時期還是學生的受訪者們，都回憶了她們每週到附近鄉下，動員農民支援抗戰的活動以及這些活動所吸引的大批觀眾。這些抗日戰爭動員活動不僅向人們灌輸了愛國主義和抗日民族主義思想，還讓人們理解到政治參與的重要性。Louise Edwards 正確地指出，抗日戰爭「為婦女積極分子們提供了愛國的大背景，使她們能在這個背景之下聯合起來」，並使她們能夠積極參與抗戰時期中國的政治，並在國民參政會及促使中國建立起真正憲政的運動中扮演了積極的角色。本書中這些普通重慶婦女們的口述材料表現出，在國統重慶地區，草根階級，特別是草根婦女階級的抗戰動員活動，不僅與精英階級為實現憲法改革和中國政治民主化所領導的戰時政治運動具有同等重要的意義，而且還是精英政治運動的基礎。

本書口述歷史也展示出，抗戰時期重慶地區草根階級的政治動員活動在很大程度上是以大眾文化的形式表現出來的。香港學者洪長泰在他1994年有關抗戰文化的研究中就提出過大眾文化在抗戰中的重要性。[3] 大眾文化作為政治動員的媒介，在中國已經有很長的歷史了。1911年辛亥革命時期，大眾文化就在重慶地區傳播反帝反清思想中扮演了重要角色。譬如，保路運動期間重慶地區的民間故事、甚至謠言，都成為革命運動中推波逐浪的工具。[4] 抗日戰爭年間，大眾文化以街頭戲劇、歌詠、以及牆報（由於缺乏紙張而辦在牆上的報刊）的形式，在重慶地區的抗戰動員和婦女爭取自身解放方面，扮演了重要角色。歌詠和街頭劇在抗戰中成為了動員群眾的流行媒介，通過這些媒介宣傳抗戰，像任再一、白和蓉和羅自榮這些受過教育的年輕女性，都過上了充滿生機與活力的生活，同時她們也發覺和意識到了她們自身和國家的關係。在這個過程

---

2   Lily K. Haass, "Chinese Women's Organizations," in *Wartime China as Seen by Westerners*, ed., Frank W. Price. Chungking: China Publishing, 1942, p. 84.

3   Hung, *War and Popular Culture*.

4   Li, "Popular Culture,"pp. 470–505.

中，婦女們還為抗戰時期大眾政治文化的建立、塑造與傳播作出了貢獻。抗日戰爭時期重慶的報紙，紛紛肯定了普通民間的年輕積極分子們所表演的街頭戲劇、宣傳演講以及演唱受歡迎的程度。例如，1937年12月13日重慶的《新蜀報》就報道說，近日來，由二十多名男女青年學生表演的與抗日戰爭動員相關的街頭戲劇和演唱，吸引了六百名觀眾駐足觀看，其中大部分都是來自重慶貧民窟黃沙溪的苦力和洗衣女。之後，這隊原班人馬每個週末都會到附近的鄉鎮和村子裏去演出。

本書故事的主人公中，幾乎所有受過教育的年輕婦女，都為她們能夠作為學生投身到抗戰宣傳活動中感到無比的自豪。她們參加演唱和戲劇小組，加入大眾演講團，還從事募資以及支援難民的救濟項目。她們都為自己為國家作出貢獻而感到驕傲，同時也相信正是這些抗戰動員活動促進了她們的個性成長。整個抗戰動員活動也為女學生們提供了更多的社交機會，讓她們在公共範圍內和國家政治上扮演了積極的角色。與那些參加了五四運動的先輩們一樣，當她們外出表演街頭戲劇、唱歌或發表公開演講，動員人們支持抗日戰爭的時候，她們和男同學們一起作為平等的參與者，肩並肩地工作著。這些經歷使她們看到了社會性別關係裏的新亮點，喚醒了她們的政治意識和社會性別意識，建立起政治與社會性別的覺悟，從而促使她們以實際行動來尋找國家及其自身的自由和解放。

本書中這些革命婦女的故事向我們展現出，一個女性是否能夠積極地維護其社會性別特徵，是否能在抗日戰爭中為社會性別代表的重新定義，其所受的教育程度並不是決定性因素。真正將革命婦女與其他婦女，如烏淑群那樣受過教育但並未積極參與抗戰活動的婦女，區別開來的，是她們的政治實踐精神和行動。也就是說，她們真正理性地意識到要為自己的權利而鬥爭，要為自身和國家的自由解放而鬥爭，更要為實現自己的目標而採取行動。在抗戰動員活動中的政治參與就成為了她們實現上述目標的手段和方法。

　　對抗日戰爭動員的大眾文化活動的參與，使年輕女性們能夠掙脫精英圈子的局限。由於青年學生們常常把街頭劇、抗戰歌詠隊帶到鄉下，抗戰宣傳也自然地把女學生們與附近農村地區的農民和普通群眾親密聯繫在了一起。在這個過程中，受過教育的年輕女性，不僅強調要重新找回婦女在抗戰時期應得的政治權利，還為認可大眾文化是政治動員活動中富有生機的媒介，以及婦女在其中所扮演的極其重要的角色作出了貢獻。自抗戰以來，大眾文化作為政治動員的手段，已經成為戰後中國大陸以及台灣政治生活的有機組成部分。抗戰結束之後，中國婦女繼續在大陸及台灣的大眾文化和政治運動中扮演著重要的角色。

　　本書記錄的口述史也為我們研究抗戰時期的共產黨史提供了寶貴的資料。一些西方學者，如Patricia Stranahan，在她1998年關於1927–1937年間上海的中共地下黨活動的研究中，以及Joshua H. Howard在他2004年關於抗戰時期中國兵工廠及工人的研究中，都正確地對現存中國共產黨史的西方學術研究提出了批評。[5]西方現存關於中國共產黨歷史的學術研究焦點，還主要集中在共產黨在中國農村地區公開開展的革命運動上。上述兩位學者都提出，中國共產黨在國統城市地區所開展的地下活動，也應該引起學術界的注意。本書中婦女們的故事向我們打開了一扇新窗戶，讓我們看到一些在國統區的戰時陪都重慶地區的中共地下活動。她們的敘述向我們揭示出，在抗日戰爭和第二次國共合作及統一戰線的愛國背景之下，中國共產黨不僅僅致力於抗日戰爭動員活動，也積極地建立和擴大了自己的組織網絡和運作範圍，並將其地下組織穿透到重慶地區的幾乎所有社會領域。中共地下黨組織之所以能夠在抗日戰爭年間倖存下來並得以發展，原因之一就是當時多種政治勢力並存的時局。為

5　　Patricia Stranahan, *Underground: The Shanghai Communist Party and the Politics of Survival, 1927–1937*. Lanhan, Md.: Rowman and Littlefield, 1998; Howard, *Workers at War: Labor in China's Arsenals*.

了聯合全中國各派政治力量團結抗日，國民政府至少在表面上讓各路黨派
生存。青幫、紅幫、四川軍閥、國民黨、中國共產黨以及許多第三黨派都
活躍在陪都重慶的政治舞台上，使國民黨中央政府很難控制該地區的政治
活動，這就為中共的地下活動提供了機會和方便。

　　本書年輕革命女性的故事為我們提供了較為詳細的、有關中共地下
黨組織怎樣在抗戰時期吸收新成員的信息，也提供了中共地下黨與新運
婦指會這樣的戰時婦女組織合作的信息、及其如何通過輸送普通成員救
濟當地社會底層人民來贏取民心等等情況。之前西方和國內有關中共歷
史的研究和著作，大多都集中在共產黨贏得中國農村地區廣大農民的支
持而做出的努力，或用國民黨自身的失敗來解釋中共為何能在1949年擊
敗國民黨，取得控制全國的領導權。本書中幾位年輕革命女性的故事揭
示了，抗日戰爭時期，中共在重慶地區的政治運動做了很多的民心工
程。任再一和白和蓉都回憶道，抗戰期間，中共地下黨有組織地把地下
黨員和傾向中共的青年學生送到重慶周邊的農村，進行抗戰宣傳和扶貧
活動以爭取民心，同時也為日後可能發生的武裝起義做準備工作。這些
民心工程為日後國統區人民在1945年後的內戰中保持中立、並逐漸左傾
起了重要的作用。這種努力，對中國共產黨在抗戰之後的國共內戰中戰
勝國民黨也起了很大的作用。

　　本書中的口述故事也讓我們了解到，為什麼重慶地區有些年輕女性
會在抗戰期間加入中國共產黨，並參與共產黨領導的政治活動。多年來
中外學術界對此問題一直沒有清楚的解釋。本書婦女的故事揭示出，青
年女學生參加共產黨的原因是多種多樣的。書中這幾位年輕女性在抗戰
時期都只有十幾歲，都多多少少目睹了和經歷了社會性別帶來的不平
等。她們都對衝破男性統治下的家庭和社會束縛有極大的渴望。抗戰宣
傳動員工作，使她們有機會投身進抗戰時期的政治活動之中，為她們提
供了社會和政治大背景，能夠將探索個人自由解放，並把個人的解放與國
家及民族的自由解放聯繫在一起。然而，她們為什麼會加入中國共產黨而

非其他政黨，決定性因素在於她們與吸收她們入黨的中共成員之間的私人關係。拿任再一的案例來說，是她學校的老師注意、關心她，並向她灌輸了愛國主義思想；在白和蓉的例子裏，她是受她的朋友兼戀人杜先生的影響而參加中共地下黨的活動。在抗日戰爭年間，重慶地區的中共地下組織是在現存的中國社會關係網中運作的。地下黨是利用朋友、同學、老鄉及其他社會關係來吸納新成員並開展工作。為黨工作也是為親人、朋友工作。對任再一和白和蓉來說，中國共產黨還象徵著中國抗戰時期的民族主義思想感情。由於那些介紹她們入黨的中共成員都熱情地投身於抗戰奮鬥中，任再一和白和蓉相信只要加入了中國共產黨，就等於是參加進了中國抗日戰爭之中。在國統區，抗日動員正是中國共產黨用以進行組織擴大和政治力量發展的一個重要途徑。

王素的故事則向我們展示出，在抗日戰爭期間，並非所有參加革命的婦女都能夠享有自己的個性與自由。她的經歷告訴我們，抗日戰爭年代，在中共地下組織中工作的那些女共產黨員都必須服從黨組織的安排和紀律。抗戰時期黨組織不僅命令她和一個男人生活在一起，假扮夫妻，保護地下黨組織，而且最後還指示她去與一個自己不喜歡的人結婚。她的敘述顯示出，中共在重慶地區的戰時婦女運動中所發表的那些公開言論，與他們組織內部實際對待女性個體成員的政策存在矛盾。儘管王素對於自己作為女人和共產黨員的多重身分具有清醒的認識，但是黨組織卻並不允許她擁有這些多重身分。而要求她做一名忠誠的共產黨員，個人願望要服從組織。我們都知道，社會性別身分是與政治權力明確聯繫在一起的。抗戰期間只有那些在共產黨內有權力的女黨員才享有自由，才可以展示個性。譬如拿鄧穎超來說，作為五四先驅、著名的女權主義者以及中華人民共和國第一任總理周恩來的妻子，她在抗日戰爭中就可以表現多重身分，享受較大的個人和政治自由以及自主權利。但像王素這樣的普通成員，卻很難掌控自己的性和婚姻的自由。當個人權利和組織利益發生矛盾時，個人永遠要服從組織。

　　抗戰時期的全民總動員，還為眾多中國共產黨和國民黨以外的中間政治組織，打開了參與進重慶地區的抗戰動員和中國的戰時政治的大門。羅自榮是中間政治組織救國會的成員。[6] 她的敘述向我們揭示出抗戰時期重慶知識分子界的很多信息，包括抗日戰爭中普通女權主義者們如何在「兩黨內外」開展工作。羅自榮和其他婦女們對抗戰的回憶都展示出，在抗日戰爭年間，眾多的思想主義、思維觀點以及政治組織都在重慶地區競相爭取年輕人的支持。抗戰動員，毫無疑問為婦女組織和第三黨派這樣傳統意義上的邊緣政治團體，步入政治舞台並在中國抗戰時期的政治中擁有話語權提供了機會。抗日戰爭動員包容了相對的政治多元化。像救國會和婦女組織這樣的中間政治組織在抗日戰爭動員中，與重慶地區的兩大主要政黨——國民黨和中國共產黨——所扮演的角色相比，具有同等重要的地位。根據羅自榮的敘述，早在中國共產黨和國民黨到來重慶之前，重慶地區就已經有了強烈的抗日思潮，並有了像救國會這樣的組織領導的抗日運動了。在21世紀的今天，中外學者們都在探討中國是否可以推行多元政治。抗日戰爭時期的多元政黨共存及其之間的合作，證明中國本來就有政治多元化的傳統。也證明抗戰期間，婦女為中國政治多元化的建立和提升作出了積極的貢獻。

　　本書記錄的口述史也為我們提供了多面認識中國共產黨的信息。過去，由於信息的匱乏和宣傳的誤導，很多人錯誤的認為中國共產黨的革命都是在鐵的紀律下組織起來的，其運動都是由那些鐵面無私、沒有人性和感情的黨組織成員們組織開展的。而本書中揭示的溫先生、饒小姐和羅自榮之間的三角戀愛，以及羅自榮與其他中共地下黨成員和激進知識分子之間的關係，則將這些誤解都驅之於散。相反，羅自榮的敘述向

6　重慶救國會是於1936年6月成立青年的抗日救國組織，成立人為幾個和共產黨失去聯繫的前黨員及進步青年，主要活動於1936年6月至1938年，在國民政府及中共八路軍辦事處遷渝後停止了活動。有關重慶救國會情況，見中共重慶市委黨史工作委員會編，《重慶救國會》。重慶：重慶出版社，1985。

我們揭示出，那些中國共產黨的地下成員都是富有感情和人性的，而且有時候還會表現出人性的脆弱的一面。

我需要在此指出，抗日戰爭時期，許多重慶婦女參與了抗戰政治活動。她們中有共產黨員、國民黨員，也有中間政黨的成員。本書記錄的戰時兒童保育會的老師楊先知是青年婦女訓練團的成員，這個團體是由宋美齡領導，由中國婦女慰勞自衛抗戰將士總會組織的。她和四百名青年婦女從武漢步行到重慶後，在戰時兒童保育院工作。但是本書記錄的幾位革命女性多半是中共黨員，這是因為我採訪的對象多是在中國大陸。這不等於國民黨婦女就不愛國，或沒有參加抗戰政治活動。

我還需要指出，本書中很多普通婦女，特別是窮苦婦女在採訪中都說她們沒有參加過婦女團體組織的抗戰宣傳活動和動員工作。因為窮人忙於生計、養家糊口，沒有時間和精力外出參加抗戰活動。雖然根據採訪結果來看，參加抗戰宣傳動員的婦女多數是受過教育的知識女性，但我們不應該認為窮苦婦女沒有革命積極性，或遠離政治。台灣中央研究院的連玲玲副研究員在評論本書時指出，抗戰期間，工廠女工們雖然沒有怎麼參加有組織的支援抗戰的政治活動，但我們對政治的理解，不應當只限於抗戰動員工作。連玲玲指出，抗戰期間，重慶的紡織女工曾組織過十次罷工運動，裕華紗廠的女工們就曾於1942年4月和1945年1月兩次罷工。工人們對日常政治的關心高於對國家政治的關心。[7]學者們應當對抗戰期間重慶女工的罷工運動及她們對待日常政治的態度加以關注。

7　連玲玲，〈Danke Li, *Echoes of Chongqing: Women in Wartime China,* Urbana: University of Illinois Press, 2010. x+215pp〉。《中央研究院近代史研究所集刊》，2011，第73期，第195–199頁。

任再一

為新運婦指會工作的女共產黨員
1920年生於四川永川

在「正常」情況下，一群女孩子走上街頭去唱歌演講，會引來眾人非議。然而，在我們為拯救國家的抗戰支援活動做宣傳的時候，沒有任何人敢出來指責我們。我們充滿活力，熱情洋溢，滿懷愛國熱情，想實實在在地為抗日戰爭作出自己的貢獻。我們都是十多歲的未婚少女，沒有丈夫和孩子的羈絆，對投身於抗戰動員活動有可能遇到的麻煩，沒有絲毫畏懼。

我家原本在永川縣。1923年左右，當地軍閥之間的爭鬥使家鄉的局勢混亂不堪，父母就帶著我搬到了重慶城裏。我父親是個懶人，根本不顧家。我母親沒有受過教育，靠幫人洗衣服和為富人家當家傭來賺錢維持生計。我7歲那年，母親成了一個名妓的保姆。這個名妓在重慶幹了很多年，在我媽當了她的保姆之後決定離開重慶回老家豐都去。她把我們也一起帶了回去。她雖然是個風塵女子，但卻是個心地善良的好人。她父母親去世後，被她叔叔賣到了妓院。她很同情我們，尤其是我的遭遇，就是在她的資助下我才能上得起學。作為交換，我得為她做家務，尤其是繡花。我6歲的時候就學會了繡花，而且繡得很好。如果不是遇到了這位善良的女人，我母親絕對不可能有錢供我念書。跟女主人住在一起，當她的半個家傭，看見她遭受的這些羞辱，使我在小小年紀就明白作為一個女人，我想要過一種獨立自主、有尊嚴的生活。雖然我並不知道要怎麼樣才能實現這個目標，但卻雄心勃勃，想用自己的行動和能力過上好一點的生活。

　　1937年抗戰爆發的時候，我正在豐都一個叫四川女子中學的私立學校念初三。盧溝橋事變爆發之前，我就在學校裏從一些激進的老師那裏了解到日本人對中國，尤其是東北的侵略行徑。之後我才知道學校裏有兩個老師是中共地下黨成員。全面抗戰爆發之前，在這幾位思想進步的老師們的鼓勵下，我和幾個同學一起組織了讀書小組，閱讀有關「德先生和賽先生」(五四運動時期對民主和科學的稱呼)的書籍。那些老師可能是想影響我們，並最終把我們吸收進他們的組織裏去。但最初，我們根本沒想過要加入共產黨地下組織，僅僅是被他們介紹的那些新思想給吸引住了。我們利用午飯後的休息時間組織討論，分享彼此的讀書心得。漸漸地，我們的活動吸引了越來越多的同學參加。有時候，參加活動的學生至少要佔用四張桌子，每張桌子可以坐十個人。

　　得知盧溝橋事變爆發及接下來的全面抗戰時，我們都對日本侵略者和他們的侵略行徑感到極度憤怒，激發起了強烈的愛國主義情感。我們甚至開始談論要參軍上前線，加入抵抗日本的大軍，與日本人作戰。然而，老師們卻勸告我們應該投身於本地的抗日政治宣傳活動中，動員當地人一起來支持中國的抗日戰爭。和我們打交道的有些老師是救國會的成員，現在我才知道救國會的組織者中有些就是共產黨員。雖然那時候我們還是年輕學生，既沒有強烈的政治意識，也沒有想要加入某個政黨的傾向，但我們卻非常愛國，對日本侵略者恨得咬牙切齒，只要是反抗日本侵略的活動我們都支持參加。於是，我就和讀書小組裏的一些朋友一起加入了救國會的活動。

　　我們自發組成幾個小組實施抗戰宣傳工作。我們在學校裏辦牆報，動員同鄉、同學們參與抗戰奮鬥。週末，我們還走出學校，到當地附近的社區裏去做宣傳。星期天，我們從學校裏拿出粉筆，到附近鄉鎮上去，在牆上和路邊的岩石上書寫支持中國抗日戰爭的口號，最普遍的有「打倒日本侵略者」和「將抗戰進行到底」。我們還有一個演講團隊在附近

的鄉場上巡迴演講，一到某個鄉場，我們就會從當地人那裏借來凳子，由幾個人站上去唱歌，吸引大家圍觀，然後就地發表支持抗戰的演説，我們的觀眾大多數都是裏著白色頭帕的赤腳農民。有一次我們甚至還到了豐都縣城去動員群眾。沒有任何人給我們明確的指導，教我們應該寫什麼、説什麼。我們寫的演講稿、辦的牆報都是以報紙上讀到的抗戰消息和老師們傳達的信息為基礎。我們還有個話劇隊，週末在附近鄉鎮的集市上演出。我們演像《放下你的鞭子》這樣的流行劇目，還演街頭戲劇，這些演出總是能吸引大批觀眾，尤其是那些沒有受過教育的農民。

為抗戰做宣傳，給了我們表現自己、公開為國家出力的機會。在「正常」情況下，一群女孩子走上街頭去唱歌演講，會引來眾人非議。然而，在我們為拯救國家的抗戰支援活動做宣傳的時候，沒有任何人敢出來指責我們。我們充滿活力，熱情洋溢，滿懷愛國熱情，想實實在在地為抗日戰爭作出自己的貢獻。我們都是十多歲的未婚少女，沒有丈夫和孩子的羈絆，對投身於抗戰動員活動有可能遇到的麻煩，沒有絲毫畏懼。

參與抗戰宣傳活動還提高了我們的社會性別意識，使我們更加清楚地意識到自己的女性身分，認識到參與抗戰支援不僅為我們提供了一條公開參加活動和改變自己命運的途徑，還為我們提供了一個討論婦女問題的平台。於是我們決定辦一份婦女雜誌。為此，我們走訪了很多當地知名上層紳士的太太們，向她們陳述了我們的想法，告訴她們，辦這份婦女雜誌是為了做當地婦女的抗戰動員工作，還會為豐都贏來積極進步的好名聲。後來我們最終説服了一個太太，讓她首先拿出錢來，其餘的太太們就都覺得有義務跟隨這股浪潮，也紛紛捐錢給我們了。一拿到錢，我們學校那兩個地下黨老師就幫我們聯繫了《新華日報》的印刷室，安排印刷出版。《新華日報》是中共報紙，在國共雙方達成的第二次統一戰線協議中被允許在重慶出版發行。1938年9月8日我們的雜誌《豐都婦女》的第一期出版了。我們充滿熱情地在卷首語裏陳述了發行雜誌的目的：「我們希望這份雜誌能夠幫助豐都的婦女同胞們檢驗她們的生活，了

解當地社會以及中國和世界的關係，搞明白我們擁有哪些機會，又肩負著哪些責任義務。我們希望能通過發行這份雜誌揭露出生活中的陰暗面，研究清楚衝出這種黑暗的途徑，支持抗戰，並展現出中國婦女最強大的力量」。由於資金不夠，首刊我們只能印製30份。也許因為我們在首刊文章中使用的語言太過激進，雜誌的贊助者們很不滿意，決定不再提供資助。就這樣，我們雜誌的首刊就成了末刊。後來我在一些學者的研究中了解到，我們的雜誌是重慶地區抗戰時期唯一一份縣級婦女出版物。雖然發行了第一期後就失敗了，但對我來說還是一個令人興奮的學習經歷，增強了我的實踐主義信念。

1938年我從四川女子中學畢業了。在我們的畢業典禮儀式上，學校的董事會主席、一個在豐都地區有財有勢的地主，冠冕堂皇地叫我們繼續接受教育。他吹噓說，如果我們這些畢業生中有誰在繼續深造時，在經濟上有困難的話，他願意提供幫助。他做這個演講的時候，根本不是真的想要在經濟上幫助誰。他深知，在中國社會裏，女孩子們讀完中學以後就不會再繼續念下去了。他認為沒有人會跟他在一個女子學校的畢業典禮上說的話較真。那時，我在生活上正面臨窘境。我想繼續念書，實現當老師的目標，那樣我就能夠自立了，但是我卻沒有任何經濟資源支持這個想法。抗戰爆發後，那個多年來資助我上學的善心女人自己也陷入了經濟困難，無法繼續幫我上學了。

那兩個中共地下黨老師聽說了學校董事會主席的吹噓後，就鼓勵我和另一個同學利用他的說辭去向他要錢。他們幫助我們給那個主席寫了一封信，提醒他，他在畢業典禮上許下承諾要幫助窮困學生繼續深造；如今我們願意接受他的幫助，繼續學業。我們不僅把這封信寄了校董會主席，還在校園裏將它張貼出來，公佈於眾，這樣校董會主席就不好賴賬。儘管校董會主席很是吃了一驚，但為了挽回面子，還是極不情願地給了我們每人20塊銀元。

這件事情使我和那兩個中共老師的關係更親密了。漸漸地，他們吸收我加入了地下黨組織。我之所以會決定加入中國共產黨，有兩個很重要的因素：第一，我了解到中國共產黨的目標是要創建社會的公平、公正，幫助像我一樣的窮人過上更好的生活。想到我的家庭背景，看著母親在生活中苦苦掙扎，我覺得中共的這些目標很合我的心意。第二，我被告知而且堅信，中共才是真正領導中國人民抗擊日本侵略者而努力奮鬥的力量。在四川女子中學裏的那兩個共產黨老師的所作所為證實了上述說法都是真的。就這樣，暑假裏，我參加了當地地下黨支部秘密組織的一個共產主義和革命的簡短講座，加入了中共地下組織。

我和我朋友決定去萃文中學。我們用那20個銀元支付了萃文學校的學費，就入校了。那是一所抗戰時期從安徽遷到重慶來的私立學校，設有初中和高中。當地的中共組織要求我們上學時盡力擴大黨組織的影響，並對那裏的學生進行抗戰動員。萃文的教職員工大多數都是下江人，學生則一半是四川人，一半是下江人。

一到萃文，我們就有意識地和許多學生交朋友。在四川女子學校的經歷告訴我們，讀書小組是個好辦法，它不僅可以和同學聯繫上，還能影響他們。於是我們在萃文開辦了一個讀書小組，引導同學們讀革命進步作家的書。例如，我們將高爾基的《母親》介紹給小組成員，在所有人都讀完以後，舉行討論會，分享心得體會。通過這個小組，我們和很多學生都混熟了，還和其中一些人私下裏成了要好的朋友。只要抗戰動員活動需要學生去參加，我們就能在讀書小組裏找到人。

去萃文的時候，地下黨組織交給我們兩個任務：一是擴大黨組織的影響力，二是動員學生們參與抗戰。為了完成第二項任務，我們組織了兩個板報小組、一個讀書小組和一個藝術欣賞與討論小組。1938年，學校聘請了一位音樂老師。這位老師才從抗戰前線服務隊回來，是個很有天賦的音樂家。為了充分利用他的天賦，我們組織了一個抗戰宣傳演出隊，吸引了很多愛唱歌的同學前來參加。除此之外，我們還組織了一個

抗戰話劇團。從1938年到1940年，兩個隊伍都在重慶地區參加了很多宣傳活動。我是話劇團的一員，還是長期為牆報投稿的積極分子。我們演出了《放下你的鞭子》、《有力出力》、《民族的敵人》以及《前夜》。《前夜》是著名左翼劇作家陽翰笙的作品。我們在校園裏和附近的社區演出了很多場，為學校爭了光。作為業餘演出團隊，我們很快就在重慶地區出了名。1938年冬，重慶的戲劇界組織了支持抗戰的夜間遊行，我們劇團應邀在一個移動的卡車平台上演出。那次邀請是對我們劇團的肯定，更是我們莫大的光榮。

在1939年和1940年的寒暑假，我們劇團在重慶周邊的農村巡迴演出。在巴縣縣城，我們演了《群魔亂舞》。這是一齣喜劇，諷刺腐敗的政府官員和萬惡的發國難財而不為抗戰動員做貢獻的商人。我們的演出很成功。當地的觀眾看得實在投入，對那些官員和商人恨得牙癢癢，演出結束的時候，有些觀眾竟然想衝上舞台，毆打演壞人的演員。巡迴演出中還有一次，著名劇作家石凌鶴看了我們的演出，對我們留下了很深的印象，後來還邀請我們演出他為支援抗戰而專門寫的一部新劇。

除了我之外，在我們劇團裏還有兩個成員也是中共地下黨員。我們利用巡迴演出的機會做宣傳，動員普通群眾支持抗戰。我們常常在開演之前發表演說，提醒人們，抗日戰爭會爆發就是因為中國太弱，被帝國主義勢力給欺侮了。中國人民遭受的痛苦都是外國帝國主義勢力和中國官僚、地主以及資本家們強加給他們的。這次巡迴演出還給我們機會見證當地人民遭受的苦難。我們巡迴演出時，經常都住在農民家裏，他們中的一些人生活在極度的貧窮之中。目睹他們遭受的痛苦，更加深了我要為窮苦人做事的信念。

1939年冬天，在我們劇團巡迴演出的過程中，我遇到了一個農民家庭，他們有一個8、9歲的男孩。那年冬天非常冷，男孩穿著一件破布夾襖，補丁種補丁，原來的樣子都已經認不出了。這件夾襖太大了，他只得用一根草繩把它捆起來。他穿的褲子破爛不堪，連膝蓋都遮不住，也

沒有襪子和鞋子。他們住的房子裏實在是太冷了，男孩兒只能縮在一個角落裏瑟瑟發抖。他父親被徵兵到前線打仗去了，母親病在床上。一家人已經好幾天都沒吃上東西了，母子都不知道未來到底會是什麼樣。看見他們的處境我傷心極了，於是寫了一篇名為〈為什麼？〉的文章，刊登在我們的牆報上，引發了學生積極分子的激烈討論，尤其是那些參加了讀書小組和劇團的學生。我的文章也鼓勵了劇團其他同學在巡迴演出時對接待我們的農家主人表示關注和同情，並爭取給他們一些經濟上的幫助。

我還積極投身於牆報團隊的活動中，每個星期我們都要出版一期為抗戰做宣傳。為了使牆報辦得有吸引力，我們還請了一位資深畫家為我們畫畫。我們的牆報很有趣，吸引了很多讀者。學校當局，尤其是那些國民黨員，都不喜歡我們在政治上這麼活躍，老是找藉口讓我們停止出版牆報。然而，我們的牆報主要是為抗戰做動員，所以最終也沒有被封殺掉。

在抗日戰爭期間，重慶地區住著很多中國名人。1939年5月22日，為了提升我們的讀書小組的名氣，我們邀請了著名記者、出版人和政治批評家鄒韜奮先生到學校來做演講。雖然他是我們讀書小組的客人，但因為他名氣很大，學校決定把這個活動推廣到全校。那是一個雨天，但學校大多數教職員工和學生都參加了演講會。鄒先生在開場白裏告訴我們，他在雨天到我們學校來有困難，因為城裏交通很不方便，道路泥濘，到處都很擁擠。然而，他又說，抗日戰爭也很艱難，就好像在雨天趕路一樣；但是只要我們心裏有目標，有戰勝困難的決心，就一定會取得勝利。這件事不僅大大激發了我們抗擊日本侵略者的精神，更使我們讀書小組在學校裏的威望和地位都提高了，越來越多的人加入了讀書小組。經過與多種多樣的學生的接觸，我們對其中一些人也有了比較深入的認識，最後吸收了三個學生加入中共地下組織。

　　然而，漸漸地，我們的活動引起了國民黨特務的注意，到1939年的時候，我們發現自己被好幾個偽裝成學生的特務給盯上了。一意識到危險，我們就決定離開了。在抗戰期間很多外地人逃難到重慶地區來，很多學校也跟著搬了過來。一旦我們在萃文學校有危險了，就可以轉到其他學校去。我和我的朋友於1939年底離開了萃文，沒過多久就順利通過了重慶女子師範學校的入學考試，被錄取了。

　　重慶女子師範學校原來是在城裏，我們去了以後沒多久，為了躲避日本人的轟炸，它就搬到重慶江津去了。我們到達之前，學校裏就已經有一個中共地下黨支部了。一到學校，我們馬上加入到他們的活動中去。我們到那裏的時候，這所學校的中共地下黨支部正在為抗日戰爭組織募捐活動，我們立刻滿懷著熱情加入到活動中來。我們將學生們分成一個個小組，分頭到附近的街坊鄰里去募捐。我們還組織戲劇演出，籌錢募捐。我們通過各種各樣的途徑終於籌集到好幾百元，為前線的戰士買了過冬的棉襖。

　　然而，重慶女子師範學校的校長卻很反共。他也許覺察到了我們組織的存在和活動，因此他在每週的集會上都會警告我們，參與共產黨的活動是很危險的，是要被殺頭的。他還時不時帶領一隊老師到寢室裏搜查，尋找共產黨活動的線索。他們連枕頭芯都要搜，看是否藏有什麼禁書或秘密文件。他們也經常查看學生們的信件和日記，以此來確保學生中沒有藏著共產黨分子。我們的領導是一個男學生，後來校長和國民黨特務還是察覺到校園裏有共產黨，有一次竟然把領導叫去審問，後來因為當時沒有足夠的證據，校方不得不把他給放了。隨著時間的推移，那裏的政治氣氛變得越來越讓人窒息。在重慶女子師範學校上學的那一年我感到無比壓抑，因為我感到我們不能自由地為抗戰做貢獻。我們的一舉一動都在校長和國民黨特務的監視之下。我之所以加入中國共產黨，就是想幫助其他和我一樣的窮人，並為抗戰做貢獻。當我感覺到在這裏

已經無法再做那些事情後，就向黨組織領導提出要輟學，離開學校，這樣我就可以全身心地投入到抗戰動員活動中去了。

我的請求被批准了。黨組織先是指示我到《新華日報》總部去。在那裏我又接到指示到周恩來在重慶的官邸周公館，去找周恩來的副手、中共駐重慶代表葉劍英。最初我很害怕去那裏，因為我只是一個普通的年輕女性，而葉劍英是著名的共產黨領導人，我甚至不知道他會不會同意見我。但既然黨組織叫我這麼做，我就去了。

根據國共第二次統一戰線的協議，周恩來是中共駐重慶的代表，但他的公館卻常常在國民黨特務監視之中。為了自我保護，我選擇了一個沒有月光的晚上，與一個朋友一起前往那裏。這個朋友是我的患難之交，我們於1938年一起加入中國共產黨，之後又一起進了重慶女子師範學校，後來又一起輟學。我們在天黑之前就趕到了周公館所在地，在附近一直轉悠到天黑。然後我們衝進周公館的接待室，告訴接待員我們想見葉劍英。那個接待員看我們兩個年輕女人，很奇怪我們為什麼會去找葉劍英。後來我們向他解釋説是《新華日報》的人派我們來的，他才去通知葉説我們來了。出乎意料的是，葉竟然傳我們去他的辦公室談話。在了解了我們的背景之後，他指示我們去找張曉梅，一個協助鄧穎超在重慶開展婦女工作的共產黨員。

第二天我們去見了張曉梅，她推薦我們到新運婦指會去工作。抗日戰爭年間，來自各個政治派別的婦女都參加新運婦指會，使其成為支援抗戰的重要組織力量。我和我朋友被分配到的工作主要是幫助抗屬，也就是軍隊戰士們的家屬。我們的辦公室設在張家花園12號，附近住著很多知名的作家、演員、藝術家和導演。

我們部門有三個女共產黨員，另外兩個分別是重慶商會主席溫少鶴的妹妹溫小姐和周建。在周建的領導下，我們三個人組成了一個黨支部。每個月我們都要去一次周恩來的官邸，匯報在新運婦指會的工作情況，學習當前時事，並過組織生活。黨組織要求我們全身心地投入到抗

戰工作中來，指示我們盡自己最大努力充分利用抗戰帶來的機會，與新運婦指會裏的其他婦女一起工作，理性地對待她們，把我們的活動限制在抗戰動員工作範圍之內。

抗日戰爭年間，住在重慶的人都得向當地警察局登記註冊，以便領取政府分派的糧票和其他物資。為了鑒定抗屬並為他們登記註冊，我們走訪了重慶地區的所有警察局，收集各個抗屬家庭的信息，將每個抗屬的姓名和住址，連同其家庭經濟和人口的簡要情況，都手抄下來，再根據他們的地理方位將這些抗屬組織成一個個小組。每個月我們都要去不同的地方和他們一起開會座談，會上我們向抗屬們通報抗日戰爭的發展情況，告訴他們我們為什麼要打仗，並對他們所作出的貢獻給予表揚。此外，我們還傾聽他們的困難和申述，並盡力幫助他們解決問題。他們中的大多數人都有經濟困難，而負責幫助他們的那些政府機構往往效率都很低。這樣，新運婦指會就變成了幫助抗屬們解決抗戰時期問題的主要機構。我們就在新運婦指會的抗屬部門工作，所以可以與很多抗屬家庭有密切的聯繫。他們是一群為抗日戰爭作出最大貢獻的普通群眾，也是被抗日戰爭害得最慘的一群人。很多抗屬因為家中男人被徵兵入伍，生活無依無靠，在生死線上掙扎。

作為中共地下黨員，我們認為，儘管重慶地區為支持抗戰而開展的政治宣傳活動聲勢浩大、影響頗廣，但卻並未給貧困的抗屬們帶來多少實質性的利益。他們真正需要的是能夠幫助他們應對戰爭的具體經濟利益。於是，我們就有意識地從事能為當地抗屬帶來直接具體的經濟利益的工作。例如，我們盡自己所能，幫助抗屬們爭取他們應得的政府財政救助。作為他們的代表，我們與腐敗鬥爭，與那些推遲或者故意不發放撫恤金的官僚主義進行鬥爭，以抗屬的名義寫信和請願書，爭取財政資助和工作安置，陪同他們到各個政府部門為小生意申請貸款，還到他們子女的學校參觀訪問，請學校減免學費，代表他們向政府申請財政救助等等。

　　抗戰時期，大多數中國士兵都是從農村徵募來的，因此除了為本城市地區的抗屬服務外，我們還將工作範圍延伸到了周邊農村地區。不管走到哪裏，我們都要確保抗屬們知道我們是來自新運婦指會的。我們一到達某個鄉鎮或者集市，就馬上在場地中間立起一塊牌子。在走訪當地政府，獲取抗屬的姓名之前，我們都會在政府大樓前面立一個簡單而醒目的板報，讓當地群眾了解什麼是新運婦指會、我們是做什麼的。我們將板報上的內容向圍觀群眾大聲朗讀出來，並抓住這個機會對他們進行抗日戰爭宣傳。我們唱歌給當地群眾聽，向他們通報目前與抗戰相關的時事，動員他們支持抗戰。每次應付完當地官員後，我們會挨家挨戶走訪當地所有的抗屬，無論他們面臨著什麼樣的困難，我們都會設法幫他們解決，有時候到某個地方去，一待就得好幾天。通常我們都住在抗屬家裏，與他們同吃同住，還幫助他們做些雜務。有些偏遠的農村地區，之前幾乎就沒有來過任何受過教育的城裏人，我們的出現不僅對當地的抗屬們意義重大，而且還把外面的世界帶到當地社會。他們對我們和外面的世界都很好奇，我們則盡自己最大的努力來回答他們的種種疑問。往往在離開某個地方之前，我們都會出版另一份牆報，告訴當地人我們都做了些什麼，並對他們的支持表示感謝。在抗日戰爭期間，新運婦指會成了重慶地區領導抗戰支援的一個重要機構。我覺得，它能得到這樣的認可，也因為我們所做的工作和貢獻。

　　做抗屬工作並不是一項容易的事。我們經常得克服巨大的困難。為了去看望抗屬，不管距離有多遠，我們都得步行著去。為了看偏遠的農村地區的抗屬，我們有時候得冒著被強盜土匪襲擊的危險走上好幾天。有一次，我們要到北碚地區去看望抗屬，那裏距城裏有40里左右遠，大部分路程我們都是步行的。後來大家全都走不動了，我們就搭了一艘渡輪。等我們完成任務回到總部的時候，為乘搭渡輪之事我們挨了批評，因為對我們自己要求太不嚴格，我們也為自己沒有按照革命者的標準嚴格要求自己而感到羞愧難當。在抗日戰爭期間，我們確實是全身心地投

入到了抗戰支援活動中。那時候我們都很年輕，充滿熱情也滿懷理想。我們完全沒有考慮過自己，一心一意盡自己最大的努力去幫助抗屬，為抗戰做貢獻。

與農村地區成百上千個抗屬家庭的密切接觸，也為我了解、研究中國社會和中國人，尤其是窮苦大眾，提供了一個很好的機會。在幫助他們的過程中，在與腐敗的政府官員和官僚系統打交道時，我們都經歷了許多挫折，也見證了農村地區的貧窮以及社會的不公正。這些都讓我更清楚地看到，當今的中國政府根本就不是人民的政府。很慶幸，我是一名共產黨員，在為改善窮苦大眾的生活而工作。在幫助抗屬的過程中，我們不僅只是幫助他們解決問題，還抓住機會，用簡單明瞭的方式向他們解釋造成問題的原因，幫助他們認識到政府的腐敗和社會的不公正。不管是在城裏還是鄉下，不管走到哪裏，我們都向走訪的群眾和一起工作的人們傳播革命思想。

抗日戰爭期間，新運婦指會舉辦了很多募捐活動，為戰士們和他們的家屬們籌集過冬的棉襖。我們積極投身到籌集冬衣工作之中，還志願背著沉重的包裹，步行好幾里路，把冬衣分派到各家各戶。通過這種方式，我們既能工作在抗戰第一線，又在為後方的草根階層的抗戰動員而工作，這使我們聲名鵲起，廣受抗屬們的愛戴。我為自己能夠為抗戰做些實實在在的事情，能幫助眾多像我一樣的困難家庭而感到幸福和快樂，我對自己的工作很滿意。更重要的是，我們還在當地群眾中樹立起了共產黨的良好形象。他們不會忘記，是我們為他們送去了過冬的棉襖，是我們幫助他們從腐朽而鐵石心腸的官僚政府那裏拿到了撫恤金和財政救助。我們與抗屬家庭之間建立起了信任。抗戰之後，正是這些在抗戰中與草根大眾們建立起來的聯繫與信任，使我們能夠在隨後到來的內戰中動員他們，在國民黨統治下的重慶地區支持反蔣民主主義運動。

然而，作為未婚年輕女性，我們在工作和生活中都要忍受男同事們不曾面臨過的很多困難。在新運婦指會工作的時候，由於重慶地區的住

房短缺，我們三個同事共同租一間離辦公室不太遠的出租屋住。這是一棟破舊老屋子裏的一間房，門窗都朝向一條狹窄的街道，老門和木窗都已經不能很好地關上了。當大家都知道只有三個年輕的未婚女人住在這裏後，我們就開始遇到各種各樣的麻煩了。有一天晚上，有人試圖從外面把我們的門閂撥開，我們不得不起來把屋子裏唯一的一件重物 —— 我們的床，搬去抵住門，不讓他們闖入。夏天，重慶是中國有名的火爐之一，溫度能夠達到40攝氏度以上。冬天的晚上我們還能把門窗都關緊。但在夏天，我們只有把窗子打開透透氣，才能勉強睡得著。我們在窗子上釘上木條，以為即使是開著窗子睡覺也不會有危險了。然而，一天晚上，當我們都睡著後，有人用一根帶鈎的長竹竿來鈎我們晾在臉盆架上的衣服。那根桿子把臉盆架弄倒了，把裝著水的盆子也掀翻了。盆子落地和水打翻的聲音將我們驚醒，我們一陣尖叫，把小偷嚇跑了。我們怕極了，幸好衣服還沒有被偷走。在那時候，我們每人都只有一套能夠穿去工作的衣服，晚上上床睡覺之前就把衣服脫下來洗淨，第二天早上又接著穿。如果被偷了就沒有衣服穿，也就出不了門了。這種事情之後又發生了幾次，我們決定除了尖叫外，還得裝成屋子裏不僅只有我們三個女人，而且還有男性親戚在才行。之後又有人想來鈎走我們的衣服時，我們中的一個人從容不迫地大聲叫道：「大叔，有人想偷我們的東西」，然後另一個人則壓低聲調，裝成男人的聲音，把小偷嚇跑。最後，我們只得把門窗都封起來固定好，避免以後再發生這樣的事情。

　　儘管在抗戰期間，重慶地區的人們對抗戰的支持都很熱烈，但女人要在公共場所裏從事與抗戰相關的工作卻並不那麼容易。我們的工作要求我們走訪抗屬的家庭以及當地的政府辦公室，每天都要在街上拋頭露面，和許多人接觸。雖然我們得到了抗屬們的讚賞和認可，感到頗為滿足，但也常常遇到麻煩事。首先，由於我們與中共的關係，我們總是被警察監視，經常遇到政治上的麻煩。其次，作為年輕女性，我們還時不時地被那些男性政治流氓騷擾。

　　1940年夏，在走訪了幾個抗屬家庭後回家的路上，我發現有個穿軍裝、戴著墨鏡的高個子男人，已經跟著我走了好一會兒了。為了甩掉他，我故意放慢腳步，在路邊一個小攤前停了下來，裝作要買東西的樣子。然而，我一停下來，他也停了下來，還試圖跟我搭訕。我一點都不想跟他說話，轉身就走。他緊跟著我，還告訴我他能幫我在外交部找一個高薪工作。我告訴他，我對他說的東西一點都不感興趣，叫他趕緊走開。但是他還是跟著我，想要跟我說話。雖然我裝著很鎮定的樣子，但實際上心裏卻害怕極了，甚至怕得有些發抖了。我當時其實並不清楚到底應該怎樣應對這種情況。作為中共黨員，我接受過應對被國民黨抓住後審訊這樣的危險情況的訓練，但從來沒有學習過應該怎麼應付流氓跟蹤者。我知道我絕不能讓他跟著我回到住處去，如果被他發現那裏只有我們三個年輕單身女人住著，他定會再回來騷擾我們的。那我該去哪裏呢？我在腦子裏緊張地搜索著，想要找個安全的地方跑過去甩掉他。我們就這樣繼續走著，我感到時間都凝固了。我走過很多條繁忙的大街，那個男人還是緊跟著我。最後，我看見國民政府第三政治處入駐的大樓的大門，我有個同學就在那裏工作，門口還有一個穿著制服的保安員。我趕忙跑過去，告訴門衛我想見我的同學。他給我同學打了電話，又驗明我的身分，允許我進了大樓。一見到我朋友，我就把那個跟蹤者的事情都告訴了她。我實在是太緊張了，說話都有點語無倫次。幾分鐘後，我讓我朋友出去看看那個跟蹤者還在不在，結果他走了。我們一直在她的辦公室等到天黑，我才從大樓的後門出去回家了。之後，我所有的朋友都誇我這件事處理得很好，但我當時到底有多麼害怕和緊張卻只有我自己知道。現在回想起來，我也覺得我當時做的很對。

　　在抗戰期間，儘管很多人都投身到抗戰動員活動中，但時不時的還是有人用白眼來看我們這些在公共場所工作的年輕未婚女性。我們在外面拋頭露面，引來了很多不必要的注意，而且很容易被當成性騷擾的對象，雖然老實講我覺得我自己並不漂亮，也沒什麼吸引力。但是，我還

是遇到了很多事。1941年夏，我穿著一件短袖旗袍，正在各個抗屬家庭之間奔走。當我經過一個隧道的時候，一個男人跟了過來，說要帶我去看電影。那個時候，看電影很貴，是吸引人的西洋玩意兒。如果一個男人邀請某個女人一起去看電影，那就表示對她有意思了。我根本沒有理他，繼續走著。那天很熱，有好幾個人正在這個陰涼的隧道裏睡午覺。突然，那個男人追了上來，從後面一把抓住我的光胳膊，抱住我說：「我們一起去看電影」。我被嚇呆了，嚇得幾乎失聲了。幾經掙扎，終於我喊了出來：「放開我！」，然後拼命從他的手裏掙脫開來。鬧聲把隧道裏睡得迷迷糊糊的人給吵醒了，那個男人才逃跑了。人們圍過來，問我發生了什麼，我卻一個字都說不出來。在那時的中國社會，如果有性騷擾發生，沒有人會責備犯罪的男人。圍觀者或許認為我是個妓女，因為要讓他們明白為什麼一個未婚年輕女人會獨自走在隧道裏實在太難了。我心裏非常難過，傷心死了。因為我是一個年輕女人，才被流氓佔了便宜，但我卻沒有任何辦法去回擊那些流氓，我又氣又恨。我想對那些人大喊大叫，告訴他們我是為拯救我們的國家而工作，我在和日本侵略者做鬥爭，但我卻不能那麼做。我快步走出那個隧道。我有個朋友在附近一個書店工作，我到她那裏去，把我的經歷告訴了她。她安慰我，讓我平靜了下來。好在至少我沒有受到身體上的傷害。

我在新運婦指會一直工作到1941年底。1941年1月皖南事變發生後，國共第二次統一戰線很快瓦解了。國民黨政府及其特務對在重慶的共產黨組織發動了大規模襲擊，逮捕了大批重慶地區的中共黨員。1941年底，我們黨支部的領導也被國民黨特務逮捕並關了起來。黨組織指示我們回到鄉下去躲避，等待進一步指示。

皖南事變後，地下黨組織調整了在國統區的組織政策。1930到40年代，中共地下黨在重慶地區採用單線聯繫的方式運作——我知道我的上下級，卻不知道我們小組之外的任何人。這樣，一旦地下組織中有人叛變，就能阻止多米諾效應的發生。我們支部的領導人被國民黨逮捕後，

重慶地區的反共氣焰很囂張。為了保護大組織的安全，地下黨領導就決定不再為我們小組重新建立聯繫了。於是我就和另外兩個同志一起回到了豐都。在那裏我們發現，我們中學時的語文老師已經成了豐都一個鎮上的頭面人物了。通過他的關係，我們三個都被當地一所叫寶蘭的農村小學聘用了。

因為我們三個都是在重慶上過學、工作過的年輕而富有活力的女性，我們的到來為這所學校和當地社區都帶來了新鮮的空氣和能量。儘管與中共黨組織失去了聯繫，我們認為自己還是能夠為支援抗戰做貢獻的。因為我會彈風琴，學校就安排我教音樂課。作為音樂老師，也為了充分利用我和朋友們的唱歌和跳舞天賦，我們組織起學生演唱和舞蹈小組，帶領他們投入到抗戰宣傳中。例如，我們組織了一場免費音樂會，是當地有史以來的第一場音樂會，不僅吸引了眾多人的參與，還為學校贏得了好名聲。我們還組織學生在週末開展公開演講活動，來動員當地人支持抗戰。對於當地人來說，我們精力充沛，富有新思想。沒過多久，很多當地人都開始滿懷敬意地談論我們，讚揚我們使學校和當地社區重新回到了意氣風發的狀態。

儘管如此，我們還是很焦急地想和黨組織重新取得聯繫。在寶蘭待了一學期後，那兩個和我一起回到豐都的朋友中，一位名叫李真英的離開了學校，回到城裏嘗試尋找組織。後來第二個學期我也離開了寶蘭，到了豐都一所中學，一邊教書一邊想辦法恢復我的中共黨員身分。在那個學期期末，我收到了李真英的來信，她要我回重慶去做她給我找的一份工作。由於是期末，等到給學生們弄完期末考試，我就辭掉了在豐都的教師工作，回到了重慶。李真英已經為我在中蘇文化協會找到了一份工作。

中蘇文化協會是張希曼1936年在南京創辦的。他是國民政府的議員，以前曾在蘇聯留過學。這個協會最初的成員包括孫中山的兒子孫科、陳立夫和邵力子等國民黨重要領導人，以及以前到蘇聯留過學的留

學生。1937年抗日戰爭爆發後，為了贏得蘇聯對中國的支持，國民政府不僅與斯大林簽署了一份互不侵犯條約，還將中蘇文化協會的地位加強了。1937年底，中蘇文化協會隨國民政府一起搬到了重慶，組織成員多數都曾到蘇聯留過學。很多傑出的中共領導人也曾留學蘇聯，他們也成了這個協會的成員。在國共第二次統一戰線期間，很多參加和同情共產黨的著名作家、藝術家，如郭沫若、陽翰笙以及田漢等，也都在該協會擔任了顯要的職位，還控制了該組織出版的一份叫《中蘇文化》的期刊。這份期刊的主編侯外廬，就是將馬克思的《資本論》翻譯成中文的譯者。為了充分利用該組織的合法身分，中共黨組織安插了很多人進來。我1942年到中蘇文化協會來的時候，是為該期刊做中文校對。皖南事變爆發後，當中共在重慶地區的公開活動被明顯壓制時，這個協會就成為了中共和左翼第三方政治力量表達觀點、發表意見的重要非正式渠道。

我在中蘇文化協會從1942年一直工作到抗戰結束。那些年裏，我都沒有正式的組織關係，因為1941年後中共黨組織採取了一項新政策來對組織進行保護。在這項新政策下，一旦某個成員與組織失去了聯繫，不管什麼原因，在國統區內都不會再恢復其組織關係。我因為在1941年底黨組長被捕，與黨組織失去了聯繫。然而，我還是像一個完全成熟的黨組織成員那樣為黨工作，並繼續為支援抗戰做著自己的貢獻。

白和蓉

革命學生
1925年生於四川江北

> 我還給與我訂婚的那個男人也寫了一封長信，
> 告訴他我不會和他結婚，他應該另外再找個女
> 人。我的行為震驚了整個家族，沒有人能夠想
> 到我們家的一個女孩兒竟然會「偷」家裏的錢和
> 首飾，離家出走，更別說我還單槍匹馬地撕毀
> 了家人給我訂下的婚約。

我出生在四川江北，我家是當地有權有勢的大家族之一。就像巴金的
《家》裏寫的那樣，在1930、40年代，我們家也是四世同堂。我祖父娶了
很多個老婆，有些姑姑和我的年紀差不多，我們都一起去同一所學校上
學。我父親是個地主兼商人，有自己的生意。1937年抗戰爆發的時候，
我才12歲，還是名小學生。我們是在學校裏聽說盧溝橋事變的，但是直
到1938年，當許多下江人開始往我們這裏逃難時，我才感覺到了戰爭給
我們帶來的影響。

下江人和我們當地人不太一樣，一般穿得都更時尚新潮，有些人還
很有錢。有些下江人看不起我們當地人，把我們當成鄉下土包子。我們
學校也接收了很多下江學生，他們中有些人表現得高人一等的樣子。這
些下江人的到來為當地生活帶來了一些變化。例如，早飯喝米粥、吃饅
頭就不是當地習俗，而是下江人在抗戰時期引進來的，那之前我們的早
飯都是吃麻辣小麵。這些下江人的到來還引起了我們這裏很多基本物資
的價格上漲，因為突然一下子人口暴漲，很多東西還出現了短缺。

抗日戰爭還為我們學校帶來了很多下江老師。1938年，我們學校僱了幾個年輕、朝氣蓬勃的老師，男女都有，都是在上海念的書，日本人佔領上海後，他們就逃亡到了四川，非常熱情地對我們進行抗戰宣傳教育。1949年以後，我才知道他們中有些人是中共地下黨員。但當時我並不知道這些，我們都很喜歡他們，因為他們不僅風趣幽默，而且還很好相處。他們是為數不多的不設法在師生之間設置障礙的老師。

上海來的老師們將我們組織成一個個歌詠和戲劇小組來做政治宣傳，動員本地人支持抗戰。本來，在這些下江老師到來之前，我們也有音樂課，但那些老師太乏味，我們都不喜歡上。我們從來沒有上過戲劇課，也沒有開展過戲劇表演活動。當一個下江老師邀請我去參加歌詠和戲劇小組時，我樂壞了。下江老師們要走訪很多學生的家，包括我家，去說服學生家長們同意讓我們登台表演。我參加了一個名叫《把你的兒子送到前線去》的話劇表演。這齣話劇講的是，一個保守的老頭兒拒絕送他的獨子去前線打日本鬼子，因為他想讓兒子在家結婚生子、傳續香火；等到日本人佔領了他的家園、殺害了很多年輕人後，這位父親才意識到，如果中國人都不去打日本鬼子，年輕人都會被日本人殺害，那時候中華民族都將遭到滅絕。由於我們學校是個女子學校，劇裏的男女角色都得由我們女孩來演。我被安排去飾演那個老頭兒，我姑姑演他的兒子。朋友們都拿我開玩笑，說我終於得到一個機會，在舞台上和我姑姑顛倒輩分了。我們在當地學校、集市上演出，無論走到哪裏都會引來大群觀眾。當地人很少有機會看到戲劇演出，更別說是他們都認識的本地女孩兒自己演的了。

我徹底陶醉在了演出的新鮮刺激感和自己在舞台上五分鐘的名氣裏。通過這次演出活動，我和那些新老師，尤其是女性新老師，建立起了親密的關係。從她們身上我不僅學會了怎麼做好一個話劇女演員，更明白了男孩能做的事情，女孩一樣可以做。只要自己下定決定，女孩就能通過教育、就業、經濟獨立來過上自主的生活。就像是將要窒息而死

的人突然呼吸到了一口新鮮空氣一樣，這些新發現使我狂熱地投身進了新生活之中。我成長在一個封建傳統並且非常壓抑的家庭裏，根本不重視女孩兒。家裏歷代人都堅信女孩子的未來掌握在他們為她找的丈夫手裏，因此在我們家，女孩子們長到12、13歲的時候，家裏就會為她們安排好婚姻，並不熱心她們是否受過教育。無論我受過多少教育，也不管我有沒有自己的生活目標，我在婚姻上的命運也已經被家裏人安排好了。剛過完12歲生日，我家人違背我的意願，讓我和一個根本不認識的、當地地主的兒子訂了婚。我又哭又鬧，堅決不同意這椿婚事，但是家人的決定卻根本無法改變。參加戲劇演出組的經歷以及和女老師們的接觸都使我感受到，只要我繼續念書，我的命運或許就能得到改變。

1938年秋，我小學畢業，想繼續念中學。我的小學同學大多都有一樣的想法，但是我們中很多人都面臨著家裏的反對。我的家人認為，我是一個「已經訂婚」的女孩兒，就應該待在家裏，為婚禮好好做準備。我母親很明白我的感受，但卻無力改變我父親和我祖父的決定。我在家裏無比痛苦地待了好幾個月，每天都哭，每天都和母親及其他親戚吵鬧。然而之後發生的一個悲劇卻改變了一切。我的一個小學同學，因為想上中學被家人拒絕，自殺了，這個悲劇震驚了整個江北縣。當我聽說了她自殺的消息後，也威脅家裏人說，如果他們不改變決定，我也會做出同樣的事情來。我母親明白我有多麼頑固，完全有可能做出這樣的事情。她到我父親面前去極力遊說，才最終改變了家人們的想法。於是1939年我到了重慶，並且通過了文德女子中學的入學考試。那是一所加拿大教會辦的學校。

我開始在文德上學後，日本也開始了他們對重慶的狂轟濫炸。我還在文德經歷了1939年5月3日和4日的大轟炸。5月3日一大早，我們就聽見天上傳來巨大的轟鳴聲，同學們全都衝出房間去，看到底發生了什麼。之後，我們就看見二十多架日本轟炸機從我們頭頂上飛過，沒一會兒，它們就開始往市中心地區投放炸彈了。雖然我們學校在長江南岸，

不是襲擊中心，但整個事件還是相當嚇人的。大轟炸殺死了很多人，還造成了巨大的財產損失。在轟炸初期，學校還給我們放了一週假，讓我們回家去躲大轟炸。當大家都搞清楚了日本人對重慶的轟炸並非是暫時的、而是長期戰略性計劃後，學校又復課了。我在文德上了三年學，在這三年裏，往防空洞跑成了每天的例行公事。

在文德，學校並沒有積極組織我們為支援抗戰做事，然而也不阻止我們參加那些活動。校園裏有很多學生組織，我們都可以參加，去成為支援抗戰的一份子。例如，在1939年到1940年間，蔣夫人舉辦三八婦女節慶祝大會，來動員婦女們參與抗戰時，我們學校就組織學生參加，我也去了。我們還參加了其他很多活動，大多數都是當地學生組織發起的抗戰政治宣傳或募捐活動。

1940年，我15歲，正在文德上學的時候，我母親去世了。這對我來說無疑是個天大的打擊。在我那個傳統大家庭裏，母親不僅是唯一心疼我、照顧我的人，還是我與家裏聯繫的紐帶。我從來沒有和父親親近過，我們之間連話都很少說。母親死後，父親又娶了另外一個女人，那個家對我來說就完全沒有意義了。但是想到我母親去世的時候，我的小弟弟才只有2歲大，需要人去照顧，我就對自己的未來非常沒把握了，整天焦慮萬分。我知道如果母親還活著，她一定會鼓勵我繼續上學。但現在她走了，我完全不知道家裏還會不會繼續供我上學。

到1940年，抗日戰爭給重慶很多人都帶來了經濟困難，很多基礎物資，如大米和食用油等，都變成了由政府統一限量分配。政府提供的一般人買得起的平價米不僅質量很差，還常常缺斤少兩，總是混有很多沙子和老鼠屎那樣不能吃的東西。由於高通貨膨脹，錢幣貶值很快，沒過多久我父親就發現他的投資變得一文不值了。我們家也開始面臨財務困難了，父親和繼母不再願意供我上學，想把我嫁出去，這樣就能少養活一張嘴巴了。我傷心氣憤到了極點，堅決要完成我的中學教育。我回到家鄉遊說親戚們，讓他們相信是因為我繼母太自私了才不讓我繼續上學

的，他們都因為我剛失去母親很是同情我，都出面干涉，終於使父親同意了讓我念完文德。但這件事之後，我和繼母之間的關係變得非常緊張，和父親的關係也進一步惡化了。

母親去世後的一年內我都沒有怎麼回過家，家對於我來說已經沒有什麼溫暖可言了。寒暑假裏我都找些家教的活兒做，賺些零花錢，這樣我就能少依靠父親一點了。我姐姐已經結了婚，時不時也會接濟我一下。就在那個時候，我開始很嚴肅地在狹義上思考我自己的人生，廣義上思考婦女們在中國社會裏的生活了。我開始注意到在重慶發行的各種婦女出版物，只要能夠找到的我都找來讀了。閱讀這些婦女雜誌使我意識到，要想有自己的未來，我就得推掉婚約、繼續接受教育，那樣才能在經濟上獲得獨立，才能掌握自己的生活和命運。

1941年我16歲，從文德畢業了。家人想叫我回去完婚，被我拒絕了。不僅如此，我還在巴縣木洞的一所小學裏找到了一份教師工作。之後我與父親和繼母爭吵，說我還年輕，還不想結婚，如果他們同意讓我做這份教書的工作，我就自己照顧我3歲大的弟弟。我繼母本來就不願意照顧我父親的孩子，聽到我的提議後很是高興。於是我父親也同意了我的要求，不再向我施加壓力，強迫我回去結婚了。

我在木洞教了一年書。上課的時候我就把弟弟放在操場上讓他自己玩；課間休息的時候，他就和其他孩子一起玩。學校裏的人都很喜歡他，我的同事們也都很同情我們的遭遇，容忍了他的存在。雖然我當時的薪水要養活弟弟和自己還很困難，但我還是陶醉在自己的獨立和自由裏。我一直都很喜歡唱歌和戲劇表演活動，加上我又會彈風琴，學校就安排我去當音樂老師。在課上我教學生們唱抗戰歌曲，還把他們組織成一個個歌詠小組，到附近的學校和社區表演節目。

1942年我剛慶祝完17歲生日，家裏就給我下了最後通牒，叫我回去結婚。如果我母親還活著的話，我確實不知道自己是不是會反抗，因為我不想讓她傷心。但我和父親、繼母的關係都不好，於是我決定抗婚。

我把自己的情況告訴給了同事和朋友們，他們有些人建議我爭取上個師範學校，以此為藉口抗婚。我把我的決定告訴給了父母，他們說不會再供我上師範學校了。我把弟弟帶回家去，給我父親寫了一封長信，告訴他我有多麼思念我的母親，如果她還健在的話，一定會讓我去念師範學校的，等等。然後我從父親的抽屜裏拿了一些錢，還拿了我母親留下來的一隻金手鐲，離家出走了。我還給與我訂婚的那個男人也寫了一封長信，告訴他我不會和他結婚，他應該另外再找個女人。我的行為震驚了整個家族，沒有人能夠想到我們家的一個女孩兒竟然會「偷」家裏的錢和首飾，離家出走，更別說我還單槍匹馬地撕毀了家人給我訂下的婚約。對他們而言，我不僅讓家族蒙受了羞辱，還給列祖列宗丟盡了臉，應該對我進行嚴懲，以儆效尤。我姐姐找人把這個消息告訴了我，警告我千萬不能回去。就這樣，我被逐出了家門。

我通過了北碚的重慶師範學校的入學考試，正式入學了。北碚區離重慶市有大約40里遠，是盧作孚的勢力範圍。盧先生是民生船運公司的創辦人和所有者，民生船運是長江上游的第一個中國船運公司。北碚在城外，又是盧先生的地盤，國民黨在那裏的影響相對薄弱。抗戰期間，那裏吸引了很多重慶和遷址過來的學校入駐。盧作孚以思想開放和銳意進取而聞名。他在那裏建了一個特別實驗區，興辦科學事業和實業，在抗戰期間還吸引來了很多著名的有識之士。我一到北碚就發現，這裏的政治氣氛和學術氛圍比我曾經呆過的許多地方要自由輕鬆得多，支持抗戰的運動也比其他地方都要熱烈得多。盧先生在北碚修建了一個大禮堂，抗戰期間大多數晚上，那裏都有抗戰動員活動。我一聽說重慶師範學校有歌詠和戲劇小組，就馬上參加了。週末和學校放假的時候，我們就在大禮堂表演，還到附近的鄉下巡迴演出，用我們的歌聲和戲劇表演來動員人們支持抗戰。

歌詠和戲劇小組的同學們各個都精神抖擻、富有活力、滿懷理想，之後我才知道他們中有好幾個都是中共地下黨成員。我和他們建立了熱

忱而親密的關係，他們對我的個人遭遇都很同情，都鼓勵我過自己獨立的生活。我們為抗戰動員活動工作得很努力，一點也不介意犧牲自己的休息時間來排練和週末到鄉下去巡迴演出，為能夠將自己的年輕活力投入到為國家人民的抗戰支援活動中去而感到無比的滿足。正是這些唱歌和戲劇演出活動以及忙碌的課程安排，使我暫時忘記了與家裏的矛盾。我完全沉浸在了北碚活躍的抗戰精神氛圍中，感到自己思想感情和學術知識上都獲得了極大的提高。

在我們歌詠戲劇小組到附近鄉下去巡迴演出的過程中，我和一個姓杜的女孩兒成了親密好友。她比我大一歲，唱歌和演戲都很有天賦，也極富熱情。隨著我們關係的不斷發展，我把我家裏的麻煩事情都告訴了她，她對我的處境十分同情。我們有相似的家庭背景，她家在抗日戰爭爆發以前也是很富有的，但是抗戰打亂了她父親的生意，也掃光了她家的財富。到我們相遇的時候，她家也和我家一樣面臨著財務困難了。但她還是非常大方，不管是錢還是衣物，都總是拿來和我分享。由於姐姐警告我不要回家，1942年放寒假，杜就邀請我到她家去過春節。

我們到她家的時候，她弟弟杜文澤也回家過節來了。他和我差不多大，是個高中生。杜家和我家很不一樣，他們彼此之間的關係都很親密，父母思想都很開明，和子女們的關係都很溫暖親密。沒多久，我就發現，她弟弟不僅是個帥氣的運動男孩兒，而且很喜歡唱歌和戲劇表演。我們三個在一起唱歌、背詩、演即興戲，還一起散步。杜文澤還很喜歡文學，帶了很多國民黨政府的禁書回家，其中包括列夫·托爾斯泰的《復活》、辯證唯物主義書籍和其他社會主義及馬克思主義著作。我也開始對中國家庭的傳統價值觀以及社會對待女性的方式產生了質疑。之前我從來沒有接觸過社會主義和馬克思主義理論，也從來沒有質疑過我自己的生活以外的社會問題，如包辦婚姻和傳統家庭。杜文澤姐弟讓我閱讀他們的書籍，還花了很多時間來與我討論。在討論中我認識到，要解放婦女就得用革命來改變中國的社會和政治系統，在共產主義社會

裏，人與人之間才能真正實現平等。這是我第一次接觸到社會主義、共產主義和革命的理念。儘管我還無法完全理解接觸到的全部東西，但它們對我來說卻意義重大，是一次開闊眼界的啟蒙經歷。我完全陶醉在杜家為我帶來的知識啟迪和家庭溫暖中。也就在那個時候，我愛上了杜文澤。

雖然我是在一個大家庭裏長大的，與很多叔叔、兄弟、表兄弟及侄子一起生活在同一屋檐下，但在我們家族，女人與男人是無法平起平坐的。我和家裏的男性成員從來都沒有過親密的關係，我甚至討厭我們家的男人，認為自己不可能會愛上任何一個男人。但杜文澤和我之前認識的很多男人都不一樣。從我到他們家的第一天開始，他就用完全平等的方式對待我和他姐姐，對我們的想法表示出真誠的興趣，信仰男女平等。不僅如此，他還是一個很風趣的人，很好相處。他喜歡打籃球、唱歌和話劇，對我的處境也深表同情，總是很樂意傾聽我的述說。在他們家的兩週假期裏，我們互相都產生了好感。後來我才知道，他是個中共地下黨成員。在那個時候，我對中共的活動沒什麼了解，僅有的一點印象也是國民黨政府宣傳中的那種負面形象。但自從遇到杜文澤之後，我意識到，如果共產黨都像他一樣，那麼我也願意成為其中一員。這樣我就開始對他所做的事情以及中國共產黨的活動，表現出興趣，想要進一步了解。

抗戰期間，在國共第二次統一戰線協議下，中共獲准在重慶發行官方報紙《新華日報》。過完春節回到學校後，我也開始經常閱讀《新華日報》了。杜文澤的學校離我們學校不遠，我們隨時都可以見面。他為我推薦了更多社會主義和共產主義的書籍，但因為這些都是政府和學校當局的禁書，我只能悄悄閱讀。我在書上裝上假封面，把它們偽裝成流行的浪漫小說或武俠小說。這些書以及與杜文澤就社會現實背景所做的討論，幫助我對社會主義和共產主義革命有了更深一層的認識。漸漸地，我也成了一名信徒，希望一個社會主義的社會能在我們國家建立起來。帶著這樣的理想主義想法，我開始參加中共地下黨組織的各種活動，也

不管事實上共產黨被國民黨政府認定為非法，以及參與其中其實是非常危險的事。

杜文澤被地下黨組織安排到附近一個叫馬鎮子的鄉鎮上去動員群眾支持抗戰。他組織了一幫學校裏的年輕人到鄉村裏去做動員宣傳，我也經常跟他一起去。除了唱歌和教村裏的孩子們唱抗戰歌曲，我們還去走訪窮困的農民家庭，親眼目睹了鄉下人的貧困和遭受的痛苦。這些經歷更堅定了我的信仰，中國確實需要革命。

1944年，日軍想通過貴州從陸路入侵重慶，實施霸佔中國的計劃，並已抵達了離重慶不太遠的、一個叫獨山的地方。日軍可能對重慶發動侵略的形勢，迫使國民政府又舉行了新一輪動員知識青年參軍的運動，徵集十萬年輕男女參軍打日本鬼子，保衛重慶。很多在校的年輕人都熱情澎湃地響應了政府的號召，中共地下黨組織也動員其成員參軍。起初我和杜文澤都想參加青年軍，但黨組織決定讓我們都留在北碚地區，繼續到附近的鄉下去進行宣傳和動員活動。地下黨組織在為最壞的情況做準備：如果日本人真的侵略重慶，中共希望有一支準備好的民兵隊伍同侵略者打游擊戰。我們就被派去動員和組織當地群眾。

在那幾月的緊張時間裏，我們暫時休學，不知疲憊地在鄉村努力工作，動員群眾們做好準備迎接最壞的情況。為共同的目標工作，進一步加強了我們的戀人關係，還有我們的同志和朋友關係。為了能更有效地動員農民，我們步行穿梭於各個鄉村之間。白天我們走訪農民家庭和村幹部，想建立起一支民兵隊伍；晚上則在寺廟或學校的操場上宿營，靠善良的村民給的食物充飢。由於村民們也都遭受著戰爭帶來的經濟困難，我們經常不知道下一頓飯該怎麼解決。作為女性，我得工作得格外努力，還要與當地一些人的偏見作鬥爭，讓他們接受我並且信任我。儘管遇到這麼多困難，這些經歷對我來說是一筆巨大的財富，我從中學會了很多領導、組織和動員技能，也更加自信了。我堅信我能夠改變自己的命運，也能幫助別人改變他們的命運。

　　獨山危機之後，我和杜文澤都想去延安。在國統區我們只能隱瞞共產黨員身分，在地下開展工作。不僅如此，我們還隨時面對身分暴露後被國民黨特務殺掉的危險。我們以為只要能夠去延安，就能全身心地投入到抗戰和革命活動中去，但黨組織領導卻不讓我們去。一個領導找杜文澤長談了一次，要求他留在重慶地區，繼續到鄉下開展動員工作。他勸杜文澤說，因為我們都是本地人，是黨組織在當地革命運動中的寶貴財富，留在重慶我們能為黨做的工作更多。這樣我們就留了下來。

　　1944年秋我從重慶師範學校畢業，在天府煤礦小學找到了一份教師工作。那是北碚的一所礦工子弟學校，在我去之前已經有好幾位地下黨成員在那裏教書了。我們在一起工作，一起為學生們灌輸社會正義感和其他進步思想，組織他們為抗戰做貢獻。當1945年8月日本終於投降的時候，我興奮極了，以為戰爭終於結束了。但不幸的是，和平並沒有持續多久。內戰一觸即發，我們立刻又將所有注意力集中到動員群眾反對打內戰上去了。

　　抗日戰爭是我人生中的一個轉折點。那些接收我為抗戰宣傳的唱歌和戲劇小組的進步的下江女老師，給了我最初的自信。與抗日戰爭相關的政治思想與實踐，更讓我清楚地認識到，想要擺脫家庭對我命運的安排，過上一種不同的生活，我就得採取行動。這些實踐主義思想使我敢於要求家人給我繼續接受教育的機會。被家人拒絕後，我有勇氣離家出走，成為了一個獨立的人。抗日戰爭還將我變成了一個革命者，我對我那個男性主導的傳統家庭進行的反抗鬥爭，以及我們動員當地群眾支援抗戰所獲得的成功，都讓我更加堅定地相信，中國不僅需要革命，而且中國革命的成功是絕對有可能的。最後，我還在抗戰中找到了愛情。參加學校的歌詠和戲劇表演小組使我有機會認識杜文澤的姐姐，之後又認識了他。反過來，他們對中共地下運動的參與也影響了我，使我成為了一個獨立女性和一個革命者。

羅自榮

救國會的婦女
1919年生於重慶

在抗戰期間有首叫《畢業歌》的歌是這麼唱的：
「同學們，大家起來，擔負起天下的興亡！聽
吧，滿耳是大眾的嗟傷！看吧，一年年國土的
淪喪！我們是要選擇『戰』還是『降』？我們要做
主人去拼死在疆場，而不願作奴隸青雲直上。」
那是抗戰期間我最喜歡的一首歌⋯⋯

我 1919年在重慶出生，父母都來自四川省的內江。父親是一家電報公司的職員，母親是家庭主婦，在我13歲那年就去世了。過了幾年，父親吸鴉片染上了肺病，也去世了。之後，住在重慶的外公外婆收養了我，我外公是個有錢的商人。

1935年我進了四川女子職業學校讀書。1937年抗戰爆發的時候我17歲，我們學校離重慶第二女子師範學校很近。在職業學校學習的時候，我經常到第二女子師範學校去看她們舉辦的活動，那裏的女孩兒們很有組織紀律，有很多有趣的活動。她們組織了很多與抗戰相關的表演、戲劇及其他活動，表演的戲劇中包括有1931年的東北事變，也就是九一八事變。我很喜歡湊熱鬧，因此經常過去看她們的演出。有一齣戲給我留下了很深的印象，講的是朝鮮怎樣變成了日本的殖民地，朝鮮人如何變成了日本人的奴隸。這齣戲引起了我對中國命運的思考。戲裏說朝鮮成為日本的殖民地後，十家人才能共用一把菜刀。我不希望在日本人的控制下生活。從這些表演裏我受到了愛國主義教育。最重要的是，我們學校的李校長也是個進步人士。他聘了一批在1920年代參加民主主義革命

的人當老師。於是，我們學校就有了很多進步教師。到1949年以後我才發現，學校的校職員工中有些竟然是中共地下黨成員，其中還包括教導主任和副校長。1930年代後期，重慶地區的政治氣氛很是緊張。國民黨政府不時派警察到學校，檢查學生們是否確實都在教室裏上課。他們懷疑有共產黨喬裝成學生，但不到校上課。我們學校給每個學生都發了寫有名字的標牌，上課時間這些標牌就都掛在收信室裏。每天學校都會檢查標牌，做考勤記錄，以此保證所有的學生都在教室裏上課。

在女子職業學校的第一年，學校組織了一場演講比賽，主題是「新生活運動」。我上小學的時候了解過新生活運動，演講比賽開始的時候我對這個主題已經有了一些背景知識。我把自己了解的東西匯總起來，作了一個非常成功的演講，獲得了比賽第一名。之後我就對公開演講非常感興趣。1936年1月29日北京爆發了一場抗日學生運動，老師向我們通報了運動情況，我和幾個朋友決定做一些牆報來聲援北京的學生們。聽說在北京，老師們都很支持這場運動，還和學生們一起走上街頭遊行。我希望我們這裏的老師們同樣能和我們站在一起。

1936年我在學校聽說了西安事變。蔣介石被軟禁，被迫同意抗擊入侵中國的日軍。國民政府不准學生們參加政治活動，但我們聽說蔣介石被軟禁後都非常興奮。我們全都走上街頭，向人們轉達這一消息。我記得我還站在一個板凳上作了演講，學生們對有關抗戰的事都非常敏感。

後來我們才知道，如果蔣介石當時真的被殺了或被奪掉了權力，中國政權就會落入親日派手裏，中國的命運也就由那幫人來主宰了。雖然蔣介石沒有積極抗日，但至少他還不會把中國拱手讓給日本，他是親美的，不是親日的。

1937年日本人發動了全面侵華戰爭，我開始在學校裏出版與抗戰相關的報紙。那時重慶有個很著名的作家，名叫馬相伯。他經常發表打油詩來嘲弄政府當局，揭露當地社會的不公平現象。我很喜歡馬先生的打油詩，也學著他的風格開始寫自己的詩歌，嘲弄學校裏不參加政治活動

的保守教職員。我寫道：「你們把學生當成奴隸，老師就是奴隸的監工。如果奴隸們應該被殺掉，那麼應該最先被殺掉的就是這些奴隸的監工。」我把這首詩的抄本附在作業裏一起交給了老師，還在校園裏的牆上貼了一份。我的語文老師是畢業於北京大學的女性，是位十分進步善良的人。她看到我的詩，知道我寫得太激進了，會帶來麻煩。為了保護我，她叫我把詩收了回去。但由於我貼在牆上的那首詩沒有署名，儘管學校當局為此非常惱怒，但卻無法查出是誰寫的。

我有個同學，名字叫周國協。她後來在抗戰中加入了共產黨的新四軍，在戰場上犧牲了。她出身在一個非常貧窮的家庭，卻是一個非常優秀的人。為了能夠得到獎學金，她學習非常刻苦，學習成績總是保持在班裏的前兩名。她很明顯是個共產黨員，但總是在幕後工作。她還鼓勵我和其他同學創辦抗戰報紙、唱歌小組和演講團。我的音樂老師也是個進步人士，經常教我們唱進步歌曲，包括很多抗戰主題的歌曲。在抗戰期間有首叫《畢業歌》的歌是這麼唱的：「同學們，大家起來，擔負起天下的興亡！聽吧，滿耳是大眾的嗟傷！看吧，一年年國土的淪喪！我們是要選擇『戰』還是『降』？我們要做主人去拼死在疆場，而不願作奴隸青雲直上。」那是抗戰期間我最喜歡的一首歌，也是青年學生中最流行的一首歌，主題是說我們國家的命運掌握在青年學生們手裏。

1936年起，我還參加了救國會的婦女部。那是一個支持抗戰救國的婦女組織，也是婦女聯合救國組織。1936年夏天，兩個我認識的年輕女人到我家來找我，她們都是地下共產黨員。她們告訴我說重慶一家叫《商務報》的報紙組織了一個關於魯迅的新文學運動暑期學習班，想叫我也參加。我很敬仰魯迅，於是付了學費加入了這個學習班。

正是在這個學習班裏我認識了許多中共地下黨員，這裏的老師都是著名教育家，其中很多人不是共產黨員，就是進步學者。在課堂上我們學習了馬克思主義思想，他們還鼓勵學生們學習公共演講，我對此很興奮。我自告奮勇做了一個「勞動才能使生活充實」為題的公開演講。一確

定了題目，我就滿懷熱情地投入到積極的準備之中。我在演講稿裏引進了很多想法，如婦女的解放和獨立。也許就是在那時，我開始有意識地思考有關婦女的問題。

這個培訓班的目的之一，是為共產黨組織的地下活動發掘潛在人選。由於我對幾乎所有活動都表現得十分熱心，於是我被「發掘」了，並被中共地下黨組織吸收進了救國會。表面上，救國會是第三政治組織，獨立於中共和國民黨之外。後來我才意識到，它其實是受共產黨控制的。通過這個培訓班，共產黨吸收了很多年輕人，尤其是年輕女性，加入到他們的組織中去。

説實話，最初我只是一個學生，雖然很積極熱心，但對婦女問題並沒什麼系統性的認識。我已經認識到婦女也是人，應該有平等權利，但是還沒有上升到革命思想的高度：婦女要解放，得戰勝更多的艱難險阻。我在外婆家出生，也是外婆帶大的，外公是個經營鹽糖生意的富有商人。幸運的是我母親是他們的獨生女，我又是我母親的獨生女，這樣雖然我們都是女孩兒，卻都得到外公外婆的珍惜和疼愛。我參加了很多政治活動，但外婆卻從來沒有過問過我。我告訴她我參加的都是學校組織的活動，她就相信我了。即使是週末要出去參加宣傳或其他活動，只要我告訴外婆都是學校組織的，她就會説「好吧，好吧，你去吧」。我外婆只有我母親這一個孩子，之後我外公又娶了一個小老婆，又生了一個和我差不多大的女孩兒。我們家好幾代裏面都沒有男孩兒，是女人的天下。

1936年夏的培訓班結束時，我們辦了一場大規模的畢業聯歡會。在聯歡會上，被選出來的學生接到指示，去城裏一個書店參加會議。那個書店被我們稱為「知識書店」，老闆名叫邱其發。這家書店實際上是中共地下組織機構的聯絡站，二樓租給救國會作為活動地點。重慶有好幾家書店都是進步人士或共產黨地下黨員開辦的。我記得在抗日戰爭剛開始的時候，蘭卡高中有一群學生認為他們的校長侵吞了他們的伙食費，組織了一個反對校長的學生運動，想要把校長趕出學校，但學校卻把帶頭

的學生領袖給驅逐出校了。在他們尋找另外的學校準備轉學時，就是這幾家進步書店收留了他們。這些書店不僅僅在店裏賣書，有時來了好書，還會到各個學校去為學生們送書。1936年夏季的培訓班結束後，我就成了這些書店裏的常客。我讀了很多進步書籍，如俄國作家高爾基寫的小說《母親》以及其他一些文學作品。通過閱讀，我開始對蘇聯有了一些了解，我很嚮往那裏，因為在那裏男女是平等的。只要你肯努力工作，就能得到等值的報酬和獎勵。

社會性別平等對我來說一直都是一個重要問題，因為我上的是一個專門為年輕女性開設的職業學校，學習和家庭生活裏都沒有男性。在經濟上我依賴的是我的外公外婆，如果有天我外婆去世了，我都不知道會發生什麼樣的事情，也不知道我怎樣才能生存下去。如果我外婆去世了，我就再也沒有經濟來源和可以依賴的家人了。所以，我自從懂事之後就意識到我需要經濟獨立。我之所以會進這所職業學校，也是因為我想要獨立，想能夠自立。幸運的是，我還有一個有錢的外公可以供我上學，如果沒有他的資助我根本上不起學。

在書店裏，中共地下黨組織我們系統學習了馬克思主義和列寧主義。我讀了很多馬克思主義理論、中共哲學家先驅艾思奇的哲學書籍以及魯迅的小說。我的語文老師很支持進步思想，也喜歡魯迅的作品，還用作教材，所以在學校的時候我就接觸了很多魯迅的作品，成了他的崇拜者。1936年10月，魯迅逝世了，救國會在重慶組織了一場大規模的紀念追悼儀式，希望重慶所有的重要人士都能參與，包括國民黨及來自其他政治勢力的人。國民黨政府想要控制這個活動，他們命令組辦者，活動只能涉及魯迅的前半生，其後半生不能涉及。魯迅是中國文壇領袖。他的前半生主要是試圖在中國受帝國主義侵略的時期喚醒中國人民，揭露中國社會中的種種醜惡本質。而在後半生裏，魯迅非常支持中國共產黨。正是因為這個原因，國民黨政府才不允許追悼活動涉及到任何有關他後半生的事情。儘管國民黨當局下達了命令，很多人還是在悼念活動

中大肆談論魯迅生前從事活動的大量細節。在抗戰期間，我們把他的小說改編成劇本，為抗戰動員演出，魯迅成了年輕人最喜愛的作家之一，《阿Q正傳》就是年輕人中閱讀最廣泛的小說之一。我還記得我們為紀念魯迅唱的那些歌也唱得非常好：「你的筆尖恰似槍頭，刺穿舊中國的臉面；你的聲音恰似洪鐘，將奴隸們從睡夢中喚醒。你的夢想就是國家的希望。雖然你走了，但你將永遠活在我們心中」。每當我唱起那些歌，我都會充滿雄心壯志，變得熱血沸騰。對我來說，那些都是開眼界、長見識的經歷。還有一首紀念歌曲是這樣唱的：「明天我們將在你的畫像前向你匯報國家的進步」。那對我來說是莫大的激勵。

我還要說一點，早在1937年盧溝橋事變爆發之前，四川就開始了反抗日本侵略中國的活動。例如，1936年11月，我參加了一個旨在阻止日本在成都建領事館的活動。起初我們的組織要所有成員都在一個叫夫子池的地方集合，組織反對日本建立領事館的示威遊行。然而，事前有人走漏了風聲，我們還沒到達目的地，國民黨當局就發現了這個活動計劃。警察們事先封鎖了集會點的入口及附近的街道。等我們到達夫子池的時候，已經無法去集會地點了。組織者不得不取消該項活動，以避免發生公開衝突造成不必要的犧牲。儘管我們無法在重慶組織示威遊行，當日本大使抵達成都領事館的時候，那裏的學生還是組織了一場規模龐大的遊行示威活動。我們做的另一件事是在學校裏建起了學習小組，成員經常聚在一起討論當前時事。雖然我當時是在商務專業學習經濟學，但更多的時間卻用來研究政治學和政治經濟學。

1937年盧溝橋事變爆發後，我加入了一個運動，遊說國民黨政府釋放在押政治犯。在重慶當時有好幾百名政治犯，其中大多數都是因為反對國民黨的政治立場而被捕的。我們希望政府能夠本著抗日統一戰線的精神釋放他們。抗戰爆發後，重慶的很多政治犯都用絕食迫使蔣介石政府釋放他們。他們的理由是，中國正在遭受日本侵略，應該釋放政治犯出去幫助抗戰。很多學生團體也加入了幫助他們爭取自由的反抗力量，

我也參加了，結果非常成功。在公共輿論的壓力下，國民黨政府先是改善了政治犯們的生活條件，之後釋放了關押在重慶的犯人。這場運動實際上就是救國會支持和組織的。

我們還參加了難民救濟活動。1937年日軍向中國北部和中部快速進攻，無數中國人失去了他們的家園，成了難民。重慶學生為難民們組織了救濟活動，我也通過唱歌和演戲劇籌錢。在學校裏我是戲劇小組的成員，我們穿著籃球運動服出力募捐。我們的所作所為，當時對很多人來說都太過激進而無法容忍。在1930年代，很多女孩兒都不敢露出自己的腿，而我們露著大腿在舞台上又唱又跳的表演，則在重慶引起了軒然大波。人們都以為我們是梅花團的，那是一個原本在上海演出的專業劇團。雖然露大腿的表演與當時當地的行為規範準則發生了衝突，但我們還是籌到了很多錢，都是為中國北部的難民而籌的。抗戰期間，很多戲劇都是由進步共產黨作家田漢創作的。他的很多戲我們都演過，劇中我都扮演主角。在抗戰初期我們表現得非常活躍。

戲劇活動外，我還記得，國民黨將軍兼副主席傅作義為中國北方的難民組織了一場聲勢浩大的籌款活動，我們也有參加。我們在學校裏集合，做了很多傳單和小紙旗。我們還聯繫重慶的其他學校，組織了一場全市規模的學生遊行，支持傅作義的籌款活動。雖然學校當局不准我們參加，但那天早上9點我們就在學校列隊集合好了。在這場各個學校聯合發起的示威遊行中，我是領導者之一。傅作義打贏了一場對日作戰，決定趁勢籌集一些款項，我們就組織了這場聲勢浩大的運動來支持他。我們學校除極個別人以外，幾乎所有的學生都參與了。我還去了好幾家銀行，請求他們為我們的活動捐款。我們學校設有三個專業：農業、工業和商業。每個專業又分為一、二、三，三個年級，每年我們都開設三五門課。抗戰期間，學生中的積極性和熱情精神都極其高漲，我們中很多人都參與了抗戰動員活動。雖然國民黨政府當局並不喜歡大規模的運動，但是他們也無法阻止這些與抗戰有關的運動的開展。

　　救國會於1937年還從重慶派出了一百多名學生到延安去。我沒有去，因為我戀愛了。我參加與抗戰相關活動的時候，遇到了一個叫溫世賢的年輕人。他是《新蜀報》的記者，也是救國會裏負責宣傳部門的領導。我們剛認識的時候，他還在和另外一個叫饒有福的女人談戀愛。姓饒的家境也不錯，她姑媽在重慶有很多財產，還很支持重慶的共產黨及其他進步組織。抗戰時重慶八路軍辦事處的地皮就是她姑媽捐給共產黨的。但在盧溝橋事變爆發之前，饒就去了上海。

　　抗戰爆發後，我積極投身到救國會的活動之中，與溫先生有了很多接觸。他也是一位有名的作家，我很崇拜他的寫作技巧。我想學習如何寫好文章，就經常去找他請教。他不僅教我寫作，還幫我修改稿子。我學得很快，多虧溫先生的指點，沒過多久就成長成了一位女作家。後來我寫了很多文章，還發表在中國主流雜誌和報紙上。由於我們都是年輕激進分子，相互之間又都有好感，漸漸地我們戀愛了，成了戀人和同志，我非常崇拜他。雖然我很愛他，但還是為把他從第一個女朋友手裏搶了過來而感到很內疚。

　　我男朋友的哥哥溫少鶴，是重慶一個商業大亨，以前做過重慶商會的主席，我男朋友工作的那家報社就是他的。盧溝橋事變爆發的時候，報社被國民黨控制的另一個團體給收購了，我男朋友的工作也再無安全可言了。報社改組後，他們把我男友從工資名單中踢了出去。但看在溫家的面子上，新的管理當局還是給我男朋友安排了一個沒有薪水的附屬記者工作，並把他派到了上海去。那個時候我也從職業學校畢業了，決定和他一起到上海去。臨行之前我們舉辦了訂婚儀式，否則我的家人是絕對不會同意讓我跟他走的。

　　我們到達上海後沒幾天，日本人就打進了上海，著名的淞滬會戰開始了。一到上海，我未婚夫就腹瀉不止。那裏我唯一認識的人就是他的前任女友，我於是去找她幫忙請來了大夫。有一天她來看望我們的時候，我去了洗手間，讓我未婚夫和她單獨在一起待了一會兒。我實在是

太天真了，竟然讓他們又恢復了以前的關係。我當時這樣做，是因為從她那裏搶走他，我感到很內疚，想給他們一個機會把事情理清楚。

結果姓饒的原來已經有新的男友了。我們在上海的時候她經常過來看望我們，我和她睡在床上，而我未婚夫則睡在地板上。她在上海的難民救濟中心工作，還邀請我去和她一起工作。我們和在上海的四川同鄉會取得了聯繫，該組織很擅長將四川老鄉組織起來為抗日救濟活動出力。在上海防禦戰中有大量四川籍士兵，救濟團隊的任務就是支持那些四川士兵。

我親身經歷了上海戰役，還加入了志願者救護隊，幫助在戰鬥中負傷的四川士兵，也看到了很多傷兵。我看到過肚子被炸開的士兵，他們的內臟都掉了出來。我還看見好幾個士兵的顱骨都裂開了，能看見腦組織。我也幫著給幾名傷兵紮繃帶，有個士兵的腦袋被打掉一半，我把它包起來，好讓他在去醫院的途中不至於再受損傷。我和饒小姐一起抬擔架，把傷兵送上開往醫院的卡車。我們兩個人抬這些男人非常吃力，但還是幹了好多天。我們這些志願者護士都接受了速成班的訓練，學習包紮傷口。我永遠也忘不了那個腦子被炸開了的青年四川士兵。他的慘叫聲實在是太恐怖了，過了這麼多年我還是記憶猶新。這些傷兵都被抬上一輛卡車送去醫院。由於道路崎嶇不平，卡車的震動使得他們的傷口痛得難以忍受，他們的叫聲就跟殺豬場裏的豬似的。我抱著一個戰士，想安慰他，我說：「求求你，請冷靜一下，到了醫院醫生一定會幫你的。我從重慶來，我知道你和我是老鄉。如果你有什麼三長兩短，我一定保證讓你家人知道你發生了什麼。」有些戰士的腿或手臂都沒了，傷口感染了，發出很噁心的臭味。

我們加入四川同鄉在上海的抗戰活動，為我未婚夫與他前任女友恢復關係提供了一個機會。沒過多久，他就天天和饒小姐一起出去，在外面待到很晚才回來。我生氣極了，告訴他我想回重慶了。我實在是很想家，但我未婚夫又對我甜言蜜語勸解了一番，讓我繼續留在上海。每天晚上看著皓月當空我都會哭，因為我被他們兩個甩了，感到無比的失落

和受傷。我尤其想念我的外婆，但我卻不能一個人回重慶去，因為我的家人和朋友都知道我是和未婚夫一起到上海來的。

一天我走在街上的時候遇到了我以前的一個老師。我向他抱怨了自己的處境，他於是把我介紹給了國民黨左翼領導人廖仲愷的夫人何香凝。何太太把我送到上海婦女戰時組織創辦的縫紉局去工作。上海戰役打了三個多月。冬天快到時，我被派去運送棉布到上海西區去，交給那裏的女工們製作冬衣。那家紡織廠是日本人開辦的，我去求工人們志願為中國戰士製作冬衣。出乎我意料的是，很多工人志願者都來申請這項工作。每週我都要來回跑幾趟，每次我一到那裏，志願者們就來找我領取材料，幾天後我又去把做好的棉襖取回來。每次我去取那些做好的棉襖時都感到無比的激動和自豪。取回來後，上海的婦女組織會用船將棉襖運到前線去。船離岸的時候，我們都會歡呼，將袖子拋到空中，興奮地尖叫著送走那些船隻。當船最終抵達前線的時候，我們都感到無比的自豪。我尤其自豪的是，我能夠在上海親身經歷了對日作戰。後來我又參加了志願者護士團隊。饒小姐和我未婚夫的關係沒有持續多久，她最終還是回到了她上海的男友那裏。我和我未婚夫則一直待在上海，直到上海淪陷。我們重新和好後，我在上海懷孕了，於是我們就結了婚。

由於我們都參與了上海抗戰，當這座城市淪陷給日本人後，我們再待在那裏就很不安全了。中共黨組織指示我丈夫去延安，他的公開身分依然還是《新蜀報》的記者，以記者身分去延安採訪。我也想和他一起去，但是我已經懷孕了，去延安不方便，只能自己回重慶去。

在我們想盡辦法要離開上海的時候，日軍已佔領了這座城市，我們所到之處都能看見日本士兵和日本國旗。整座城市都混亂不堪，很多人都在想辦法離開。我們搞到兩張英國輪船的船票，駛往蘇州。就在我們準備登船的時候，全副武裝的日本士兵出現在碼頭，要檢查所有的乘客。人們都急著要上船，互相推擠著。我被幾個朋友舉起來才上了船，但在這個過程中我的錢包被偷了。等到船終於抵達了蘇州後，來了一隊

中國警察來檢查我們。我們都恨透了日本士兵，當這群中國警察來檢查時候，我們生平第一次覺得中國警察很可愛，因為他們是中國人，平時對他們的不滿也煙消雲散了。

我們要在蘇州轉船去南京，然後再乘火車去武漢。日軍的攻勢也緊跟我們的路線推進。我們到南京幾天後，日本人也到了，於是我們趕緊往武漢轉移。隨後，日軍也朝武漢開去。等我們終於到達武漢的時候，已經身無分文了，於是我給外公外婆拍電報要錢。錢一到就被我們一分為二，我丈夫一份，我一份。之後我丈夫去了延安，我則回到了重慶。那正是我懷孕的頭三個月，每天都害喜得很厲害，成天嘔吐，沒法去延安。我歷盡千辛萬苦回到了重慶。

我從上海回來沒多久就到了春節。我在上海時參加了支持抗戰的全國婦女組織，所以回渝後我又加入了該組織在重慶的分部。回家後，我與救國會取得了聯繫，向領導報告了我在上海的活動。那時我肚子已經很大了，不能再參加學生組織了，於是我被派到了怒吼劇團。這是一個非盈利性的專業表演隊伍，成員都得另外做一份或幾份工作賺錢養活自己。我不僅要跟著劇團演出，還要做劇團的圖書管理員。團裏的女團員結拜成了姐妹，我排行第三。每當我登上舞台的時候，觀眾們都會變得非常興奮，因為我是一個很不錯的女演員。我的戲演得好都得歸功於學生時代所受的戲劇培訓，還有我曾參加過的多次演出。

在抗戰期間，怒吼劇團的聲望很高。團裏有很多知名的男女演員及名導演，張瑞芳也在其中。直到懷孕後期我都還在參與演出。我們不僅在重慶演，還到附近的農村地區去演，為農民們帶去抗日劇目。由於我那時正懷孕，就總是被安排去飾演母親的角色。所有的男女演員在白天的時候都有自己的工作要做，下午5點下班後，大家都會去怒吼劇場排練，一直到晚上9點。我們每天都得堅持，這並不容易。除了在怒吼劇場工作，我還參加了一個地下刊物的出版工作。那份刊物每十天出版一次。後來，它成了中國共產黨的地下刊物。我們那時候沒有出版設備，

只能在蠟紙上寫好文章，再用油墨來複製。我的工作就是刻蠟紙、搞油印。晚上，我在蠟紙上抄寫要發表的文章。因為我外公是個大商人，我們就在他的房子裏製作地下刊物，避免被警察搜查。這份報紙成了救國會和中共地下組織成員們的學習資料。

1938年春節，日本人派了第一批飛機到重慶做調查，為隨後的大轟炸做準備。我外婆被他們的到來嚇壞了，決定把我送到了她的家鄉內江去生孩子。我有個朋友在那裏負責抗戰婦女組織，我一到那裏就參加了當地的婦女抗戰組織，先是參加她們的學習小組，後來又參加了她們的歌詠活動。我們曾經組織了一場大規模的歌詠活動，有上萬人參加。我教人們唱抗戰歌曲以及防空知識歌曲。這些歌都是在重慶廣為傳唱的，但在內江這樣的小地方卻很少有人知道。除此之外，我還在晚上的平民識字班上，教學員們唱抗戰歌曲以及防空知識歌曲。我全身心地投入到抗戰支援活動中，不管走到哪裏都是積極分子。

我不想失去自己在救國會的組織裏的關係，於是在1938年6月，我生下第一個孩子僅兩個月後，又回到了重慶。靠著外婆的經濟支援，我為孩子請了一個保姆，就又加入到了抗戰支援活動中去。我很想去延安，在1938年救國會又開始往延安派送人員時，我遞交了申請書。然而，他們非但沒有同意我去延安，還將我丈夫給調了回來。共產黨把我丈夫調回重慶，主要是為了第二次國共合作統一戰線。所有人都知道他去了延安，因為他走的時候這個消息還登了報。現在又被調回了重慶工作。他回來後沒多久，我就又懷孕了，大轟炸也開始了。

1939年大轟炸開始的時候，我正懷著第二個孩子。整個抗戰期間我都待在重慶，為救國會和中共地下組織工作著。我只是想讓人們知道，重慶地區的抗日活動早在1937年7月之前就已經開始了，其中很多我都有參加。

王素

中共地下黨員
1918年生於貴州織金

我的未婚夫是周恩來的一個助手。我的婚事完全是黨組織的吳玉章安排的。吳玉章在四川是知名人士，他參加過辛亥革命，還做過四川共產黨的總書記。我對這門婚事非常不願意，但我們都接受過訓練，要對黨組織絕對地服從，要為黨犧牲我們的生命。於是，我屈服了。

我出生在貴州省織金縣，有四個兄弟姐妹。我父母都是文盲，但我父親是個大地主。我家人的社會價值觀都很保守，只允許家裏的男孩到村外去上學，女孩絕對不行。但我父親沒有文化，在理財方面遇到很多麻煩。如果他想要記賬，只能用彩線打結的方法來記數，那種方法既不方便也很容易出錯。也正是因為這樣，他才決定讓自己的男孩們接受教育，也想讓女兒們能夠嫁個好人家，於是就在村子裏開辦了一所私立學校。他為學校聘請了很多老師，把女兒都送到這所學校去念書。就這樣，我也接受了好幾年私塾教育。

1931年我一個在村外上學的兄弟寫信回來，告訴了我們日本人對東北三省的侵略，還講述了他參與的各種活動，如抵制日貨、向日本人對東北的侵略行為舉行遊行示威等等。我還有兩個哥哥在貴州省的省會貴陽上學。受到我兄弟們的影響，我的老師們也向我們講述了日本人的侵略行徑，還組織我們向其他村民傳播消息。我非常積極地投身到宣傳活動中，興奮極了。我們村子離最近的鎮都有四里多遠，我們步行到那些鎮上去做抗日宣傳，講述日本人的侵略行徑。在那時，女孩子像這樣拋

頭露面地參加公共活動是非常少見的。一般，女孩子們根本就不能走出家門半步，更別說參加這些公共政治活動了。因而我們的活動震驚了當地所有人。我父親非常驚恐，覺得自己把女兒們給慣壞了，我們的所作所為有損家族聲譽。於是，父親讓所有的女兒都退了學，就這樣，我失去了接受教育的機會。

我失落極了。我想繼續念書，但父親肯定不會答應。於是我寫信給貴陽的哥哥們，表達了我想繼續念書的願望。兩個哥哥都很喜歡我，因為我是家裏最聰明乖巧的女孩兒。我讓哥哥們去遊説我父親，讓他同意我去貴陽讀書。父親聽了他們的建議，表示願意接受。1934年哥哥們回家來過寒假，假期結束的時候，他們帶著我一起去了貴陽。

我一到那裏就見到了一群以前同鄉的年輕男女，他們中有好幾個都參加了中共的地下活動。漸漸地，我也加入了他們的活動中，和他們一起參加學習小組和討論會。1934年下半年，我正式參加了中共地下運動。他們吸收我加入組織的原因之一是我值得信賴。我不是一個外向的人，比較能保守秘密。於是地下黨組織安排我當了他們的聯絡員，協助地下黨成員們在該地區的溝通聯絡工作。那時我還是一個在貴陽上學的全日制學生，黨組織安排給我的主要任務，就是為分佈在各個學校裏的地下黨員們送信或傳遞信息。

我之所以會參加共產黨的活動，也是因為我熱愛我的國家。自從我開始上學以來，就聽説了太多帝國主義列強侵略中國的事情，我想奉獻自己的生活和青春來拯救我們的國家。1935年下半年，我加入了少年共產黨國際青年組織。

在貴陽，有兩個人對我的影響很大，一個是青年男子師範學校的學生會主席，姓王；另一個是位負責青年女子師範學校學生會的年輕女性。他們的學習成績和實踐活動都非常出眾，在貴陽小有名氣，也都是中共地下黨成員。我一加入這個組織，就跟著他們做地下工作。

　　1937年抗戰爆發的時候，按照國共第二次統一戰線協議，中共八路軍在貴陽建立了一個辦事處。我被安排去辦事處的勞動局做聯絡員，負責地下組織網，清楚知道該組織每個人的所在之處。到1937年，我做地下聯絡員的工作已經非常熟練了。我的工作性質與羅自榮拋頭露面的工作完全不同，她的工作都是實際行動，大家都能看得見的；而我的工作則是在幕後，完全隱蔽，儘管我負責所有的重要工作。我的工作性質不允許我被組織之外的任何人看見，也不允許我與組織之外的人有任何聯繫。就外人看來，我只是貴陽八路軍辦事處聘用的管家。雖然我負責所有機密的地下活動，但白天的時候我還是得像真正的傭人一樣工作。不管是清潔、洗衣服還是買菜做飯，只要是工作崗位要求的雜事我都得做。我告訴別人，我有一個表親在這裏上班，所以他們才僱了我，以此隱瞞自己的身分。當我需要將秘密情報送給某個地下黨員的時候，我就裝作是要出去給主人買東西的樣子。

　　1939年，國民黨加緊了對八路軍駐貴陽辦事處的監視。為了保障那裏的中共地下組織，黨組織決定關閉這個辦事處。於是我搬到了一個朋友家裏，她父親是個富商，還是個地主。住在這樣的地方比較安全，國民黨特務一般不會搜查她們家。1940年，地下黨組織安排我到重慶去工作。到了重慶後，我先是住在一個在《新民報》工作的地下黨成員家裏。之後，我和一個朋友合租了一所房子。為了躲避日本人的轟炸，房主搬出城去了，於是我們就自己住著整所房子。到重慶後我的生活出現了困難，在這裏我一個人都不認識，也沒有任何收入來源。1930、40年代，我們加入中國共產黨時都很清楚，組織是不會提供生活來源的，我們得自己想辦法養活自己。我從來沒有從中共地下黨組織那裏得到過報酬，都是用家裏的錢資助我的地下工作活動。

　　我家是做暴利鴉片生意的。1934年我到貴陽沒多久，哥哥們就從學校畢業，回家去接管生意去了。家裏不想讓我再繼續一個人留在貴陽讀

書了，叫我也回家去，但我拒絕回去。我不願意回鄉下過愚昧無知的生活，於是我家裏切斷了對我的經濟資助，我便在一家工廠裏找了一份工作。雖然家裏不再資助我，但他們在貴陽還是有很多生意的。只要他們到這裏來做生意，我就會去找他們「借錢」。我知道他們都很要面子，肯定都會借錢給我的。我從家裏得到很多錢，大多數時候都是交給了組織，並不是自己花掉了。

我在一家製藥廠裏清洗瓶子，賺錢養活自己，每個月有九塊錢的收入，僅夠填飽自己的肚子。和我一起在地下黨裏工作的女同志也被同一家工廠錄用了，我們住在一起，把所有的日用品和衣物都拿出來分著用，這樣可以省下錢來交給組織。

在這家廠裏工作了幾個月後，我們就被捲入一場反對管理當局的運動中。有一位經理強姦了一名女工，我們幫她在廠裏組織了一場抗議活動。管理當局對我們非常憤怒，把我們統統都給開除掉了。

被開除後，我先後回了三次老家偷錢。第一次偷了三百塊，大部分都用去營救關押在監獄裏的黨組織成員，他們被國民黨警察抓住後就被關押在了那裏。我們請了律師，還給國民黨官員行了賄，才把他們營救了出來。我之所以能那麼做，是因為被關押的一個同志和我同姓，我聲稱自己是他的姐姐。我對黨組織是絕對的忠誠，願意為它做任何事情。

因為我另外還從家裏偷了兩次錢，最後終於被家裏斷絕了關係。為了給黨組織籌錢，我向家裏提出起訴，要求得到屬於我的那一份家庭財產。1930年代，根據國民黨的法律，不管男孩女孩都享有同等的繼承權。我就用這個作為起訴的依據，於1939年提起了訴訟。最後我不僅打贏了官司，還得到了屬於我的六千塊銀元繼承費。當我到達重慶的時候，身上還有兩千塊錢。

我們1940年抵達重慶的時候，那裏正在遭受日本人的大轟炸。沒過幾個星期，我們租的房子也被炸毀了。於是我們搬到了隔壁另一座房子裏。和我一起住的那個女人受過比較好的教育，很快就找到了一份文職

工作，我則進了中華職業學校去上學，在那裏念了一年書，直到黨組織又恢復了我的聯絡員工作。

1941年，黨組織讓我離開學校，到城裏去建一個地下聯絡站，要求我和一個男人假扮成夫妻住在一起。我對黨組織的命令都是絕對服從的，從來沒有想過要質疑它的權威。那個男人假扮成商人，每天都要外出工作。雖然他是我的助手，但是對外我只是他的妻子。他裝作在和百貨公司做生意，每天晚上回家後都要裝著發出打算盤的聲音，大談生意上的事情。我則裝作一個家庭主婦，大多數時間都待在家裏。我的工作就是為地下組織裏的直接聯繫人傳遞信息，我們還有一些秘密暗號，我總是在窗簾上打一個紅色小補丁，如果情況有什麼不對，我就把那塊紅色補丁取下來，警示同志們不要來。

我是唯一一個知道我們組織網絡裏各個成員情況的人，和我一起住的那個男人都不能與他們中的任何人取得聯繫。我的另一項工作是保護黨組織的機密文件。這是一項很艱難的工作，因為抗戰期間重慶有很多很多飢餓的老鼠，它們不管什麼東西都咬；再加上這裏的氣候又很潮濕，如果不把東西藏好，那它們不是被老鼠咬爛了，就是發霉爛掉了，我總是為藏在家裏的這些文件焦慮不安。後來，黨組織又安排我到糖果店去工作。在那裏賣糖果，我每月能夠賺到三十塊錢，但我只留下了夠我們吃飯的錢，把其餘的都交給了組織。

我在中共地下聯絡站的地位使我與很多重要共產黨領袖建立了聯繫。在抗戰期間，物資短缺和高通貨膨脹使得我們在重慶的生活變得異常艱難。我在糖果店裏工作的時候，經常偷糖果出來給同志們吃。儘管我們的日常食物都只是清稀飯和素菜，但還得裝成是過著相當舒適的生活，因為我「丈夫」應該是一個成功的商人。我們買了一些豬油，將它放在顯眼的地方，但卻從來捨不得吃，僅僅是用來當做擺設。我們還放了一些漂亮的空糖果罐子在桌櫃上，這樣，如果有人到我們家來，就能看到這些罐子，有利於我們繼續偽裝假身分。很多鄰居都在屋外的院子裏

做飯，為了不引起她們的懷疑，我都是在家裏做飯，不想讓她們看出我們實際上每天都是吃白素菜。有時我們的同志到家裏來，我還裝作是在舉辦宴會的樣子，大聲喧鬧地打麻將，這樣我們就能談論工作而不用擔心被鄰居聽見了。有一次一個共產黨領導（董必武）到家裏來，看見了桌櫃上的豬油。他說：「你們還有這個啊？我們都已經有一年多沒有吃過油了！」於是，我把那點豬油給了他。

儘管我們處處小心，沒過多久警察就開始注意到我們了。一天，一個警察到我們院子裏來，東張西望。我被嚇壞了，我並不是擔心自己的生命安全，而主要是不放心放在家裏的文件，保護它們是我的職責。我做好了最壞的打算，如果那個警察要進來搜查，我就準備把那些紙質文件全部吞進肚子裏去，讓他們沒辦法看。幸運的是他並沒有進來。但那件事之後我們還是決定搬家，因為我們覺得警察或許已經察覺到了什麼。

我的工作性質使我抗戰期間在重慶過著相對孤立危險的生活，從來沒有跟任何親戚朋友聯繫過。我必須保持低調才能保證地下黨組織的安全。我和黨組織也是單線聯繫，我直接向八路軍駐重慶辦事處報告。我的上級是周恩來夫婦的助手張曉梅。1940年到1945年期間，我從來沒有離開過重慶，甚至在多數時間裏，我連家門都沒怎麼出過。

1943年，我暫時與黨組織失去了聯繫，因為張曉梅沒有通知我就回延安去了。整整三個月時間，我都在想辦法與黨組織重新取得聯繫。要命的是我的錢也用完了，生活面臨巨大的困難。在這三個月裏，我每天都只能吃兩、三個小米糕。我的組織關係對我來說實在是太重要了，我寧可犧牲自己的生命也不想失去在黨組織裏的關係。最後，鄧穎超找到了我，重新安排我去中共創辦的新華書店工作。

這麼多年都在如此艱難的條件下工作，我終於在1943年患上了營養不良和貧血症。醫生說我最多只能再活三個多月了。同志們聽說我生病後，紛紛籌錢想要幫助我改善生活。我需要吃雞蛋和肉，連續吃了幾個月同志們給我買的紅燒肉，我終於康復了。

　　我以前是個非常幼稚天真的人。自從加入了中國共產黨組織，我就將它放到了我的個人生活之上，從來沒有認真考慮過自己的幸福和私人生活。抗日戰爭時期黨組織有個規定：組織裏的男性可以和組織外的女性結婚；但組織裏的女性卻不能和組織外的男性結婚，因此我一直都很害怕與男性接觸。在抗戰期間我曾有過一個男朋友，我們的關係只維持了很短的時間就結束了，就是因為他不是地下黨組織的成員。最後黨組織為我安排了一門婚事，事實上我是被黨組織逼迫著結的婚。那事發生在抗戰結束之後，那時我正被安排到新華報社去工作。我的未婚夫也在那家報社工作，他是周恩來的一個助手。我的婚事完全是黨組織的吳玉章安排的。吳玉章在四川是個知名人士，參加過辛亥革命，還做過四川共產黨的總書記。我對這門婚事非常非常不願意，但我們都接受過訓練，要對黨組織絕對地服從，要為黨犧牲我們的生命。於是，我屈服了。

　　就跟傳統的包辦婚姻一樣，我們從來沒有交往、戀愛過，甚至在婚禮之前我和他只草草見過一面。在婚禮當天，我是最後一個到的人，客人們都到了我還沒去，因為我對這椿婚事真的是一點也不情願。黨組織安排了一頓簡單的便飯，就算是給我們辦了婚宴了。看見了吧，我的生活就是這麼簡單，我其實也沒做什麼。

第四部分

女性，記憶與中國的抗日戰爭

近十幾年來，在史學界，歷史與記憶是熱門話題。學者們認識到，記憶是建造的，而非自然產生的；隨著環境和世界觀的變化，記憶也會發生變化。更重要的是，記憶的構建和重塑往往會為當前的政治需要和環境服務——記憶可以被操縱，而且往往被用作政治工具。舉個例子，在美國史研究中，學者們發現內戰結束後，美國北方反種族歧視的領袖之一Frederick Douglass曾奮鬥了三十年，讓美國北方白人永遠把內戰記憶為反種族歧視的解放鬥爭。他相信，那些記憶就是自由的人民最好的武器，以反抗南方種族歧視白人想要建立更加殘暴的種族關係計劃。[1]

有關中國抗日戰爭記憶的學術研究也不例外。在對過去60年來有關抗日戰爭的記憶的研究中，中西方學者們都指出，這場戰爭的整個集體記憶都帶有政治目的，而且都是被中國的統治精英們操縱的。統治精英們在特定的歷史時期裏，利用抗戰記憶，製造某些特定的意識形態來為政治目的服務。舉個例子，在美國工作的中國學者何一男提出，在1950至70年代，中國處於地域戰略的考慮，「極力避免與日本就這場(抗日)戰爭發生歷史爭執」。然而，處於國內政治原因和需要，1980年代初期中國政府又開始「攻擊日本的歷史記憶，還通過一系列的愛國主義歷史

---

1   Thelen, "Memory and American History," 1119–1121, 1126.

宣傳，來激發中國人一種自信的民族主義情緒，從而使中國人民看待日本的流行觀點激進化」。[2] 其他學者也都或多或少地贊同何女士的看法，都相信在過去60年中確實存在著由國家支持定調的關於「抗日戰爭」的官方主流觀點。儘管那些觀點都沒有形成統一的學術整體，但「那時那地」的那些戰時記憶還是旨在為「今時今地」的政治目的服務。比如，林彪發表於1968年的，為紀念抗日戰爭勝利20週年而作的「人民戰爭勝利萬歲」一文，就將抗日戰爭定調為是在中國共產黨和毛澤東思想指導下贏得的勝利，以此來證明毛澤東思想的偉大。從1968年至1980年代，中國大陸對抗戰的研究與評價基本是按照這種觀點進行的。這段時期，國民黨及其國民政府對抗戰的貢獻完全從抗戰史研究與評價中消失。

改革開放之後，一個帶有濃厚民族主義色彩的、有關抗日戰爭的「新記憶」也逐漸地發展起來，用來為中國推行新的民族主義提供服務。在這種抗日戰爭的「新記憶」中，學者們用比較公開和平衡的視角重新審視歷史，承認中共和國民黨都對抗戰做出過貢獻。不幸的是，正如美國歷史學家 Parks M. Coble 所指出的那樣，口述歷史和個人記憶並沒有在「新記憶」中佔多大分量。他還擔心，今後關於中國抗戰史的研究，都將停留在「明顯不帶個人色彩的歷史上 —— 這種歷史僅僅是記錄有關整個國家的故事，而不包括個人的故事」。[3]

所幸的是，本書記載的這些記憶，正是那些被忽視的有關抗戰的個人故事。由於這些故事從來沒有被主流學術界注意和提及過，重慶婦女們的抗戰敘述不僅提供了抗戰期間該地區個人歷史的大量信息，還為我們從個人經歷角度出發，進一步了解抗戰期間整個國家的歷史作出了貢

2　Yinan He, "Remembering and Forgetting the War: Elite Mythmaking, Mass Reaction, and Sino-Japanese Relations, 1950–2006," *History and Memory: Studies in Representation of the Past* 19.2 (2007): 43–74.

3　Coble, "China's 'New Remembering' of the Anti-Japanese War of Resistance, 1937–1945," 409.

獻。更重要的是，婦女們的口述還迫使我們注意到，對太平洋戰爭和抗
日戰爭記憶的研究，西方學者們使用了多種多樣的理論及方法。譬如，
美國哥倫比亞大學研究日本史的學者 Carol Gluck，就提出「記憶的時間政
治性」的研究方法，指出在不同的歷史時期，有關太平洋戰爭的記憶很
不相同。[4]記憶隨著時間的改變和地區政治、軍事結構的變化而不斷更
新。而另一位美國研究中國歷史的學者 Philip West，則認為現存的二戰
時期，亞洲太平洋戰爭研究中很多學者使用的是「記憶的地區方位政治
性」的思想。這種觀點認為中國抗日戰爭的記憶，很大程度上會隨著所
討論的地區的不同而發生變化。譬如，美國學者 Norman Smith 對二戰時
期東北的研究、華裔學者 Poshek Fu 對抗戰時期上海的研究、美國學者
Joshua Fogel 對抗戰時期長江下游地區的研究，[5]以及我在本書中對抗戰時
期重慶地區的研究都表明，每個地方都有各自不同的記憶遺產。因此，
我們概括抗日戰爭時期的「中國的記憶」時，需要特別地謹慎小心，不可
一概而論。

上述學者們提出的有關歷史和記憶的理論和研究方法無疑會幫助我
們進一步研究抗戰歷史與記憶，但他們的研究都沒有論及社會性別在歷
史與記憶中的重要性。因此，本書的口述回憶還要求我們思考「記憶的
社會性別政治性」。我們應當認識到中國的抗日戰爭記憶，存在著政權支
持的男性主流社會的故事，和普通婦女、女權主義個人記憶之間的不同
性。我們必須認識到在很長一段時間內，記憶政治都被男性主流社會所
控制，統治精英階層從來沒有把作為中國社會重要組成部分的婦女們的
個人記憶，納入主流故事。因此，婦女的聲音也被強制靜音。在我看來，

---

4   Carol Gluck, "Operations of Memory: 'Comfort Women' and the World," in *Ruptured
    Histories: War, Memory and the Post-Cold War in Asia*, ed., Sheila Miyoshi Jager, and Rana
    Mitter. Cambridge, Mass.: Harvard University Press, 2007, pp. 47–77.

5   Smith, *Resisting Manchukuo*; Fu, *Passivity, Resistance, and Collaboration*; Fogel, *Nanjing
    Massacre in History and Historiography*.

歷史記憶的政治與知識構建的政治有很大聯繫。一旦婦女們的記憶被清除、被靜音，那麼她們的經歷和觀點都將從抗日戰爭知識庫以及構建有關抗日戰爭歷史的新知識的過程中被剔除出去。理解記憶的社會性別政治性，將幫助我們有意識地認識到，婦女們的聲音是中國抗日戰爭記憶重要的組成部分。學術界必須重視她們的聲音，並主動地將她們的經歷重新納入抗日戰爭的知識構建過程中來。

「記憶的社會性別政治性」還提醒我們，記憶具有多樣性，即使是在那些在抗戰期間同樣生活在重慶地區的婦女之間，不同人也對抗戰有不同的記憶。西方學者John R. Gillis曾經指出，這是因為「和其他任何一種體力，或腦力勞動一樣，記憶過程包含著複雜的階級、性別以及權力因素，這些因素共同決定著什麼會被記住（或被忘記）、會被誰記住、為什麼目的，等等」。[6] 所以我們應該注意歷史記憶也是和階級、性別、教育程度等因素緊密相連的，不能一概而論。現在的問題是，假如有關中國抗日戰爭的記憶有如此巨大的多樣性，那麼我們又該如何評定歷史記憶，尤其是本書中所記載的這些記憶的可靠性呢？

對此問題，我的看法是這樣的：在本項研究中接受採訪的婦女現今都已經是80或90多歲高齡的人了。在現今政治條件下，告訴我她們有關抗戰的記憶並不會對她們造成任何損失和政治影響。在我採訪她們的時候，在中國，抗日戰爭的研究也不再是政治敏感的問題。因此，她們講述這些故事，基本上不會有任何不良的政治後果。最重要的是，重慶婦女在採訪中談及的、發生在抗戰期間的事件，如：日本人對重慶的大轟炸、戰時通貨膨脹帶來的經濟困難、食物和物資的稀缺以及婦女們參與抗戰動員活動的敘述，都能從檔案文件和抗戰時期出版物中得到佐證。儘管抗日戰爭爆發已經過去六十多年了，但這些婦女們對她們在抗戰期

6　John Gillis, ed., *Commemorations: The Politics of National Identity*. Princeton: Princeton University Press, 1994, p. 3.

間的經歷仍還是記得非常生動清楚。對於她們中的大多數人來説，這場戰爭正好發生在她們的成長時期。正如像西方研究心理學的學者 Scott 和 Zac 所提出的那樣，「在人們的成長時期所發生的那些歷史性事件將會在他們的記憶中留下永久性的印記」。[7] 所以大部分受訪婦女對抗戰經歷仍然有深刻的記憶。

但這並不是説本書中收集的這些口述史就都是沒有偏見的。只要記憶是構建起來而非自然產生的，那麼人們想要記住什麼、忘記什麼都是可以選擇的。事實上，婦女們對這場抗日戰爭有多大程度的記憶以及她們所記住的內容，在很大程度上都是由她們的個人經歷、受教育程度、以及 1949 年前後的中國政治發展所決定的。就如像西方學者 James Mayo 所提出的那樣，不管人們對戰爭記住了什麼、忘記了什麼，都「反映了一個國家的政治歷史」。[8]

事實也確實如此，那些受訪者所記住的內容及程度都帶有濃厚的政治色彩。在採訪過程中我觀察到一個有趣的現象，所有婦女都喜歡將她們在抗戰時期的經歷與 1949 年以後直至現今的生活狀況進行對比。一般來講，沒有受過正規教育的勞動婦女的故事最為直接了當。大多數貧苦婦女，都把焦點放在她們在抗戰中遭受的苦難上，但同時她們卻又都指出了在中華人民共和國建立之後，自己的生活得到了很大程度的改善。在採訪中我也發現受過教育的婦女，談起她們的抗戰經歷通常是滔滔不絕，而沒有受過教育的婦女卻相對寡言。這一差異也反映在本書篇幅不均等上。受過教育的婦女和幾位革命女性的故事的篇幅比較長，而沒受過教育的婦女，特別是窮苦女人和工廠女工的篇幅比較短。在採訪中我也遇到一些貧窮婦女對自己的抗戰經歷只有寥寥數字，對整個抗戰時期的個人生活記憶模糊。

7　Jacqueline Scott and Lilian Zac, "Collective Memories in Britain and the United States," *Public Opinion Quarterly* 57.3 (1993): 316.

8　Mayo, "War Memorials as Political Memory," 75.

抗日戰爭的歷史記憶的確在很大程度上反映了1949年前後的中國政治。有關戰時兒童保育會的記憶就是一個很好的例子。在採訪中，那些參加了戰時兒童保育會的婦女們都指出，由於該組織是由蔣夫人宋美齡領導的，1949年以後及1980年以前，在大陸，該組織的歷史都是被封禁的。不僅官方控制的抗戰史的報道和研究不談論兒童保育會。凡是和兒童保育會有關聯的人都不敢暴露與該組織的關係，也不敢記憶那段歷史。很多保育院的師生都不得不隱瞞自己的歷史及與該組織的關係。那些被發現和該組織有關係的人，在文化大革命時期都遭受了不同程度的政治迫害。[9]

直到1987年，鄧穎超在一篇有關紀念抗戰的文章中提出了對該組織的紀念，並說它對中國的抗日戰爭作出了積極貢獻，人們才敢慢慢地公開自己與該組織的關係了。[10] 即便這樣，1997年，倖存的保育院師生們想在戰時兒童保育院成立60週年之際，在重慶召開一個紀念會的籌備工作，仍然受到了很大的阻力。不僅募徵到的經費被重慶有關當局扣留，連籌備委員會也被冠上不合法組織的帽子。最後，籌委會員之一的趙知難，給時任國務院總理的李鵬寫信，告知總理她是趙君陶 —— 李總理之母 —— 曾經負責的保育院的學生，並請求總理支持她們的紀念活動。李鵬給趙知難親筆回信後，重慶當局才改變態度，支持保育師生的活動。[11] 最後戰時兒童保育院60週年慶祝大會是在成都，而不是在重慶開的。2003年9月，紀念戰時兒童保育院65週年的大會終於在重慶召開，有四百多名保育院師生參加了會議，還出版了圖文並茂的專集。在紀念65週年成立大會上，在紀念專輯裏，保育員師生們盡情回憶了抗戰時期在陪

---

9 關於封禁戰時兒童保育院歷史的情況，紀念保育院成立60和65週年特刊中有多篇文章提到。

10 鄧穎超，〈繼承和發揚抗日烽火中育才的光榮傳統：鄧穎超致保育會成立五十週年紀念大會賀信〉，《四川婦運史料研究資料》，1988，第18卷，第11期。

11 這段故事是趙知難女士在2004年親口告訴作者的。

都重慶的生活和經歷。[12] 現在戰時兒童保育院的那些師生，每年都要舉行聚會。他們還出版了一份名叫《搖籃》的期刊，發表他們的故事和回憶錄。21世紀以來，說自己是從戰時兒童保育會畢業的學生，擁有戰時兒童保育會聯誼會員身分，已經成了一件非常時髦的事情。因為該組織已經發展成了一個國際組織，包括很多來自台灣和海外的會員。他們每年舉辦的年會，為中國政府在大陸和台灣之間培養和諧關係，為海外華人、港台同胞回國投資創業，為個人參加者建立個人關係網，都提供了相當多的機會。在我採訪這些婦女的過程中，她們都對蔣夫人宋美齡對該組織的領導和所做出的貢獻表達了肯定和讚揚，相信戰時兒童保育會拯救並改變了她們的生活和命運。

那個有錢商人的太太陳國鈞，在1949年後受了很多苦。1949年共產黨從國民黨手裏奪過國家政權時，她在香港。她原本可以一直待在香港或者去台灣，但她的那些共產黨朋友們都勸她回到大陸來，並說服了她，她在抗戰期間及戰後與中共地下黨的關係，肯定能夠保證她在新建立的中華人民共和國中的安全。然而，從1950年代初期開始，她就成了中國歷次政治運動批鬥的對象，甚至在文革期間被指控為反黨反人民的反革命分子。直到1980年代，隨著中國政治氣氛的轉變，她才逐漸丟開了政治包袱，過上了自己的生活。在我對她就抗戰時期的經歷進行採訪時，我還能感受到她對過去那些政治運動，還有很大的心理陰影。她非常渴望能利用這個機會，用她自己的話來「澄清自己的清白」，恢復自己的政治名譽。她一遍又一遍地向我重覆著她與中共地下運動的關係，以及她是如何在抗戰期間與戰後幫助那些中共地下黨員的，儘管現在在中國已經幾乎沒有人再在意這種關係了。很明顯，對抗戰的回憶，給了她一個在1949年後的中國社會裏重塑自己身分的機會。在改革開放以前的那段時間裏，她因為自己1949年以前的背景而被剝奪了所有的公民權利。對抗戰經歷的回憶讓她有機會重拾自己的身分。

12　見紀念中國戰時兒童保育院成立65週年特刊，《搖籃》，2004，第1期。

　　任再一是位革命者，在抗戰時期就加入了中國共產黨，並被黨組織派到新運婦指會去工作。新運婦指會是蔣夫人宋美齡領導的，其成員包括來自各個政治陣營的婦女，如：國民黨、共產黨、第三黨派以及基督教組織等等。任再一在抗戰期間為中共和婦女組織不知疲憊地工作，但1942年由於她的組長被國民黨逮捕，而失去了她在中共組織中的關係。為了保證抗戰期間重慶中共地下組織的安全，每個成員都只能與另一個成員進行一對一的單線聯繫，因此任再一只知道在組織中擔任她上級的那個人。一旦此人出問題，任再一便失去了和黨組織的聯繫，這種情況是個體黨員無法控制的。在我們的談話中她告訴我，由於她在抗戰中曾與組織失去過聯繫，直到1980年代，她對中共的忠誠以及她的抗戰時期的經歷一直受到黨組織的懷疑，一直都在被黨組織反復審查。在文化大革命期間，任再一不僅被紅衛兵刑訊，還被他們冤枉為中共的叛徒，原因之一就是因為她曾為新運婦指會工作過，即使她是受地下黨組織的委派而參與工作。儘管周恩來的夫人鄧穎超還是新運婦指委的副指導員，由於該組織的最高領導人是蔣夫人宋美齡，在文化大革命時期它被認為是一個國民黨的政治組織，抗戰期間凡是與它有關係的人都被指控為國民黨成員。在我採訪任再一的時候，她也和陳國鈞一樣，渴望洗清自己的名譽並重建自己失掉的清白身分。而那些知識分子女性，如在抗戰期間就讀於教會學校的朱淑勤、羅福慧等人，也都在1949年之後，尤其是在文化大革命時期，經歷了類似的遭遇。

　　就算是在松溉，這個抗戰時期的紡織實驗區也在1949年以後變成了一個政治敏感的問題。當地的幹部和群眾告訴我，1949年以後，除了普通工人們沒受到很多直接的政治衝突之外，該實驗區裏的其他成員都被貼上了與國民黨有染的標籤，就連實驗區圖書館的管理員不能倖免，因為該實驗區是由新運婦指會創辦的，而蔣夫人又曾經親自前往該地視察過。1949年至1980年代中，紡織實驗區這段歷史也是被封禁了的，松溉

的普通老百姓，也有意「忘記」了這段歷史。有趣的是，松溉實驗區，尤其是抗戰時期宋美齡個人對這個地方的關注，現在卻成了一個很具有吸引力的政治和商業資本，松溉的當地政府和群眾都爭相想與之沾上邊，想利用松溉的抗戰歷史吸引台資、外資。

回顧重慶抗日戰爭時期的陪都地位，也是中國抗戰後政治的一個組成部分。1949年中華人民共和國成立之後，重慶在抗戰中的地位就被延安給掩蓋了。延安被描繪成毛澤東和中國共產黨抗擊日本的象徵，也是創建新中國的革命精神的象徵；而重慶則成了蔣介石不反抗政策，以及那個舊政權的腐敗的象徵。改革開放以前，重慶的抗戰陪都史是重慶人的政治負擔。然而，隨著時態的變化，特別是1980、90年代中國政治氣氛的相對改變，使重慶人意識到，這座城市的戰時陪都地位再也不是一個政治負擔了，而成了一個政治、經濟和文化資本。由於中國歷史上來自各個政治派系的很多重要人士，包括毛澤東、周恩來、蔣介石，及許多第三黨派領導人，都曾在抗戰中的某個時期在重慶訪問或居住過，使得這座城市現在能夠宣稱自己為許許多多的中國人保留下了有關抗戰的大量珍貴記憶。自1980年代開始，該地區接待了很多曾於抗日戰爭時期居住過重慶的人。他們都從台灣、中國其他地區以及海外返回到了重慶，來搜尋他們在抗戰時期的懷舊回憶。這座城市隨後也意識到其抗戰歷史還能夠帶來相當可觀的經濟收入。從那時起，一個陪都文化就被重新發明出來，以此來提升該城市的形象，更重要的是吸引旅遊者和外界的商務及投資。自1990年代以來，許許多多的抗日戰爭博物館、主題公園和餐館都在重慶應運而生，而最近重慶旅遊局還宣佈他們將進一步加大投資來發展重慶的陪都文化。

本書中這些口述材料的價值就在於，它們不僅能夠為我們提供有關抗戰的「那時那地」的資料，而且還能為我們提供重慶地區的「今時今地」的信息；它們不僅是婦女們抗日戰爭時經歷的有力證據，也是1949年後

中國政治的生動描寫。在這個關於中國抗戰的研究中囊括進婦女們的口述材料，將促使我們跨越傳統學術疆界以及研究歷史的傳統方式。按照口述歷史先鋒、西方歷史學家Paul Thompson所提出的那樣，口述史可以幫助我們去努力爭取「兼顧歷史的內容和目的」的轉變，去「改變歷史自身的焦點，並開創出新的研究領域」，並將普通人用自己的語言所描繪的經歷置於歷史研究之中心」。[13]

13　Paul Thompson, *The Voice of the Past: Oral History*, 3rd ed. Oxford: Oxford University Press, 2000.

抗戰後的她們

　　讀者們也許很想知道這些婦女在抗日戰爭後都經歷了些什麼，我又是如何遇到她們的。以下簡述了她們1949年以後的生活，按姓氏筆劃順序排列。

王代英　　王代英是我姑姑的朋友，我透過姑姑介紹採訪了她。王代英從抗戰時期起就一直在重慶教書，至1979年退休。退休後她和丈夫一起過著平淡安詳的生活。

王素　　我是在2005年與三個美國學生採訪阿榮時，一併採訪王素的。1949年後，她一直都在重慶市政府裏當幹部，直到1980年代初退休。和羅自榮的高挑、美麗、口齒清楚以及總是能成為人們注意的焦點相比，王素是一個矮小而安寧的女人，一點也不引人注目。她是那麼的低調，以至於走在人群裏都很難被注意到。然而，抗戰時期她作為中共地下組織在國民黨統治下的戰時陪都的聯絡員，卻過著異常危險的冒險生活。她向我們講述自己抗戰時期的故事時，總是重覆說：「我其實真的沒做什麼」，向我們展示自己確實是個忠誠的共產黨員。但當我問及她的愛情及婚姻時，

她卻毫不猶豫地告訴我們是黨組織強迫她與自己的丈夫結婚，事實上她本人並不情願做這門婚事。我們看見的是一個對黨組織的鋼鐵意志絕對服從的女人，但在內心深處，她還是堅信婦女應該掌握自己的生活和婚姻命運。

王淑芬　　王淑芬從1950到70年代一直在重慶她家附近的一家工廠裏做手工活兒。她在重慶最繁忙的公交車站旁開了一個報刊攤，就在2004年夏天我跟她在那裏相遇。雖然她早已從工廠退休，她還必須要繼續工作。她和兒子一家一起住在一套兩居室的舊公寓裏，兒子和兒媳都從廠裏下崗好幾年了，都只能靠不時地接點零工來勉強維持生活。她13歲的孫子那時正在念初中，由於兒子和媳婦都沒有固定的收入，孫子隨時面臨失學的危險。王淑芬便開了個報攤，掙點錢養活自己，資助孫兒念書。

白和蓉　　2004年夏天我的親戚介紹了白和蓉給我。抗日戰爭結束後，白和蓉與她的戀人杜文澤結了婚，他們是在抗戰中認識的，也是在抗戰中加入中國共產黨。中華人民共和國成立後，他們都成了黨組織裏的幹部，在重慶工作。白和蓉於1980年代時退了休，杜文澤於1990年代中期去世。丈夫去世後，白和蓉與她丈夫以前幹地下黨時的一位戰友結了婚。現在她的第二任丈夫也去世了，她獨自一人在成都生活。她還是那麼喜歡唱歌，還記得很多抗戰歌曲。我採訪她時，她還眉飛色舞地為我演唱了幾首抗戰歌曲。

任再一　　1980年代以前，任再一擔任的是重慶市渝中區婦聯的領導工作。本來按資歷，像任再一這樣在抗戰時期就參加革命

的老共產黨員，一般都在職位高得多的崗位上擔任領導工作。任再一幾十年來只是在一個區級婦聯工作，主要原因就是在抗戰期間她曾經脫過黨，並在宋美齡領導下的新生活婦女指導委員會工作過。她的抗戰經歷影響了她1949年以後的政治前途。黨組織直到改革開放以後才為她平反，說清楚了抗戰時期的「問題」。她於1980年代初退了休，和自己的愛犬一起生活在一套漂亮的公寓裏。她兒子到美國去了。

朱淑君　朱淑君1955年從華西醫學院畢業後，在成都鐵路醫院當藥劑師，直至1980年代初退休。她和丈夫每天打打麻將，散散步，幫助兒子看看孩子，過著平淡快樂的生活。

朱淑勤　朱淑勤1948年畢業於川東女子師範大學，之後任教於重慶市第十一中學校，那是一所兼有初中和高中的重點中學。1956年她當上了該校的副校長。文革期間，由於她有抗戰時的教會學校和基督教背景，被整得很慘。她1980年代初期退休並被政府平反後，和以前的一群教育家，包括她的好幾個抗戰時期的同學一起創辦了育才學校。那是一個私立的職業學校，目的是為文革那一代因為政治運動而中斷了正式學業的人們，提供一些專業的職業培訓。她在這所學校裏擔任了多年校長，於1980年代末再一次退休。現在她和兒子一起住在重慶。

何佩華　我在2002年採訪了何佩華，她的孫女是我妹妹的同學。何佩華是重慶知名商紳汪雲松的兒媳婦，汪雲松曾任重慶商會會長，主持過重慶留法勤工儉學預備學校。汪曾資助過

鄧小平、陳毅等四川青年去法國勤工儉學。1922年，部分勤工儉學學生因在巴黎參加革命活動被法當局強制遣返回國，面臨經濟困境。陳毅等學生呼籲重慶各界支持，汪雲松當即捐出巨款相助。抗日戰爭以前，汪家是重慶有名的大商家。重慶解放前夕，汪雲松為保護重慶免遭國民黨破壞，也做出過很大的貢獻。解放後，汪曾任全國政協委員、西南軍政委員會委員。1950年開全國政協會時，陳毅把汪介紹給毛澤東，並談及捐款相助之事，毛還對汪先生說謝謝。1958年汪雲松因病去世。文革中汪家飽受磨難，我去採訪何佩華時，她們一家人住在兩間破舊的房間裏，完全看不到昔日的光輝和榮耀。何佩華告訴我，文革期間紅衛兵去她們家抄家，以為會抄到很多值錢的東西。當發現她們家一貧如洗時，還以為她們將值錢之物埋藏起來了。紅衛兵們大動干戈，把牆壁、地板統統挖開，結果一無所獲。何佩華終身為家庭婦女。她於21世紀初去世。

李素華　2001年夏天我採訪李素華的時候，她和她兒子一家住在一起。雖然她從來沒有做過一份正式工作，但卻一直都在做零工。即使是中華人民共和國成立以後，她都還是在靠為別人洗衣服來賺錢養家，並且還供自己的兒子念完了大學。2001年我去拜訪她的時候她每天還在為家人做飯、給公寓做清潔。

李素瑤　我是2008年採訪的李素瑤。1949年後她一直在學校工作，1950年代和一位南下幹部結了婚。李素瑤先是當小學老師，後來做中學校長，直至1980年代初期退休。文革期間，因為她的地主家庭背景，李素瑤受到很大的衝擊。文革結束以後，她和女兒一家住在一起過著快樂的生活。

金中恆　金中恆是朋友介紹給我認識的。2005年我們採訪她時，她和丈夫住在重慶市中心的一座公寓裏。夫妻都退了休，每天在家看看電視，下午到樓下的居民活動室打打麻將，日子過得清閒。1949年後，金中恆在重慶市委負責安排會議的部門工作，1980年退休。

范明珍　2005年我和我的美國學生採訪了范明珍。范明珍的外孫女是我妹妹的同事，是她帶我們去採訪范明珍。1949年後，范明珍在重慶一家商店當售貨員，1982年退休。我們採訪她時，她和兒子一家住在一起。

徐承珍　2001年7月，經朋友介紹我認識了徐承珍。1950年代，許多社區工廠創建起來，以招募待在家裏的家庭婦女們加入到中國社會主義建設事業中來，阿珍成為了重慶一家社區工廠的廚師，一直幹到1970年代末。儘管她的工人階級背景使她在文革前和文革中免受政治迫害，但她卻一直過著非常艱苦的生活，忍受著貧窮。1950年代初，她丈夫就去世了，她就靠自己微薄的工資收入一手將一兒一女拉扯大。她自己是文盲，兩個孩子也都沒有念完中學，最後都成了低收入的工人。在我採訪她的時候，她和兒子一家人一起住在重慶一套舊公寓裏。她於2007年去世。

烏淑群　烏淑群在1949年以後，除大躍進的1958年到1960年的三年時間曾在工廠裏工作過之外，大多數時候都是待在家裏做全職家庭主婦。大躍進開始後，她也和數百萬中國婦女一樣，被動員去參加社會主義建設，並在附近的一家小工廠裏上過班。運動結束後，她又回到家裏，將餘生全部用來做了一名全職家庭主婦。1970年代她丈夫去世後，她就一

直和兒子一家生活在一起。她兒子改革開放初期就發了大財。我採訪她時，她和兒子一家住在一座上百萬元的豪華別墅裏。車庫裏停著奔馳轎車，家中除了有司機外，兒子還為她請了私人保姆。她本人於2005年去世。

高忠賢　我是在2007年夏天去松溉採訪時，經龍安忠先生介紹遇到高忠賢的。中華人民共和國成立後，她是松溉地區第一批被共產黨錄用為新政府工作人員的人之一。她一直擔任松溉地方婦聯的領導工作，直到1980年代初退休。

崔香玉　崔香玉是她孫子介紹給我的。抗戰結束後，她留在了重慶。1958年她被重慶紡織廠錄用後就一直在那裏工作，直到1973年退休。我採訪了她兩次，第一次是在2004年我自己採訪的，第二次是在2005年我和三個美國學生一起採訪的。她仍然和一個女兒一起住在四十年前廠裏分給她的那套房子裏。崔香玉已經退休很久了，退休的時候中國工人的工資還很低。隨著1980、90年代的高通貨膨脹，她從政府那裏得到的退休金已經無法維持生活了，只能靠孩子們和孫子們的接濟來支撐。由於她是個普通工人，在文革時期沒有成為批鬥對象。她也是我所採訪的人中唯一一個還保留有抗戰時期照片的人，其中還包括一些她在抗戰中死去的那個兒子的照片。

常隆玉　常隆玉是我母親在重慶市第九十二中學校裏的同事。她於1970年代末期退了休，丈夫則在1970年代時就去世了，我在2002年8月採訪她的時候，她是同她女兒住在一起的。由於她的家庭背景、她在1949年之前所受的教育以及她丈

夫家的財富，她在1949年以後的歷次政治運動中也成了批鬥的對象。

張慎勤　2005年夏天我採訪了張慎勤，她是為數不多在2005年還健在的中國兒童保育院的老師之一。1944年，她回到川東女子師範大學完成了她的學士學位。

張慎勤在川東女子師範大學讀書，認識了在附近一所大學讀書的包先生。包先生也是安徽人，他鄉遇同鄉，兩人一見傾心，很快墮入愛河。交往不久，兩人已開始談婚論嫁，並海誓山盟非對方不娶不嫁。但是抗戰快結束時，包先生被國民黨軍隊徵兵入伍。抗戰結束後內戰又開始，包先生音訊全無，下落不明，兩人失去了聯繫。張慎勤等包先生很多年。後來她才從她哥哥處知道，1949年內戰結束後，包先生隨國民黨軍隊去了台灣。張慎勤的一個哥哥也隨國民黨軍隊去了台灣。到台灣後，包先生和張慎玉的哥哥一直有聯繫。包先生長時間沒有結婚，在等有一天回大陸和張慎勤結婚。1950年代和1960年代初，包先生給張慎勤寫了很多信，通過朋友從香港發到張慎勤在安徽的老家。但是張慎勤一點也不知道包先生給她寫過信，因為張慎勤的媽媽收到包先生的信後沒有告訴她。1949年以後至1980年代以前，港台關係、海外關係對大陸人而言都很危險，是政治包袱。有那些關係的人都要拼命否認，沒有的人當然不想自找麻煩。張慎勤的媽媽為了保護女兒，就私自把包先生的信燒了。張慎勤一直在等包先生，直至1950年代中才和別人結了婚，而包先生則是1970年代才和一位在台灣的寡婦結了婚。

　　1949年後，張慎勤當了一名高中老師，教書至1980年代中退休。她退休後不久，她的丈夫就去世了。文革期間張慎勤在保育會當老師的歷史，以及她和包先生的戀愛史，都讓她慘遭折磨。文革期間，她在兒童保育院的工作被冤枉成為國民黨工作，因為宋美齡是保育院的領導人。張慎勤被宣判為階級敵人並被紅衛兵打得死去活來。到1980年代改革開放後，大陸台灣的政治氣候都相對輕鬆開放，海峽兩岸的親人開始相互接觸。張慎勤首先找到了在台灣的哥哥，並通過哥哥又聯繫上了包先生。雖然張慎勤是單身，包先生卻是有婦之夫，有情人終不能成眷屬。張慎勤曾兩次去台灣探親，並在台灣見到了包先生。兩人雖然依然十分相親相愛，但張慎勤不願拆散包先生和他的妻子。於是他們決定做朋友，把初戀當成寶貴的記憶永遠珍惜。自1990年代以來，張慎勤一直活躍於保育會聯誼會。她希望世界會記住戰時兒童保育會的歷史及保育院老師和學生們對抗日戰爭所做的貢獻。張慎勤2007年3月逝世於成都，享年89歲。

梁易秀　　梁易秀、楊坤慧和葉清碧都是裕華紗廠的同事和鄰居。梁易秀一直在裕華紗廠工作到1970年代末期退休。退休後，她的一個孩子頂替她進了裕華。梁易秀和楊坤慧、葉清碧一樣，退休後在家帶孫子。裕華紗廠的工人們很多都住在同一條街上。2005年我去採訪他們時，葉清碧把楊坤慧、梁易秀叫到了她家接受了我的採訪。

莫國鈞　　莫國鈞是我姑姑的同事，我通過姑姑的介紹採訪了她。莫國鈞1949年以後在重慶從事教書工作，直到1984年退休。退休後，她和丈夫住在重慶。

陳國鈞　陳國鈞接受了我兩次採訪，第一次是在2004年我自己採訪的，第二次是在2005年我和三個美國學生一起採訪的。中華人民共和國成立以後，陳國鈞的家庭背景以及她第一任丈夫的生意都毫無疑問地使她成為了人民公敵中的一員。她在工作的時候是在重慶市第十一中學校做教師，之後又在那裏與一位男教師結了婚，1970年代陳國鈞退了休，1980年代改革時期的政府為她平了反，之後才過上了自己的新生活。她和自己在美國、香港及台灣的親人重新取得了聯繫，並拿回了她第一任丈夫在海外的一些生意投資。之後就一直和她的第二任丈夫一起過著舒適而清閒的生活。她住在一個高檔的公寓裏，還是很喜歡跳舞和唱戲。我和我的美國學生採訪她時，她還和我的學生一起跳舞。

曾永清　2005年7月，我和我的三個美國學生一起採訪了曾永清。我們是通過我妹妹的介紹認識的，曾永清的曾孫是我妹妹的學生。我們採訪她的時候，曾永清和她的外孫女一家住在一套陳舊擁擠的兩居室公寓裏。1949年後，她在成都的很多幹部家庭裏做過傭人，也沒有再婚。1980年代初期退休後，她就和女兒生活在一起。女兒去世後，就又和外孫女住在一起。她本人於2007年去世了。

游清雨　我是2007年採訪游清雨的。松溉真是個名副其實的小地方，消息傳得快。龍先生出去找高忠賢，並把她帶來和我見面不久，整個松溉鎮的人都知道了有一位美籍華人教授在採訪抗戰時在實驗區紡織廠工作過的女工。龍先生以前做過松溉鎮的書記，非常熟悉當地的人和事。因為有龍先生同行，松溉鎮的幹部招待我們吃了豐盛的午餐。午餐

後，龍先生提議我們到鎮上走走看當年實驗區遺留下來
的景物。當我們經過一條兩旁全是傳統木結構，穿斗民房
的小巷時，一位正在屋口吃飯的瘦小老太婆看見了我們。
她對龍先生喊道：「龍書記你應該叫你的客人來採訪我。我
抗戰時期就在實驗區的紡織廠工作過。」自從我開始採訪抗
戰時期在重慶生活過的婦女以來，我還沒遇到過這麼主動
的老太太。於是我和龍先生就停下來和她聊天，她告訴我
們她叫游清雨，也記得龍先生曾經是鎮上的書記。她請我
們進她家。她的房間裏只有兩張破舊的木椅子，她穿的是
一件早已過時的、可能是1970年代樣式的藍布舊衣，端的
飯碗裏只有米飯，沒有其他任何東西。她就她房間的寒磣
和自己穿戴的破舊不停向我們道歉。她告訴我，她拿的是
政府提供的最低的低保，每月的收入就是政府提供的180
元，那點錢只夠她吃飯，沒有錢做任何其他開支。她穿的
衣服都是別人不要的。當我問她關於抗戰時期松溉實驗區
紡織廠的情況時，她開始流淚，邊哭邊向我訴說了她的故
事。1949年解放後，游清雨在鎮上的商店工作。她家一直
是困難戶，1982年退休後一直吃政府救濟。

楊玉青　楊玉青和崔香玉同是重慶棉紡廠的同事兼鄰居，住在樓上
樓下。我去採訪崔香玉時，她告訴我楊玉青抗戰時期也住
在重慶。我去採訪她時，她正在和朋友打麻將。她見我來
了，很不情願地離開了麻將桌。楊玉青於1958年大躍進時
進重慶棉紡廠當工人，1980年代中退休。和崔香玉一樣，
作為一個普通工人，文革時，楊玉青也沒受到很大的衝擊。

楊先知　2004年夏天我採訪了楊先知。抗戰結束時她從女子師範大
學畢了業，之後做了一名教師。在文革時期，她因為自己

在保育會裏的那段歷史也受了很多苦。1980年代初期她從教師崗位上退了休。抗戰時期在師生之間建立起來的關係，成為了保育會大家庭裏許多成員珍惜備至的長久特殊關係。楊先知在保育院聯誼會組織中也非常積極活躍。由於保育會之家的老師中還健在的已經很少了，楊先知更是在保育院聯誼會每年的集會上受到特別的關注和對待。

楊坤慧　　楊坤慧的女兒是我媽媽的學生，我是通過她女兒認識楊坤慧的。楊坤慧1947年進裕華紗廠工作，1975年退休。退休以後她的女兒進裕華頂替了她的工作，她則幫她的兒女們看孩子。2005年我去採訪她時，她和女兒一家住在一起。

葉清碧　　2005年夏天我認識了葉清碧。她的孩子是我母親以前的學生。葉清碧在裕華紡織廠一直工作到1970年代退休。退休後，她的女兒又進了同一家工廠當工人，現在她和女兒一家一起住在該廠的家屬區裏。她在經濟體制改革之前退休，退休金對於現今的市場物價來說已經很難維持生活了。和許多在經濟體制改革之前退休的中國工人一樣，她只能和自己的女兒生活在一起，幫助他們照顧孫子和做飯。

賓淑貞　　賓淑貞的孫兒是我妹妹的學生。2005年我們去採訪她時，她住在重慶市中心一間破舊的房子裏。她的房間緊鄰旁邊一個茶館的公共廁所，整日臭氣熏天。賓淑貞的家裏不僅彌漫著廁所的臭味，而且沒有一樣像樣的東西，只有一張竹子靠背椅和一張床。賓淑貞從抗戰時期起就一直在別人家當傭人，1949年以後還是當傭人。2005年我們採訪她時，她已經86歲，本應在家享受晚年。但是因為家庭困難，她還要不時地幫別人看孩子，掙點零用錢。因為兒子

下了崗，她的孫子和她住在一起。儘管如此，老太太還是樂觀向上，一點不抱怨貧窮的生活。

趙知難　趙知難在1949年後做了小學教師，直到1980年代初期才退休。她在1950年代結了婚，育有一個兒子。她丈夫在1970年代時就去世了，現在她獨自在重慶生活，靠退休金維持生計。她在重慶的戰時兒童保育會聯誼會中也非常的積極活躍。

趙桂芬　2007年我去松溉採訪實驗區紡織廠女工，碰巧遇上了趙桂芬。趙桂芬就住在游清雨的對面，看見我們進游清雨的家。我們從游家出來時，我一眼就看見街對面站著一位目清面秀、和藹的老太太對著我們微笑。街坊鄰居告訴我，抗戰時期趙桂芬婆婆也在實驗區的紡織廠工作過。我非常高興能一下子碰到兩個採訪對象，走過去和她打招呼。她請我們去她家裏坐。老太太的房子和游清雨的房子外觀一樣，但是趙桂芬家乾淨整潔，有舒服的家具。老太太和她兒子的家人住一起。當天，她穿了一件剪裁合身的中式對襟衣服，看上去很雅致。她已經聽到了我和游清雨的談話，所以從容不迫地回答了我的問題。趙桂芬1949年以後也是在鎮上工作至1980年代初退休。我採訪她時，她在家替兒子媳婦做飯看看孩子，過著愉快的生活。

劉群英　劉群英住在一個叫黃沙溪的地方，那裏是重慶的窮人聚居的地方，被重慶人視為現代貧民窟。從1950年代初期到1980年代初期，她都在當地一所小學裏教書。住在那裏的很多老居民都是她的學生。當地居民都相當尊重她，有什

麼困難或麻煩都願意請她出面來解決和調解，而不是找當地的警察或幹部。當地人都稱她為「乞丐幫主」。我2001年去採訪她時，迷了路。我問了很多當地居民，他們都不認識劉群英；但我問他們是否認識劉婆婆時，所有人都自告奮勇地為我帶路去她家。

蔣素芬 蔣素芬的孫女是我妹妹的同學。我是2005年採訪蔣素芬的。1949年解放以後，蔣素芬先是在重慶一家百貨店賣東西，後來被調到一家副食品商店當售貨員直至退休。退休後她和兒子一家住在一起。

羅自榮 2005年夏天我和我的三個美國學生一起去拜訪了羅自榮。1949年以後，她當上了一名文化局幹部，那是重慶市政府的一個分支機構。和大多數有富有家庭背景、1949年以前參加過政治組織的知識分子一樣，羅自榮在文革時期也被紅衛兵整得很慘。直到1980年代中期，政府才最終為她平了反。她於1980年代初期退了休，現在和女兒一家生活在一起。

羅福慧 羅福慧和朱淑勤在抗戰時期是同學。1948年從川東女子師範大學畢業後，她也當了一名教師。和朱淑勤一樣，她最初也是在重慶市第十一中學校教書，後來成了重慶市第四十八中學校的教導主任。1953年她和自己一個心愛的男人結了婚，那個男人是個工程師。和朱淑勤一樣，她在文革時期也受了很多罪，她和朱淑勤以及另外兩個抗戰時期就讀於同一所學校的女同學，在後來的生活中一直都保持著親密的友誼。羅福慧在1980年代中期退了休，之後又在育

才職業學校做兼職。她丈夫幾年前患癌症去世了，現在她和女兒一起住在重慶。從在1990年代起，羅福慧和朱淑勤每天通電話，相互問候保持至今。

龔雪　2002年7月我採訪了龔雪。她來自重慶巴縣一個有名望的大家族，還上過一年中學。龔雪直到21歲才結婚，按照1930年代的標準來説已經算是一個老剩女了。在那個時候，婚姻都是經媒人的介紹、由家裏安排的。她丈夫是個比她大16歲的鰥夫。丈夫死後，她傾盡自己所能，只要能找到的工作她都幹，這才養活了一家子人。1949年以後，經親戚介紹，她到重慶一家幼兒園工作，直到1970年代中期退休。我曾於2010年去看過她，她仍然獨自住在她已經住了五十年的宿舍裏。她上午看電視，下午和一幫老街坊一起打麻將。日子過得很安詳滿足。

參考文獻

（一）中文文獻（按繁體中文筆劃排序）

丁衛平。《中國婦女抗戰史研究，1937–1945》。長春：吉林人民出版社，2000。

中共重慶市委黨史工作委員會編。《重慶救國會》。重慶：重慶出版社，1985。

中國人民政治協商會議四川省重慶市委員會文史資料研究委員會編。《重慶抗戰紀事續編》。重慶：重慶出版社，1991。

四川省婦聯婦運史研究室。〈戰時兒童保育會四川及成都分會概況〉。《四川婦運史料研究資料》，1988，第18卷，第11期，第5–6頁。

任貴祥。〈中國婦女抗戰史研究，1937–1945簡評〉。《抗日戰爭研究》，第37卷，第3期，2000，第232頁。

朱強娣。《新四軍女兵》。濟南：濟南出版社，2003。

西南師範大學歷史系、重慶檔案館編。《重慶大轟炸，1938–1943》。重慶：重慶出版社，1992。

吳姿萱。〈慰安婦：再現，平反／求償，與介入的政治〉。碩士論文，國立清華大學外國語文學系，2009。

吳濟生。《新都見聞錄》。上海：光明書局，1940。

呂芳上。〈抗戰時期中國的婦女工作〉。《中國婦女史論文集》，李又寧、張玉法編。台北：商務書局，1988，第378–412頁。

宋美齡。〈戰爭與中國婦女〉。《蔣夫人言論匯編》，蔣夫人言論匯編編輯委員會編。台北：中正書局，1956，第77–85頁。

李小江編。《讓女人自己說話：親歷戰爭》。北京：北京三聯書店，2003。

李佔才、張勁。《超載：抗戰與交通》。廣西：廣西師範大學出版社，1995。

周春、蔣和勝編。《中國抗日戰爭時期物價史》。成都：四川大學出版社，1998。

周俊元。《重慶指南》。重慶：自力出版社，1943。

周勇。《重慶通史》，共3卷。重慶：重慶出版社，2002。

———編。《抗戰大後方歌謠匯編》。重慶：重慶出版社，2011。

———編。《抗戰大後方歷史文獻聯合目錄》。重慶：重慶出版社，2011。

―――編。《英雄之城 ―― 大轟炸中的重慶》。重慶：重慶出版社，2011。

孟廣涵編。《抗戰時期國共合作紀實》。重慶：重慶出版社，1992。

―――。《國民參政會紀實》，第1卷。重慶：重慶出版社，1985。

南方局黨史徵集小組編。《南方局黨史資料》，第5卷。重慶：重慶出版社，1990。

重慶出版社編。《大後方的青年運動》。重慶：重慶出版社，1984。

重慶市文化局、重慶市博物館、重慶紅岩革命紀念館編。《重慶大轟炸圖集》。重慶：
　　　重慶出版社，2001。

重慶市政協文史資料研究委員會編。《重慶抗戰紀事》。重慶：重慶出版社，1985。

重慶市政府。《重慶市躉售物價指數月報》。1942，第1期。

重慶市政府秘書處。《重慶市政》。1944，第1卷，第1期。

重慶市檔案館編。《抗戰後方冶金工業史料》。重慶：重慶出版社，1988。

重慶抗戰叢書編纂委員會編。《抗戰時期重慶的軍事》。重慶：重慶出版社，1995。

―――。《重慶人民對抗戰的貢獻》。重慶：重慶出版社，1995。

重慶檔案館。《重慶市各婦女團體一覽表》，檔案號0051-2-564。1941，第1-7頁。

浙江省中共黨史學會編。《中國國民黨歷次會議宣言決議案匯編》，第2卷。杭州：浙
　　　江省中共黨史學會，1985。

張丁編。《抗戰家書》。北京：中國書報出版社，2007。

張友漁。〈三進新華日報〉。《新華日報50年》。重慶：重慶出版社，1996，第7-11頁。

張西。《抗戰女性檔案》。北京：中國青年出版社，2007。

連玲玲。〈Danke Li, *Echoes of Chongqing: Women in Wartime China*, Urbana: University of
　　　Illinois Press, 2010. x+215pp〉。《中央研究院近代史研究所集刊》，2011，第73期，
　　　第195-199頁。

楊光彥。《重慶國民政府》。重慶：重慶出版社，1995。

楊繼仁、唐文光。《中國船王》。北京：文化藝術出版社，1991。

隗瀛濤。《中國近代不同類型城市綜合研究》。成都：四川大學出版社，1998。

―――。《近代重慶城市史》。成都：四川大學出版社，1991。

蔣宋美齡、新生活婦女指導委員會松溉紡織實驗區編。《新運婦女生產事業》。重慶：
　　　松溉紡織實驗區，1940。

劉煉。〈抗日戰爭時期國統區的民主憲政運動〉。《重慶抗戰紀事》，第2卷，中國人
　　　民政治協商會議四川省重慶市委員會文史資料研究委員會編。重慶：重慶出版
　　　社，1987，第249-282頁。

劉寧元。《中國婦女史類編》。北京：北京師範大學出版社，1999。

鄧穎超。〈繼承和發揚抗日烽火中育才的光榮傳統：鄧穎超致中國戰時兒童保育會成
　　　立五十週年紀念大會賀信〉。《四川婦運史料研究資料》，1988，第18卷，第11
　　　期。

盧國強。《我的父親盧作孚》。重慶：重慶出版社，1984。

戴孝慶。《中國遠征軍入緬抗戰紀實》。重慶：西南師範大學出版社，1991。

謝儒弟。《蔣介石的陪都歲月，1937-1946》。上海：文匯出版社，2010。

韓辛茹。《辛華日報史》。重慶：重慶出版社，1990。

羅久蓉、游鑑明、瞿海源。《烽火歲月下的中國婦女訪問記錄》。台北：中央研究院近代史所，2004。

（二）英文文獻（按字母順序排序）

Bedeski, Robert. "China's Wartime State." In *China's Bitter Victory: The War with Japan, 1937–1945*, ed., James C. Hsiung and Steven I. Levine. New York: M. E. Sharpe, 1992, pp. 33–50.

Bozzoli, Belinda, and Mmantho Nkotsoe. *Women of Phokeng: Consciousness, Life Strategy, and Migrancy in South Africa, 1900–1983*. London: Heinemann, 1991.

Cai, Rong. "Problemtizing the Foreign Other: Mother, Father, and the Bastard in Mo Yan's *Large Breasts and Full Hips*." *Modern China* 29.1 (2003): 72–108.

Chang, Maria Hsia. *The Chinese Blue Shirt Society: Fascism and National Development*. Berkeley: University of California Press, 1985.

Coble, Parks M. "China's New Remembering of the Anti-Japanese War of Resistance, 1937–1945." *China Quarterly* 190 (2007): 394–410.

Dower, John. *Embracing Defeat: Japan in the Wake of World War II*. New York: W. W. Norton, 1999.

Eastman, Lloyd. "Nationalist China during the Sino-Japanese War, 1937–1945." In *The Cambridge History of China*, vol. 13, ed., John Fairbank, and Albert Feuerwerker. Cambridge: Cambridge University Press, 1986, pp. 116–167.

———. *Seeds of Destruction: Nationalist China in War and Revolution, 1937–1949*. California: Stanford University Press, 1984.

Edwards, Louise. *Gender, Politics, and Democracy: Women's Suffrage in China*. California: Stanford University Press, 2007.

Esheric, Joseph. "Ten Theses on the Chinese Revolution." *Modern China* 21.1 (1995): 45–76.

Fogel, Joshua. *The Nanjing Massacre in History and Historiography*. Berkeley: University of California Press, 2000.

Fu, Poshek. *Passivity, Resistance, and Collaboration: Intellectual Choices in Occupied Shanghai, 1937–1945*. California: Stanford University Press, 1997.

Gillis, John, ed. *Commemorations: The Politics of National Identity*. Princeton: Princeton University Press, 1994.

Gluck, Carol. "Operations of Memory: 'Comfort Women' and the World." In *Ruptured Histories: War, Memory and the Post-Cold War in Asia*, ed., Sheila Miyoshi Jager, and Rana Mitter. Cambridge, Mass.: Harvard University Press, 2007, pp. 47–77.

Graham, David Crockett. "Some Sociological Changes." In *Wartime China as Seen by Westerners*, ed., Frank W. Price. Chungking: China Publishing, 1942, pp. 24–30.

Haass, Lily K. "Chinese Women's Organizations." In *Wartime China as Seen by Westerners*, ed., Frank W. Price. Chungking: China Publishing, 1942, pp. 83–94.

He, Yinan. "Remembering and Forgetting the War: Elite Mythmaking, Mass Reaction, and Sino-Japanese Relations, 1950–2006." *History and Memory: Studies in Representation of the Past* 19.2 (2007): 43–74.

Highbaugh, Irma. "Effects of the War on Rural Homes." In *Wartime China as Seen by Westerners*, ed., Frank W. Price. Chungking: China Publishing, 1942, pp. 140–151.

Higonnet, Margaret R., and Patrice L. Higonnet. "Double Helix." In *Behind the Lines: Gender and the Two World Wars*, ed., Margaret R. Higonnet, Jane Jenson, Sonya Michel, and Margaret Collins Weitz. New Haven and London: Yale University Press, 1989, pp. 31–47.

Howard, Joshua H. *Workers at War: Labor in China's Arsenals, 1937–1953*. California: Stanford University Press, 2004.

Hsiung, James C., and Steven I. Levine, ed. *China's Bitter Victory: The War with Japan, 1937–1945*. New York: M. E. Sharpe, 1992.

Hung, Chang-tai. *War and Popular Culture: Resistance in Modern China, 1937–1945*. Berkeley: University of California Press, 1994.

Johnson, Kay Ann. *Women, the Family, and Peasant Revolution*. Chicago: University of Chicago Press, 1983.

Lennon, Deborah Halstead. "Why Women's Studies?" In *Women: Images and Realities*, ed., Amy Kesselman, Lily D. McNair, and Nancy Schniedewind. California: Mayfield, 1995, pp. 31–32.

Li, Danke. "Culture, Political Movement and the Rise of Chinese Communist Movement in the Chongqing Region, 1896–1927." Ph.D. diss., University of Michigan, 1999.

———. "Popular Culture in the Making of Anti-Imperialist and Nationalist Sentiment in Sichuan." *Modern China* 30.4 (2004): 470–505.

MacKinnon, Stephen R. *Wuhan, 1938: War, Refugees, and the Making of Modern China*. Berkeley: University of California Press, 2008.

———, Diana Lary, and Ezra F. Vogel, ed. *China at War: Regions of China, 1937–1945*. California: Stanford University Press, 2007.

Madsen, Richard. "The Public Sphere, Civil Society and Moral Community: A Research Agenda for Contemporary China Studies." *Modern China* 19.2 (1993): 183–198.

Manchanda, Rita, ed. *Women, War, and Peace in South Asia: Beyond Victimhood to Agency*. New Delhi: Sage, 2001.

Mayo, James. "War Memorials as Political Memory." *Geographical Review* 78.1 (1988): 62–75.

McIsaac, Lee. "City as Nation: Creating a Wartime Capital in Chongqing." In *Remaking the Chinese City: Modernity and National Identity, 1900–1950*, ed., Joseph Esherick. Honolulu: University of Hawaii Press, 2000, pp. 174–191.

Price, Frank W. "The War and Rural Reconstruction." In *Wartime China as Seen by Westerners*, ed., Frank W. Price. Chungking: China Publishing, 1942, pp. 131–139.

Schwartz, Paula. "Redefining Resistance: Women's Activism in Wartime France." In *Behind the Lines: Gender and the Two World Wars*, ed., Margaret R. Higonnet, Jane Jenson, Sonya

Michel, and Margaret Collins Weitz. New Haven and London: Yale University Press, 1987, pp. 141–153.

Scott, Jacqueline, and Lilian Zac. "Collective Memories in Britain and the United States." *Public Opinion Quarterly* 57.3 (1993): 315–331.

Scott, Joan W. "Rewriting History." In *Behind the Lines: Gender and the Two World Wars*, ed., Margaret R. Higonnet, Jane Jenson, Sonya Michel, and Margaret Collins Weitz. New Haven and London: Yale University Press, 1989, pp. 19–30.

Skinner, William. *The City in Late Imperial China*. California: Stanford University Press, 1977.

Smith, Norman. *Resisting Manchukuo: Chinese Women Writers and the Japanese Occupation*. Vancouver: University of British Columbia Press, 2007.

Stacey, Judith. *Patriarchy and Socialist Revolution in China*. Berkeley: University of California Press, 1983.

Stranahan, Patricia. *Underground: The Shanghai Communist Party and the Politics of Survival, 1927–1937*. Lanhan, Md.: Rowman and Littlefield, 1998.

―――. *Yan'an Women and the Communist Party*. Berkeley: Institute of East Asian Studies, University of California, Center for Chinese Studies, 1983.

Thelen, David. "Memory and American History." *Journal of American History* 75.4 (1989): 1117–1129.

Thompson, Edward P. *The Making of the English Working Class*. New York: Vintage, 1966.

―――, Paul. *The Voice of the Past: Oral History*. 3rd ed. Oxford: Oxford University Press, 2000.

Wang, Zheng. *Women in the Chinese Enlightenment: Oral and Textual Histories*. Berkeley: University of California Press, 1999.

West, Philip, Steven I. Levine, and Jackie Hiltz, ed. *America's Wars in Asia: A Cultural Approach to History and Memory*. New York: M. E. Sharpe, 1998.

Woollacott, Angela. *On Her Their Lives Depend: Munitions Workers in the Great War*. Berkeley: University of California Press, 1994.

Wu, T'ien-wei. "Contending Political Forces during the War of Resistance." In *China's Bitter Victory: The War with Japan, 1937–1945*, ed., James C. Hsiung and Steven I. Levine. New York: M. E. Sharpe, 1992, pp. 51–78.

Yeh, Wen-hsin, ed. *Becoming Chinese: Passages to Modernity and Beyond*. Berkeley: University of California Press, 2000.